社会思想家は
なにを追い求めたか

プラトンからカルヴァンまで

小林淑憲

日本経済評論社

【正誤表】

小林淑憲著『社会思想家はなにを追い求めたか――プラトンからカルヴァンまで』（2024年3月刊）において、以下の箇所についての訂正がございます。

62頁 19行目
　要するにピュシスは植物や非ロゴス的な動物を支配するときではなく, 人間その他のロゴス的動物を支配するときにロゴスとして働く. → 1文削除

71頁 10行目
　（誤）同法市民に対しては → （正）同胞市民に対しては

81頁 18行目
　（誤）十戒の第二戒に基づいて → （正）十戒に基づいて

109頁 1行目
　（誤）485頃-580頃 → （正）485頃-524頃

110頁 3行目
　（誤）（第4巻一, 140頁）→ （正）（第4巻一, 150頁）

143頁 14行目
　（誤）そこで仕入れ価格よりも販売価格を高くすること
　→ （正）そこで事物を正しい価格以上に売ること

155頁 18行目
　（誤）異端審問にかけられたが, 教皇の誤りを確信したため
　→ （正）異端審問にかけられたが, 清貧をめぐって教皇の誤りを確信したため

187頁 本文1行目
　（誤）父は弁護士でフィレンツェの財務官 → （正）父は弁護士でマルケの財務官

222頁 15行目
　（誤）債権者が貸付金に対する利子を
　→ （正）債権者が土地その他の財の使用権に対する使用料を

239頁 23行目
　（誤）アテナイの長官(デマルコイ) → （正）アテナイの区長(デマルコイ)

254頁 5行目
　（誤）1か月を10日, 1年を10カ月 → 1カ月を30日, 1年を12カ月

2024年7月17日
『社会思想家はなにを追い求めたか』ISBN978-4-8188-2659-5

目次

凡例

- 参考文献は各章末に掲載した．配列の順序は基本的にその章の考察の対象とした思想家のテキスト，思想家や同時代について考察された研究書や論文，Web サイトなどの参考資料の順とする．
- 註は引用註，説明註を問わず全て割註で示した．
- 考察の対象とする思想家のテキストを示す際には，テキストの邦訳名と，掲載された章，節や項など，また該当する頁をそれぞれ算用数字で示した．なお，聖書は一文ごとに節番号が振られているので頁数は示していない．
- プラトンやアリストテレス，エラスムスの諸作品にかんしては，邦訳に記載されたステファヌス版（プラトンの場合），ベッカー版（アリストテレスの場合），ヴァルター版（エラスムスの場合）の頁・段落すなわち 540A-540B, 1313b10 などの記号をも示しておいた．
- 人名の綴り字，生没年にかんしてはさまざまな事典・辞書類を参照した．ギリシア人やロシア人などであってもローマ字で記しておいた．

序章
社会思想史の対象と方法

（1）　社会思想史って何だろうか？

　人間は１人では生きていくことはできず，どこかで誰かと結びついて，つながって生きている．誰かが作った服を着たり，誰かが送った情報を得たり，落ち込んだ時には誰かに慰められたりする．逆に誰かがいずれ使用・消費するであろう品物を作ったり運んだり，誰かに有益な情報を送ったり，苦悩する誰かを慰めたりもする．こうした複数の人が継続的・反復的に直接・間接に関わりあっている．こうしたつながり，人と人との結びつきのことを社会と呼んで差し支えないだろう．そして，普段は意識していなくても，人間は皆，自分の行動を決める基準として，大事だと考えていることがある．やりがいだとか，お金だとか，自由に使える時間だとか，人によって大事だと考える対象はさまざまであろう．このような何を大事と考えて，それをもとに行動を決める基準のことを価値観という．価値観は正義とか自由とか平等といった多くの人々が関心を持っている，あるいは損得に関わる場合がある．そうした，つながって結びついている多くの人に関係するようなさまざまな価値観をそれぞれ関連させることで，どうやって人と人を結びつけるかについてのまとまった考えを，社会思想と呼んでもよい．

　したがって社会思想は，複数の人に関係するにもかかわらず，個人個人によって価値観が異なるので，ときどき摩擦や対立を引き起こす．時には言い争いになったり訴訟になったり，ひどい場合には暴力的な結果をもたらすこともある．とすると社会思想って危ないのではないかと思う人がいるかもしれない．たしかに社会思想は危険な時もある．場合によっては，社会思想が

劇薬となって人から理性を奪ってしまうことがある．17世紀フランスの思想家パスカル（Blaise Pascal, 1623-62）は，前世紀の宗教内乱を想起したのであろうか，「人は良心によって悪をする時ほど十全にまた愉快にそれをすることはない」とショッキングなことを述べている（『パンセ』（ブランシュヴィック版895），594頁）．

　社会思想の危険性を裏付ける例はいくらでもある．2022年にロシアがウクライナを侵略した理由のひとつは，ウクライナがNATO（北大西洋条約機構）に加盟すると言って聞かなかったことにあると言われている．ウクライナは独立国家なのでウクライナにはウクライナの価値観すなわちNATOに加盟することで自国の安全保障を確保するという行動基準，その大前提には自分たちの国の方針は自分たち自身で自由に決定できるという主権国家の考え方がある．そうした考えを重んじ，それに従っていこうとしたら，ロシアとウクライナは一体であるべきだと考えるロシアと対立しロシアから侵略された．

　別の例を挙げれば，フランス革命（1789年）を重要なターニングポイントとしてフランスでは世俗化（社会全体として宗教を重視しない傾向，特に政治権力や公共空間から宗教を切り離す努力）が19世紀を通じて進行し，1905年に政教分離法が制定されてから急速に進展した（『フランスにおける脱宗教性（ライシテ）の歴史』）．政教分離法によって国家および地方公共団体の宗教予算が禁止され，宗教は完全に私的領域に閉じ込められた．このときフランスの修道士，修道女が3万人，海外に亡命した．それ以降，社会の宗教離れの傾向は著しく，日本の文化庁宗務課（2022年）の調査報告によれば，フランスの総人口［6742万人，2021年］のうち，「宗教を信じている」との回答は35％，「信じていない（無神論）」は29％，また「信仰の実践」に対する回答は，「毎日」および「週に1度」が5％，「月に1度」が4％，「大きな祭日」が31％，「全くしない」が38％である．さらに，国民の74％は，公共の場から宗教を排除するライシテ原則に愛着を感じており，46％がその定義を支持している一方で，近年，移民として数多くフランスに流入しているム

スリムの 48％ は宗教を理由とした差別を感じているという．表現の自由が尊重されているフランスでは，一部のムスリムが受け入れがたいこともあえて公共の場に発表・提示する向きがある．こうした価値観の相違が昨今の大きな事件の引き金になっている．このように社会思想はしばしば人と人との間に摩擦や対立，ひいては分断を生じさせることがある．

　しかも社会思想という言葉に歴史の「史」をくっつけて「社会思想史」と呼んだからといって，事態がよくなるわけでもない．たしかに歴史というのは，過ぎ去ったことなので，それ自体が危険なものとは言えないとも考えられるだろう．人間は忘れることができる生き物であるから，過去にあった出来事を知っても，そんなこともあったかという程度で済ませることだってできる．しかしながら具体例は避けるが，歴史上対立してきた 2 つの民族は過去を振り返ることによって互いに憎悪を高進させるかもしれない．祖先同士の対立や衝突を何年も引きずる必要はないのではないかという判断もあるだろう．だがそれが現在まで持ち越される場合もある．だから社会思想史も安全とはいいきれないのである．

(2)　社会思想史をどう見るか？

　もちろん本書は人々の間のそうした摩擦や対立を高じさせることを意図していない．異なる価値観を扱う分野であるからこそ，思想をつとめて冷静に，できるだけ客観的に論じたいと思う．無論，筆者自身の価値観はあるし，完全に中立の立場から社会思想史を論ずることなどそもそも不可能である．それはそれとして以下では，どういったスタンスで社会思想史とそれを織りなす個々の思想家とに迫っていくべきかについて考えてみたい．

　ところで本書は，大学の 1 年生を主な対象とした前期授業で扱う教科書として書かれたが，その検討範囲は古代ギリシアのプラトン（Platō(n)，前 428/427 ？ -348/347 ？）から始めて，16 世紀のカルヴァン（Jean Calvin, 1509-64）までをカバーする．直接，考察の対象とするのは十数名の思想家および思想のグループである．そして対象となる思想家や集団が，どんな思想を

持っていたとしても，それはその思想家たちの一連の価値観として一応は受け止め，それを彼らが生きた状況や彼ら自身のパーソナリティと関連づけて説明したい．

　そのためには，ある思想家にとって先行する思想をも状況のひとつと見なし，思想家の前の時代や同時代の思想についても検討することが有益であろう．その主な理由は，思想家に与えられた条件を踏まえるという意味があるからだ．思想家も人間なので，全く知らないことには答えられないし，それについて考えることすらできない．極端な例を挙げれば，17世紀に生きたジョン・ロック（John Locke, 1632-1704）に，20世紀のヒトラー（Adolf Hitler, 1889-1945）やスターリン（Iosif Vissarionovich Stalin, 1878-1953）などの全体主義的な政策を評価してもらうことはできない．けれども当時の国王チャールズ2世（1630-85）の王位継承の画策や，それを支える先行的イデオロギー，また国王のカトリック優遇政策をめぐる意見などを取り上げて，それらと関係することを何かロックが書いていないかと問うことには大きな意味がある．そうすればロック自身が注目したかもしれない眼前の問題に，ロック自身がどのような解決法を見出していたかを知ることができる．つまり，ロック自身の思想を見出すことができるかもしれないからである．そういうわけで，本書の対象とするいわば主役は十数人の思想家たちであるが，それらの思想家の思想の特色を明らかにする上で，いわば脇役として，彼らよりも前の時代の思想家や同時代の思想家にも登場してもらうことがある．

　それともうひとつ，思想家自身の生涯やパーソナリティについても目を配っておくことが重要だろうと思われる．思想家それぞれの人生経験や境遇に基づいて，個性豊かな思想家は独自の思想的営みを示す．すなわち思想は思想家と彼を取り囲む状況との対話として営まれると考えられるのである（升味『［増補版］ユートピアと権力』序章）．同じ時代や同じ場所であっても思想家によって問題とすべき現実は異なる．それは思想家の経験や境遇に基づいたパーソナリティがなせるわざであろう．

　社会思想家にこのような視角から接近するとしても，しかし社会思想史は

個々に独立した社会思想家たちを羅列した単なる社会思想家史ではない．社会思想史は思想家たちが自らの思想的課題と格闘し，それを解決しようとして書き残した書物が古い順に並べられた，言ってみれば図書館の書架のようなものである．図書館の書架と異なるのは請求記号順に配列されていないことである．社会思想史の書架は新たに書かれた書物がその順に並べられることで冊数が増えていく．新たに書かれた本のページをめくると，ずっと以前に書かれた本で使用された言葉や考え方，著者の名前などが参照されている．それは例えば「自己愛」という観念だったり，プラトンやアリストテレスの思想だったり，彼らの名前だったりする．そうした参照は時には長い年月にわたって連続的にまた断続的に見出される．ただし，もちろん，そうした参照は，新たな書物の著者の必要に応じたものである．そのようにして，個々の思想家の課題とその解答は異なっても，結果として「歴史」といいうるものが形成されているはずである．

　ともかく，社会思想家は自分の使用できる言葉を使って書物を書き，誰か読み手を想定して，それを読ませることで，自分の主張を理解してもらおうとする．彼は自分を取り囲む世界に何らかの問題を見出し，それに代わって理想化された秩序を描こうとする．ときにはその理想的秩序を，およそ実現できそうもない空想的秩序として描く場合もあるだろう．場合によっては，理想的秩序を過去に求めるかもしれない．またときには理想化された秩序をいわば鑑（かがみ）として，現実の世界を相対化する基準としようとする場合もあるだろう．あるいはまた，現実の世界そのものの問題を解決することで，理想化された秩序に現実を近づけたいと願う場合もあるだろう．その場合，現実を理想に近づけるために，理想実現の担い手を探して彼らに期待をかけるだろう．

　もちろん，私たち自身が私たち自身の政治・社会の諸問題を見据え，それを解決するために，過去に生きた思想家たちの書物をひもとき，そこから解決のためのヒントや，場合によっては解答そのものを得ることはありうることである．言い換えれば，それは私たち自身が社会思想家になるということ

だ．社会思想史に限らず，「思想史」を論ずるとき，対象とする思想家の思想について，人はしばしばその現代的意義を語りたがる．だがこれには注意が必要だ．植村邦彦が『社会思想史事典』で指摘するように，たしかに社会思想史研究の方法ならびに役割は，「ある言説」の「同時代的意味を確認したうえで，その現代的意義を明らかにすること」にあるということが多くの研究者にとっての共通諒解事項であろう（「社会思想史の方法」『社会思想史事典』21頁）．しかしこうした諒解事項に対しては，「現代的意義」とはいったい誰にとっての意義なのかという疑問を投げかけることができるように思われる．また，誰にとっての現代的な意義であれ，それを思想家の作品に探そうとすればするほど，そのことによって現代的な概念枠組みを持ち込んで作品に表された固有の意味をいわば歪曲し，現代の読み手を優先することになってしまいかねないのである．

　もとより筆者は，過去に生きた思想家の思想に現代的意義がないとか，一切の現代的な先入観なしに過去の思想に接近できるとか，そんな大それたことを考えているわけではない．関口正司が指摘するように，現代に生きる私たちも過去に生きた思想家たちと一定程度の概念枠組みを共有しているからこそ，私たちは過去の思想家の書物を読むことができる（「コンテクストを閉じるということ」特に「二　スキナーは何を主張していないか」663-673頁）．思想家の作品は，それを実際に読む個々の人間が自己の考えやあり方をそれぞれ点検し反省する機会を提供するのではないか．そしてそうした機能は歴史研究とは少し離れたところに働くのではあるまいか．要するに筆者は，思想家の作品を単なる骨董品にしてしまおうとしているわけでは決してないのである．

　以上のような理由によって，本書では，社会思想家たちが前の時代や同時代の思想も含めた現実の状況と対話し，これに対する理想の秩序をいかに追い求めたかを明らかにしよう．

(3)　ヨーロッパ社会思想史の基調は何か？

　ところで本書の扱う対象が古代から 16 世紀までの思想史である以上は，それなりの話の筋がなければならない．では，この長きにわたる思想の歴史をもっともそれらしく思わせる特質とは何であろうか．地球儀を眺めてみればわかるが，ヨーロッパは世界全体から見ればほんの一部分の狭い範囲にすぎない．しかし，民主主義とか自由とか自然法とか経済とか，これらは皆，16 世紀以前からヨーロッパで使用されている概念である．さらにこれら政治学や経済学などの社会科学を勉強する世界中の学生にお馴染みの価値概念の多くはヨーロッパ起源である．ヨーロッパが力によって世界の広い範囲を席巻したという歴史はあるにせよ，ヨーロッパの価値概念には普遍性が認められる．ところがその一方で，地球規模から見ればごく限られたヨーロッパという小さな地域には固有の歴史がある．交通・通信手段の発達によって世界中の個別の地域の経済的・文化的な結びつきが強められた状況をひと口に「世界の一体化」と呼ぶが，この「世界の一体化」が急速に発展する 16 世紀以前のヨーロッパでは，人々の交流はその地域内にほとんどとどまり，非ヨーロッパ地域との交流は非常に限られていたといってよい．つまりヨーロッパには独自の政治や法や経済の文化を営む歴史があった．したがってヨーロッパに起源を持つ諸価値は普遍性を帯びながらも，それらが成立する固有の歴史的事情があったと考えなければならない．

　それでは，歴史的に見た場合，ヨーロッパの固有性を表す要素はいったい何か？　ヨーロッパの文化的特徴のひとつはやはりキリスト教であろう．キリスト教はヨーロッパ（西洋）人の思考様式や生活様式を長期にわたって規定してきた．彼らの人生や社会とキリスト教は切っても切れない．フランス人のうち 3 割近くが無神論者によって占められていることは，上述の文化庁宗務課の調査の示すとおりであるし，また 2000 人以上の福音派信者が一堂に会するメガチャーチに象徴されるように（堀内『アメリカと宗教』第 9 章），キリスト教が根強く残っていると見られていたアメリカにおいても，上述の調査結果によればアメリカ人のうち「信仰を持たない」人の割合はやはり

29％であるという（2020年）．しかしその一方で今でもヨーロッパやアメリカでは，小中学校で進化論を解説する授業を行えば多くの保護者が抵抗感を持ち，教師に抗議することもあると言われる．そこで本書では，ヨーロッパにおける宗教（キリスト教）と社会との関係を重点的に検討する．そして長いスパンで歴史を見れば，古代ギリシア・ローマの時代は多神教の時代であったが，やがて西アジアにキリスト教が誕生してそれがローマ帝国の国教とされるにともなってヨーロッパ人の生活の中に根付き，人々の価値観の根底を支えながらも，やがて近現代にいたってキリスト教の社会的な影響力が非常に縮小されていくプロセスを見て取ることができる．これはこんにち，幅広い学問分野において「世俗化」という枠組みで捉えられている．本書ではそのプロセスを16世紀まで概観する．

　従来，特に戦後日本の社会思想史研究のテーマは，安藤隆穂によれば，西欧近代の再検討や冷戦以後の世界を見通す現代思想の探究，民衆思想史および社会史，女性解放思想史などに整理されるが（「社会思想史の成立」『社会思想史辞典』，10-13頁），上で述べたことから，本書はそのいずれにも分類されない．「宗教をめぐる問題系はこれまでの社会思想史研究でやや周縁的な位置に置かれがちだった」が，「今後いっそう重要」な論点になるとの上野成利による指摘を励みとして，宗教との関係を一本の筋として社会思想史を検討していきたいと思うのである（「〈社会思想史〉を問い直すために」『社会思想史研究』No.44, 16頁）．

(4)　古代から16世紀までを射程に

　われわれが生きる時代の社会思想史の教科書は，坂本達哉『社会思想の歴史』に代表されるように，古代からではなくむしろ16世紀のニッコロ・マキアヴェッリ（Niccolò di Bernardo dei Machiavelli, 1469-1527）あたりから始められる場合が多い．大学の講義でもその多くが16世紀以降から展開されていると思われる．にもかかわらず本書は古代から始まっている．それには次の2つの理由がある．第1に西洋の思想は一般に古代ギリシアにその淵源

を持つためである．古くからあらゆる思想家・哲学者が古代ギリシアの思想家に言及している．彼らは自らの思想を構築する際にプラトンやアリストテレスの書物，聖書などを参照した．現代の哲学者も決して例外ではない．『これからの正義の話をしよう』で知られるハーバード大学教授マイケル・サンデル（Michael J. Sandel, 1953-）は，現代の正義を論ずる際にアリストテレス（Aristotelēs, 前384-322）の目的論を参考に独自の議論を展開している（同書第8章）．古代ギリシアの思想に言及する現代の西洋思想家はサンデルに限らず，ロールズ（John Bordley Rawls, 1921-2002）やノージック（Robert Nozick, 1938-2002），フーコー（Michel Foucault, 1926-84）など挙げればキリがないほどである．したがって古典古代の思想は決して忘れ去られていない．第2に人間の本質は16世紀を境に大きく変化したとは考えられない．古代，16世紀，現代を問わず，また支配層，被支配層を問わず，人間は自分や自分が所属する共同体の幸福を願ったり，個人的欲望を追求したり，わざわいを回避しようとしたり，嫉妬や羨望を感じたり，高慢・屈従・虚勢・篤志その他，他者との関わりにおいて人間はさまざまな心的態度を示しながら生きてきた．生きる環境は時代によってさまざまに変化しても，人間が社会を構成し，そこでの人間同士の関係において直面する問題に対する心的態度に大きな差異はないのではないか．

　こうした理由によって本書は古代から始める．そして16世紀までを区切りとする．16世紀において中世という時代は大きく動揺した．本書第8章において詳述するが，11世紀ごろからの商業の進展とともに，古くからあったキリスト教界の道徳的腐敗が高進した．14世紀半ばにはペストが流行し人口が激減したことにともなって，既存の世界観の社会的影響力が衰える．思想史的な視点から見れば，15世紀半ば以降，印刷技術の飛躍的発展にともなって，書かれたものにアクセスする機会が激増し，自ら執筆したものを他人に読んでもらう機会さえ格段に増加した．すなわち15世紀には，一種の情報通信革命が起こった．印刷術の発展は独自の思想を育む素地となって，思想を営む人々がそれを他人に伝えるのに絶好の機会をもたらしたのである．

後述するように，16世紀には非常にさまざまな思想が産み出され，それまでの価値観が大いに動揺する．しかもそうして産み出された思想は後の時代に，古代の思想に劣らないほどの影響力を発揮することになった．このように16世紀はヨーロッパが根底から揺り動かされた大きな節目に相当するのである．

参考文献

安藤隆穂「社会思想史の成立」，社会思想史学会編『社会思想史事典』丸善出版，2019年

上野成利「〈社会思想史〉を問い直すために」，社会思想史学会編『社会思想史研究』No.44，藤原書店，2020年

植村邦彦「社会思想史の方法」，社会思想史学会編『社会思想史事典』丸善出版，2019年

坂本達哉『社会思想の歴史——マキアヴェリからロールズまで』名古屋大学出版会，2014年

マイケル・サンデル（鬼澤忍訳）『これからの「正義」の話をしよう——いまを生き延びるための哲学』早川書房，2010年

関口正司「コンテクストを閉じるということ——クェンティン・スキナーと政治思想史」（http://doi.org/10.15017/2012. 初出：『法政研究』第61巻3/4上（九州大学），1995年3月）

パスカル（前田陽一・由木康訳）『パンセ』中公文庫，1973年

ジャン・ボベロ（三浦信孝・伊達聖伸訳）『フランスにおける脱宗教性（ライシテ）の歴史』文庫クセジュ，2009年

堀内一史『アメリカと宗教——保守化と政治化のゆくえ』中公新書，2010年

升味準之輔『［増補版］ユートピアと権力』（上）（下），東京大学出版会，1986年

村上陽一郎『科学史からキリスト教をみる』創文社，2003年

文化庁宗務課「海外の宗教事情に関する調査報告書」2022年（https://www.bunka.go.jp/tokei_hakusho_shuppan/tokeichosa/shumu_kaigai/pdf/r04kaigai.pdf）

第1章
古典古代とプラトン

1. はじめに

(1) 古典古代の思想

　ヨーロッパ思想には，古典古代の思想とキリスト教思想という2つの源流・淵源がある．この2つの源流・淵源のうちの1つ，ギリシア・ローマ時代の思想（古典古代の思想）についてまず概観する．ヨーロッパ思想の源流・淵源という言葉の意味は，ヨーロッパの長い歴史において，あらゆる思想家がこの2つの思想のそれぞれに対して，批判するにせよ受け容れるにせよ，大きな関心を払わざるを得なかったということである．人間は，無から何かを生みだすことはできず，どんなに革新的な発明でも，必ずそれに先行する蓄積を前提としている．それは思想においても同じことで，どんなに天才的な思想家であっても，彼より以前に生きた思想家たちの思想を消化し，批判することなしに独自性を持った思想を展開することはできない．言い換えると，後世の思想家は自分が直面する思想的・歴史的課題を解決しようとするときに，古典古代の思想家の権威を借りたり，場合によっては断りなしに利用するということもあった．この意味で，ヨーロッパ思想において特に重要だったのが，プラトンやアリストテレス，キケローなどの古典古代の思想家と，イエスの言葉が記されたとされる聖書だった．したがって古典古代と原始キリスト教とは，ヨーロッパの全ての思想家の背骨あるいは土台として，最も基礎を形作るものであった．

　この古典古代という言葉は，ペルシア帝国に代表される東方（オリエント）の古代大帝国に対して，西方（オキシデント）のギリシア・ローマ世界を指す言葉である．西洋人たちは，今日でも，自分たちの文明・文化の基礎はこの世界にあって，自分たちはこの基礎の上に長い歴史を築いていると信じている．したがって，近現代の思想家もそうした古典古代の思想を継承・批判しながら自分の思想を育んでいる．

　ここからは西洋の社会思想史を概観する上で，古典古代の中でも特に外すことができない思想家たち，具体的には，プラトン，アリストテレス，ストア派を取りあげる．よく知られていることであるが，20世紀アメリカの哲学者ホワイトヘッド（Alfred N. Whitehead, 1861-1947）は，「ヨーロッパの哲学的伝統のもっとも安全な一般的性格づけは，それがプラトンについての一連の脚注からなっているということである」と言った（『過程と実在』2部1章1節，『ホワイトヘッド著作集』第10巻，66頁）．それほど後世の思想家たちはプラトンの存在を意識し，彼の問題提起を深刻に受け止めたのである．そのプラトンの社会思想を検討する前に，古代ギリシアの歴史的状況について述べておく．

(2)　古代ギリシアの政治と社会

　古代のギリシア人が自分たちの政治や社会の特質を自覚したのは，オリエント，特にペルシア帝国との比較においてであった．ペルシア戦争を経験して後，そうした傾向は顕著になったという．トゥキディデスとともに「歴史記述の祖」と呼ばれるヘロドトスは，『歴史』において，スキタイ人やエジプト人などの特異な風習と並んで，ペルシア人の習俗についても詳細に検討し，横暴な支配者の姿を描写している（『歴史』巻1〜巻4）．古代ギリシア人たちがペルシアの政治と社会に見出した特徴は，人々が恐怖と鞭に追い立てられて，1人の人間に服従する政治・社会体制であった．それは後世モンテスキュー（Charles Louis Secondat, baron de la Brède et de Montesquieu, 1689-1755）が『法の精神』で描いた専制のイメージ，すなわち1人の主人が他の

人間を奴隷として恣意的に支配する状態である（『法の精神』第2編5章，第3編9章）．

これに対して，古代ギリシア人たちは，自分たちの政治や社会の特質として全く異なる特徴を見出した．古代ギリシアの国家共同体すなわちポリスは古代ギリシアの政治社会のひとつの単位である．現在のギリシアとその周辺に数百のポリスが散在していた．その人口はアテナイなどの例外を除けばおおむね数千から数万と考えられている．ポリスを構成する市民は政治と裁判にあずかる成年男子からなる特権階層である．領域国家としてのポリスには女性も劣格市民も在留外国人も奴隷も居住していたが，彼らには参政権はなかった．重要なのは，ギリシアはペルシアと異なって，市民たちが市民総会（民会）に参加して発言したり一票を投じたりし，また同じ法に服従していた点である．

市民総会は，市民たちが集まって話をする広場（アゴラ）で，全体にかかわる事柄を決めていた．人々が公共の事柄を皆で議論して決定していた．アゴラの周りには市街地が取り囲み，その周りを今度は田園が取り囲んでいた．ギリシア人たちは，このポリスを，法の下に団結した自由人たちの人的共同体としてイメージした．したがって，古代ギリシアにおいては，支配服従関係がポリスを前提とし，法に則したものであって，ペルシアのように決して1人の人間に服従することが全てではなかった．ペルシアでは，1人の人間だけが自由であるのに対して，ギリシアにおいては，たしかに戦争で捕虜になったり，債務を負ったりして奴隷に転落した者がいて，彼らは家内奴隷だったり，富裕な市民の経営する銀山での生産労働に従事していたりしていたが，一部の自由な複数の人間がポリスを形成していたのである（周藤，村田『ギリシアを知る事典』「10.ポリス世界の国際関係」）．

複数の主体によって構成され，運営されるポリスは，それ自体にとって利益となる事柄，つまり「公共善」という観念を人々の間に生み出す．そして自由な市民にとって最大の関心事は，ポリスにおいて活躍し，公共善のために一身を捧げることであった．そうした市民を教育し再生産するために，

人々は弁舌と説得という方法を重視した.

　しかし人間としての理想が, 公共善のために貢献することであるとしても, いつも現実の人間がそうした存在であるとは限らない. 現実の人間が, 名誉心や支配欲といった個人的な欲求に駆られて, 公共善をなおざりにすることで, ポリスを危機に陥れるということもある. そして実際にアテナイがペロポネソス戦争 (前 431-404 年) に敗北した後, 僭主の支配する政権が生まれたり (30 人僭主政権), 民主政権がソクラテスを処刑したりという危機的な時代を迎えたとき, 特にポリスのあり方と, 人間の理想とのギャップを強く意識したのがプラトン (前 428/427？ -348/347？) だった.

(3) プラトンの生涯

　プラトンは紀元前 428 年か 427 年, つまりペロポネソス戦争の最中に, アテナイか, アテナイの南西の海上アイギナ島に生まれた. 古代ギリシア人に姓はない. 同名の人と区別するためには出身地をつけて呼ぶことがあるが, プラトンは正確な出生地ですら諸説あり定まっていない. だが, 母方が紀元前 6 世紀に活躍したアテナイの政治家, ソロンの血統に属する名門であることはわかっている.

　3 世紀頃ギリシアで活躍したといわれる正体不明の伝記作家ディオゲネス・ラエルティオス (Diogenēs Laertios, 生没年不明) によれば, プラトンは 20 歳の頃, ソクラテスと出会ったという. 悲劇作品を書いて賞を獲得しようとしていたが, 劇場の前でソクラテスに諫められて作品を火に投じ, それ以後ソクラテスの弟子になったという (『ギリシア哲学者列伝』3 巻 1 章 5 節).

　プラトンは, 上述したようにギリシアのポリスがまさに危機に瀕しつつあるという現状認識からその思想の営みを始めた. 彼がアテナイの危機を認識したきっかけの 1 つは, 師匠であるソクラテスが処刑されたことにある. プラトンは若い頃は, ソクラテスの弟子になるとともに, 名門出身としてやがて国事に従事しようと考えていた. 近親者や知人にそのような人が多かったからと考えられる. しかし, プラトンが遺した数少ない手紙の 1 つ「第七書

簡」によれば，知性にも道徳的にも優れていた師ソクラテスを処刑しなけれ
ばならないほどに，アテナイをはじめとするポリスの堕落は進んでおり，そ
のことでプラトンはめまいを催したとあって，それを機会にプラトンはいず
れ国政を担う人物になろうという志を放棄した．40歳頃にアカデメイアに
学園を設立した．つまり政治的実践を行わずに，生涯にわたって青年の教育
に携わると同時に多くの哲学書を書き残した．

　プラトンは80年の生涯のうち，3回シケリア島（第1回は南イタリアに
も）へ旅行した．このうち南イタリアへ行った際に，ピュタゴラス学派の
人々と交流した．ピュタゴラス学派の中心人物にアルキュタスという当時第
一級の数学者でかつ南イタリア・タレントゥムの優れた政治指導者がいた．
再びホワイトヘッドによれば，ピュタゴラス学派はプラトンに「霊感を与え
た」（『過程と実在』第2部2章2節，『ホワイトヘッド著作集』第10巻）．つまり，
プラトンがその後アカデメイアに学園を設立し，そこで政治指導者を育成す
るために，数学を基礎教育に据えたことの大きな理由として，この時のピュ
タゴラス学派との交流を指摘することができる．

　アカデメイアの設立に際しては，シケリア（シチリア島）の僭主ディオニ
シオス2世やその叔父にあたるディオンらによる経済的援助を役立てていた
であろうと考えられている．プラトンはソロンの血統につながる名門の出で
あるが，経済的には裕福な状態ではなかったと見られ，にもかかわらずプラ
トンはアカデメイアで授業料を取らなかったと言われる．それは，同時代の
ソフィストたちが弁論術（修辞学）を教える際に，特に外国人から個人教授
の授業料を取っていたことと対照的である．

　名門ではあったが裕福でなかったのに授業料を取らなかったのであれば，
どのようにしてプラトンは生計を営んだか．ひとつには裕福な弟子から経済
的援助を受けていたようである．当時のギリシアでは，学者や研究者はその
私的生活を支えるための援助を富裕な人々から受けるのは普通のことであっ
たという．またプラトンは果樹園で葡萄やイチジク，桃金嬢，オリーブなど
の栽培をしエジプトなどと交易していたようである（廣川『プラトンの学園

アカデメイア』V章）．

（4）　プラトンの社会思想の動機

　このようにプラトンは，若い頃はソクラテスに指導を受け，とりわけソクラテス死後は，アカデメイアで青年を指導するとともに著作活動を継続するという人生を送った．彼の社会思想の形成という点から見た時，ソクラテスの処刑は決定的に重要である．本来，市民とポリスとは一体であるべきなのに，それが崩壊しかかっていること，しかもアテナイの民主政治では，指導者が民衆に迎合した政治をおこなっていることがソクラテスの処刑から見てとることができた．「第七書簡」はこのことをよく示している．

　　……しかし今度も，何かのめぐり合せから，一部の権力者たちがあのひとを，われわれの同志ソクラテスを，全く非道きわまる，だれにもましてソクラテスには似つかわしからぬ罪状を押しつけて，法廷へひっぱり出す．すなわち，かつて，かれら自身が亡命の憂き目を見ていたとき，亡命中の仲間のひとりが非道な仕方で逮捕された際，その連行に手を貸すのを拒否したあのひとを，それを，あるいは不敬犯とみて告発し，あるいはこれに有罪の票を投じて，死刑に処するにいたったのです．

　　で，そういった事件や，国政を実際に行っている者たちのことを観察しているうちに，それも，法律や習慣をより立ち入って考察すればするほど，また年齢を重ねれば重ねるほど，それだけ私には，国事を正しい仕方で司るということが，いよいよ困難に思われてきました．というわけは，味方になってくれる者や信頼できる同志を持たないでは，実際行動はできないとも思われたし，――そういう同志が現に存在しているのを見つけることは，当時わが国の政治がもはや父親たちの世代の習俗の下では営まれなくなっていたので，容易ではなかったし，また別に新しく同志をつくることも，ひととおりの容易さではできなくなっていました．――それにまた，成文の法律，不文の風習のどちらも，荒廃の一途

をたどっていて，その亢進の程度も，唖然とさせられるばかりでした．そういうわけでわたしは，初めのうちこそ公共の実際活動へのあふれる意欲で胸一杯だったとはいうものの，それら法習の現状に目を向け，それらが支離滅裂に引きまわされているありさまを見るに及んでは，とうとう眩暈がしてきました．それで私は，直接それらについてだけではなく，広く国制全体についても，いったいどうすれば改善されるだろうかと，考察することは中断しはしなかったけれども，しかし実際行動に出るについては，いつも好機を期して，控えているよりほかはなかった．そしてそのあげくには，現今の国家という国家を見て，それらがのこらず悪政下におかれているという事実を，否応なく認識せねばならなかった，——というのは，法習の現状は，どの国にとっても，もはや，何かびっくりするほどの対策と，あわせて好運をもってしなければ，とうてい治癒されようもないほどになっていたからですが，——そして，それとともに私は，国政にせよ個人生活にせよ，およそその全ての正しいあり方というものは，哲学からでなくしては見きわめられるものではないと，正しい意味での哲学を称えながら，言明せざるをえませんでした．つまり，「正しい意味において，真実に哲学している部類のひとたちが，政治上の元首の地位につくか，それとも，現に国々において権力を持っている部類の人たちが，天与の配分ともいうべき条件に恵まれて，真実に哲学するようになるかの，どちらかが実現されない限り，人類が，禍いから免れることはあるまい」と．（『第七書簡』325B-326B『プラトン全集』第14巻，110-112頁）

　このようにプラトンは，ポリスの本来あるべき姿であるところの，「市民とポリスとの一体化」という理想から，アテナイがかけ離れてしまっているという意識を強く持った．そうした理想からの乖離がもたらされる原因として，2つのことがプラトンの念頭にあったと思われる．1つはソフィストであり，もう1つ人間の内面に元来備わった自己愛である．まず，当時のアテ

ナイその他ギリシアには，ゴルギアスとかトラシュマコスといった多くのソフィストがいたが，彼らは青年たちに弁論術を授けようと活動していた．弁論術は人々を説得によって動かし，ひいては社会や国家を一定の方向に導くための技術である．プラトンの目からすれば，ソフィストたちのそうした活動はアテナイを危険な方向に導くものであった．それは究極的には衆愚政治やそこから生まれる僭主政治という形を取る．

　ポリスが衆愚政治や僭主政治に陥る原因はソフィストだけにあったわけではない．プラトン晩年の作品『法律』によれば，人間の魂には生まれつき備わった最大の悪として自己愛があるという．プラトンによれば人間は誰でも自分に悪を許し，それから逃れる手段を講じようとしない．しかしこれが全ての過ちの原因であるという．愛の対象について盲目である人間は，自分のものを真なるものよりも尊重する結果，正しいもの，善きもの，美しいものについての判断を誤る．ポリスの指導者も人間である以上，民衆に扇動されることで判断を誤ることは十分に考えられることであろう．だが，プラトンにとってはポリスの「偉大な人物たらんとする者は，自分自身や自分に属するものをではなく，正しいものをこそ愛すべき」であるというのである（『法律』731D-732A，（上）290-291頁）．

　これがプラトンが独自の社会思想を作り上げる際に，彼の目の前にあった問題である．そして，アカデメイアで青年の教育を行ったのは，善や正義や美を見極められる哲学者にして政治指導者を育てることであった．

2. イデアと国家

(1) 魂の不死と想起説

　プラトンの思想の根本には想起説という考え方がある．プラトンは人間を含むあらゆる動物の魂が不死であって，あの世からこの世へと循環的に再生することを『メノン』や『パイドン』，『パイドロス』，『国家』などにおいて繰り返し述べている．プラトンによれば，例えば政治指導者としての徳，つ

まり，優れた人物が備えるべき，ポリスを正しく導くための思惑は，教師から教えられて身につけるものではない．むしろ，そうした思惑はこの世に生まれる以前に，神の恵みによって備えられていて，学んでしまっている．そして政治指導者はそうした思惑を適切な機会に想起するにすぎないという（『メノン』96D-100B）．

　それでは想起するとはどういうことか．プラトンによれば，ある物とある物が同一の物であると判断する基準を予め持っていない限り，そう判断することはできないはずだという．言い換えれば，等しいということ，つまり等しさの観念（イデア）を人間がもともと持っていないとおかしなことになると．それは等しさだけでなく，より大きいということやより小さいということに関しても同じである．つまり大きいとか小さいというそのこと自体は，予め知っていなければ，2つの物を比較して大小を判断することはできないのだと考える．

　ではそうした等しさの観念や大きさの観念はどうやって身につけるか，つまり学習するかといえば，想起すなわち思い出す以外にないとプラトンは考える．ある人が死んでその肉体から切り離された魂が魂の国（冥界，あの世）に一時期とどまって，やがてその魂が別の人間の形を取って生まれ変わってくる．別の人間がその等しさとか大きさとかいうことを想起する必要が生じたときに，生まれる前から学んでいたことを思い出すのであるというようにプラトンは考えるのである（『パイドン』73C-77）．したがって，魂の不死とイデアと想起の3つは互いに切り離して考えることはできない．

　プラトンを社会思想家あるいは政治思想家として見れば，プラトンは人間の想起という営みを多くの青年たちにアカデメイアで訓練させようとしたと考えられる．つまり正しさ（正義）や善など，ポリスの政治的指導に必要な様々な観念を想起させ，それによって理想国家を実現することを目指していたと考えられるのである．

(2) イデアについて

　プラトンは，政治指導者が本当の正義や善を知って統治を担わなければならないと考える．政治指導者が想起しなければならない真の正義や真の善は，時や場所によって移ろってはならず，恒常不変のあり方を保つものでなければならない．プラトンはそうした事物の真の姿，事物の本質のことをイデアと言った．

　人間の目に見える事柄に関してであれ，見えない事柄に関してであれ，認識の対象は，つねに流転している．例えば授業で配られるプリント類は，授業が終わって単位を取った後も取っておけば，角は丸くなるだろうし，ずっと取っておいたとしても，いずれは茶色く変色して，姿形が変わっていく．しかしプリントという概念そのものは変わらない．このように，もしもあらゆる認識対象に，正確な定義を与えようとすれば，そういう見たり聞いたり味わったりできる感覚的な対象を離れて，確固たる実在を想定しなければならないとプラトンは考える．それがイデアである．

　アカデメイアで学ぶ将来の政治指導者たちは，その基礎教育として特に数学を学んだ．数学で扱う三角形や円は通常，地面や紙の上に書かれ，書かれた図形は真の三角形や真の円ではないが，我々はその書かれた図形を素材として幾何学的な考察を深めていく．その際，私たちが考察するのは紙や地面に書かれた図形そのものではなく，それを通じて思い浮かべられた，つまり想起された完全な「三角形そのもの」や完全な「円そのもの」である．つまり数学は，視覚や触覚などの感覚で捉えられる具体的なものを直接的な対象とするのではなくて，それとは別に我々が思い浮かべるものを対象としている．とすると，数学が学問として成立するためには，そうした完全で純粋な事物の世界を想定しなければならないとプラトンは考えて，それをイデアの世界と呼んだ．

　そこでプラトンは数学に関する想起の訓練を積んだ政治指導者が，やがて追究すべきイデアとして善のイデアを考える．善のイデアをもっとも重要，究極のイデアと考えている．プラトンの理想政治のことを哲人政治と呼ぶが，

哲人政治を担う者が，この善のイデアを認識でき，それに基づいて国家の政治を運営する時，理想国家が実現するという．善のイデアという実在があって，それを想起できる哲人がいて，しかもその善のイデアにしたがって政治を行うことができるという強固な信念がある．

(3)　国家の起源と発展

　魂の不死とイデアと想起の 3 つを基礎として，プラトンはどのような国家，社会を理想と考えたのか．国家と市民の一体性をどのようにして確保しようとしたのか，この問題について考えてみよう．プラトンは作品『国家』において，現実には存在しない，理想的な国家を構想し，それを書き残した．プラトンの作品の多くが対話体で書かれているが，この『国家』もそうである．舞台設定は，アテナイの外港ペイライエウス（ピレウス）という場所で女神ベンディスの祭りが行われた後に，ソクラテスがプラトンの 2 人の兄グラウコンとアデイマントスとその他の人々を連れて，ケパロスという金持ちの屋敷に行き，そこでトラシュマコスや，リュシアス，クレイトポンなどと会って対話が始まったという形になっている．この作品の著者はプラトンであるが，彼の他の作品と同様，プラトンは対話に登場しない．そして作品の主人公は「ぼく」つまりソクラテスであって，ソクラテスが誰かにケパロスの屋敷での会話を報告するという形式である．にもかかわらず，本書ではソクラテスによる発言は全てプラトンの思想を表したものとして扱う．

　この作品には「正義について」という副題がつけられている．ポリスにおける正義が対話の重要な話題として論じられているのである．まず国家の起源について，それは人間が自給自足することができないことに求められるとプラトンは考える．人間は自分一人では決して自給自足できないので，お互いに依存しあって生活している．互いに不足しているところを補いあって生きている．そのように不足するところ，換言すれば欲望を人間が相互に充足させるところに，共同体が生まれる．そこでは衣食住を提供する農夫，大工，織物工，靴職人がいる．1 人で多くの様々な仕事をしてもよいが，それより

も何人かで仕事を分業した方が，必要な物の必要とされる時期を逃すことがない．しかもそれぞれの仕事には使う道具や，仕事を円滑に行うための協力者が必要で，それを専門で担当する職人，木工や金具職人，さらに羊飼いや牛飼い，小売商人，貿易商人などが必要になる．このようないわば分業論の前提として，人間が生まれつき不平等で仕事の向き不向きがあるという考えがある（『国家』369C-370D）．

　プラトンは，人々の物欲が刺激されるような豊かな国家を好ましくないと考えるが，分業が非常に進んだ贅沢な国家についても考察する．分業が進んで様々な種類の物が必要になれば，領土の拡大が必要になってくる．隣国においても同様に分業が進めば，隣国もプラトンたちの国家の土地を切り取る必要が生じてくる．つまり戦争が起こりうるということになる．ところが農夫や靴職人がその仕事から解放されて戦争の仕事に専念し全うできるかというとそれは不可能である．そこで国家の富の防衛に専念する者つまり軍人（補助者）が必要になる．防衛の任務に適した自然的素質（勇敢さ，気概，敏速さ，体力的強さ）を備えた人々が必要になるという（『国家』372D-375B）．

　ところが，そうした自然的素質を備えた補助者は，互いにまた他の市民に対して粗暴であってはならないはずだとプラトンは考える．味方に対しては穏やかで敵に対してだけ厳しい人間が必要になる．プラトンはこうした矛盾した性格の人間が存在しうることを，素性のよい犬を例に挙げて論ずる．つまりそういう犬は，よくなれて見知っている人に対しては穏やかであるが，見知らぬ人に対してはその正反対になる．こうして身内の者や知っている者に対しては穏和な人間になるためには，知を愛し学びを愛さねばならないとプラトンはいう．そしてそのような人間が政治指導者として必要だとプラトンは考えるのである．要するに，国家には農商工業者，補助者，「知を愛し学びを愛する」守護者（政治指導者）などの身分，職分を必要とする．プラトンはその次に，「知を愛し学びを愛する」守護者をどのように育成するかに考察を及ぼすが，この点については後述する．

(4)　国家における 3 つの種族と「らしさ」の追求

　プラトンは，国家における職業の区別は各人の向き不向きによってなされるべきだと考えるが，正義は自分の仕事にのみ専心し，他人の仕事に手出し口出しをしないことにあると断言している．

　　　各人は国におけるさまざまの仕事のうちで，その人の生まれつきが本来それにもっとも適しているような仕事を，一人が一つずつ行わなければならないということ……そして自分のことだけをして余計なことに手出しをしないことが正義なのだ（『国家』433A，（上）297-298 頁）

　プラトンはこのように例えば靴職人が同時に農夫であろうとしたり，織物工であろうとしたり，大工であろうとしたりすることを許さない．各人の職分を守ることに正義があると見ている．反対に 3 つの職分の間で余計な手出しや相互的な交換をすることは，国家にとっての最大の害悪であると考える（『国家』434C）．

　そして国家内の，農商工業者，補助者，守護者という 3 つの職分（種族）は，それぞれ「節制」「勇気」「知恵」という 3 つの徳目を守るべきであるという．プラトンは一国家ではなく一個人における魂の部分として，欲望的部分と気概的部分，理性的部分の 3 つを挙げ，理性的部分のリードの下にそれぞれが調和均衡を保っているような場合に，一個人において正義が実現されている，つまり正しい人間であるという．このこととの類比によって，一国家においても，一個人の魂の部分に相当する 3 つの職分がそれぞれの徳目を守っている場合，つまり農商工業者，補助者，守護者のそれぞれがそれらしく振る舞っている時に国家は正しくなると考えている．プラトンの四元徳ということがよく言われるが，少なくとも『国家』において，正義は節制や，勇気，知恵とは次元の異なる概念であることに注意すべきである．

3. 哲人政治と国家

(1) 男女平等と私有の否定

　プラトンは，一個人において理性的部分を重視したのと同様に，一国家において守護者つまり政治指導者に重きを置く．言い換えると，プラトンは庶民よりも国家のエリートに関心がある．そもそもアテナイの危機は衆愚と彼らが支持した僭主によってもたらされたと考えていたのであるから当然と言えば当然である．そのエリートたちはどのような国家生活を営まねばならないか．その大きな特徴は男女平等と私有の否定にある．

　まず男女平等については，教育の内容が際立っている．つまり男子には，音楽・文芸・体育が教えられるのだから，女子にも同じことが教えられるべきであり，補助者の身分についてさえ，体力的な強さ弱さの差を除いては同じように訓練し，同じように扱わなければならないとしている．

　　　そうとすれば友よ，国を治める上での仕事で，女が女であるが故に特に引き受けねばならず，また男が男であるが故に特に引き受けねばならないような仕事は何もないことになる．むしろどちらの種族にも同じように，自然本来の素質としてさまざまなものがばらまかれていて，したがって女は女，男は男で，どちらもそれぞれの自然的素質に応じてどのような仕事にもあずかれるわけであり，ただすべてにつけて女は男よりも弱いというだけなのだ．……むしろ思うに，われわれの主張としては，女にも生まれつき医者に向いている者もあればそうでない者もあり，また音楽に向いている者もあれば音楽に不向きな者もあるというのが，実情だと言わなければならないだろうからね．……したがって，国家を守護するという任務に必要な自然的素質そのものは，女のそれも男のそれも同じであるということになる．（『国家』455D-456A，（上）355-356頁）

　プラトンが国を治める仕事を割り振るのに考慮するのは，性差ではない．生来，軍人に向いているかいないかとか，何かを知ることに向いているかいないかとかである．

　次に所有については，プラトンの理想国家の守護者たちは私有財産が認められていない．それは，分業によって生活必需品を生産する生産労働に従事する必要がないので，そのかわりに，国を治める仕事に徹底的に奉仕しなければならない，とされていることと非常に関連が深い．私有財産の否認は，無私の献身の精神で国事に携わることの制度的な現れであるといってよい．守護者は，共同の住居に住んで，庶民から報酬として受け取った食料を共同の食卓で食べる，という生活をするものとされている（「共同食事」）．こうした私有財産の否定は，子どもや女性の所有（女性の立場から逆に見ると男性の所有）ということにまで及ぶ．

　プラトンは非常に端的に次のように言っている．

　　　これらの女たちのすべて（守護者の妻女たち――引用者）は，これらの男
　　　たちすべての共有であり，誰か一人の女が一人の男と私的に同棲するこ
　　　とは，いかなる者もこれをしてはならないこと．さらに子供たちもまた
　　　共有されるべきであり，親が自分の子を知ることも，子が自分の親を知
　　　ることも許されないこと．（『国家』457D,（上）361頁）

　このようにプラトンは守護者層という国家の一部のエリートに対してではあるが，家族を伴った私的生活と子どもの私的養育を端的に否定する．あくまでも守護者は国家全体の利益のために奉公しなければならない．プラトンに対しては，20世紀イギリスの哲学者バートランド・ラッセル（Bertrand Russell, 1872-1970）が「全体主義の擁護者」と形容するなど痛烈に批判しているが（『西洋哲学史』1, 13章111頁），『国家』における守護者層の政治生活についての記述を読む時，その評価が妥当であるという印象を強めざるを得ない．しかも専ら政治指導者の再生産を目的として行われる生殖は，「互い

にけじめもなく交わる」ことは許されない．できるだけ優秀な子どもが生まれてくるような交わり方をしなければならない．具体的には，もっとも優れた男はもっとも優れた女とできるだけしばしば交わらなければならず，もっとも劣った男や女はその逆でなければならない．優れたカップルから産まれた子どもは育て，劣ったカップルから生まれた子どもは育ててはいけないという．

ひとつ注意すべきは，こうした財産を共有する制度，つまり家庭生活を否定し，子どもを国家の財産として育てるという発想が，実は実在のスパルタにそのモデルが取られていたらしいということである．当時スパルタでは，夫婦はともに生活することを禁じられ，子どもは，生まれると国家によって検査された後，もしも劣等あるいは虚弱と判断されれば「タイゲトス山麓」の穴の中に投げ込まれたという．そして選ばれた者だけが，7歳になると国家の養育所に入れられて，少年隊に編入され共同生活の下で厳しく訓練されていた（清水昭次訳「リュクルゴス」16-17節，プルタルコス『英雄伝』，（上）76-80頁）．プラトンはこういうスパルタの制度を，自分の理想とする国家のモデルにした．ペロポネソス戦争に負けたアテナイの荒廃を，勝者スパルタをモデルにして復興させようという考えは，それ自体としては非常に納得がいく考えである．

(2)　哲人政治と哲人教育

プラトンは両性間における同一の職業と教育，子どもの共有を「大浪」と表現することで，自分の理想が極めて特異であることを認めているが，彼自身もっとも奇特な提案と考えているのが哲学者による政治，哲人政治である．プラトンはこの哲人政治の実現可能性に考察を及ぼしている．そして「言葉で語られたとおりの事柄」と「そのまま行為のうちに実現される事柄」との一致の困難さを認めながらも（『国家』473A，（上）403頁），どのようにすれば言葉で語られた事柄にできるだけ近い統治が得られるかを発見することで，その実現可能性を担保しようとするのである．このことは哲人教育を『国

家』の中で提案し，アカデメイアで実践していることに裏付けられるだろう．

　　哲学者たちが国々において王となって統治するのでない限り……あるい
　　は，現在王と呼ばれ，権力者と呼ばれている人たちが，真実にかつじゅ
　　うぶんに哲学するのでない限り，すなわち，政治的権力と哲学的精神と
　　が一体化されて，多くの人々の素質が，現在のようにこの二つの方向へ
　　別々に進むのを強制的に禁止されるのでない限り，親愛なるグラウコン
　　よ，国々にとって不幸のやむときはないし，また人類にとっても同様だ
　　と僕は思う．（『国家』473D,（上）405頁）

　政治的権力と哲学的精神の一体化，これが哲人政治を担う人の条件だが，
この哲学的精神とは，恒常不変のあり方を保つもの，つまりイデアを認識し，
把握することができる精神のことである．プラトンはイデアを認識し，把握
できる者が政治を担うべきだと考える．
　しかも上述の通り，プラトンは哲人を教育するカリキュラムすなわち「魂
の向けかえ」とイデアへの「上昇」を大まじめに論じている．そもそも養成
される哲人の適性として，知的にも体力的にも苦労を厭わないことが要求さ
れる．性格的には真実を好み嘘を嫌い，節制を身につけ勇気も備えているこ
とである．
　イデアは美のイデアとか正義のイデアとか様々であるが，政治指導者が認
識すべきもっとも重要なイデアは，善のイデアである．なぜ善のイデアが
もっとも重要であるかについてプラトンは次のように述べている．

　　しかしどうだろう，この点は明らかとはいえないだろうか？──すなわ
　　ち，正しいことや美しいこと（見ばえのよいこと）の場合は，そう思わ
　　れるものを選ぶ人が多く，たとえ実際にはそうでなくても，とにかくそ
　　う思われることを行い，そう思われるものを所有し，人からそう思われ
　　さえすればよいとする人々が多いだろう．しかし善いものとなると，も

　はや誰ひとりとして，自分の所有するものがただそう思われているというだけでは満足できないのであって，実際にそうであるものを求め，たんなる思われ（評判）は，この場合にはもう誰もその価値を認めないのではないか．（『国家』505D,（下）74頁．傍点は邦訳に記載のとおり）

　政治指導者は，単に正しいと思われたり見ばえがよかったりするのではなくて，何が正しいか，何が美しいかを示す必要がある．しかし，もしも彼らがいかなる点において，正しい事柄や美しい事柄が善いのかがわからないのであれば，そのような人々は政治指導者として価値の高い人々とは言えない．善のイデアとは，いわば，真に正しいもの，真に美しいものを見極める根本的な力であり，プラトンはこれを「知識と真理の原因（根拠）」であると明言している（『国家』508E,（下）83頁）．

　こうした善のイデアを把握することによって理想国家を実現することを目的として，守護者の子どもに教育が施される．子どもの少年時代には，まず音楽（歌，リズム，曲調），文芸，特に詩，物語，劇の研究，そして体育とが教育され，その中から選ばれた者が，20歳から30歳までに数学的諸学科（数と計算，平面幾何，立体幾何，天文学，音楽理論）を教えられ，さらに選ばれた者が35歳まで5年間「言論の修練」すなわち哲学的訓練を施される．プラトンは若者があまりにも若いうちに討論の仕方を身につけると，面白半分にそれを濫用し，議論のために議論する人をまねることで，自分の討論の相手を論じ倒して悦ぶという（『国家』539A-D,（下）160-161頁），決して好ましくない性癖に陥ることを懸念しているのである．その後，15年間公務に従事し，もっとも優れた者が50歳以降，政治指導者として統治にあたるとされている．つまり40年以上かけないと本当の意味でのエリートは育たないと考えている．

　そして50歳になったならば，ここまで身を全うし抜いて，実地の仕事においても知識においても，すべてにわたってあらゆる点で最も優秀で

あった者たちを，いよいよ最後の目標へと導いて行かなければならない．それはつまり，これらの人々をして，魂の眼光を上方に向けさせて，すべてのものに光を与えているかのものを，直接しっかりと注視させるということだ．そして彼らがそのようにして，〈善〉そのものを見てとったならば，その〈善〉を範型（模範）として用いながら，各人が順番に国家と個々人と自分自身とを秩序づける仕事のうちに，残りの生涯を過ごすように強制しなければならない．すなわち彼らは，大部分の期間は哲学することに過ごしながら，しかし順番が来たならば，各人が交替に国の政治の仕事に苦労をささげ，国家のために支配の任につかなければならないのだ．（『国家』540A-540B，（下）162-163頁）

　作品『国家』の末尾には，冥界を訪れた後に蘇生したという「エルの物語」が論じられており，魂は不死であって，人間は自由意思と運の巡り合わせとによって生まれ変わりの生涯の選択を行うという．上述のように，プラトンにとって魂の不死はイデアおよび想起と不可分の関係にある．そのことを踏まえると，プラトンがアカデメイアで若者を集めて訓練をおこなっていたのは，イデアを想起して，それに基づいて国家の統治の任に当たらせるためだったと考えられるのである．

(3)　国家の堕落のメカニズム

　プラトンが描いた理想国家は，統治者が単独であるか複数であるかによって，与えられる名称が異なる．統治者が単独の国制は「王政」，複数の国制は「優秀者支配」であり，いずれも最も優れた者たちの支配する国家であって，国家の欲望的，気概的，理性的部分が均衡を保ち，節制，勇気，知恵によって調和が保たれている．ところが現実のギリシアのポリスに目を転じた時，プラトンはそれがいかに多様だったかを認め，現実の国制は本来あるべき調和均衡を失うことで，その理想から逸脱することを知っていた．プラトンはその逸脱した国制を，名誉支配制，寡頭政，民主政，僭主独裁制と4つ

あげている．これら4つの逸脱形態は理想国家からこの順番に堕落し，最後に僭主独裁制へと至る．

第1の「名誉支配制」は軍人支配であって，気概的部分が理性的部分をしのいで支配が粗暴になり，哲学が軽んじられる．次に寡頭政は国家全体の中で人口の少ない富者の支配が行われ，数の多い貧者が抑圧される国制である．プラトンによれば，富裕な階層が富をあくまでも追求し，自分たちに都合のよいように金の使い道を見つけ，法を曲げるという．後世，富と徳との対立が思想家の間で意識されるが，プラトンは両者の対立関係をいち早く見抜いていた．民主政はこの逆で，堕落しきった富裕な階層を貧者が打ち倒して支配するようになる国制である．これは不必要な欲望が解放される非常に悪い国制と考えられている．そしてこの民主政が極端にまで押し進められると無秩序状態から僭主独裁制が生まれてくる．

プラトンは，「最高度の自由」を享受する国制であるところの民主政からのみ，「最も野蛮な最高度の隷属」状態としての僭主独裁制が生まれると断言しているが（『国家』564A，（下）222頁）．民主政において自由の追求が過度に行われた結果，支配者と被支配者との，父親と子どもとの，市民と外国からの居留民との，年長者と若者との，教師と生徒との，それぞれの区別が平等化されることで無秩序状態がもたらされるのだという．つまりそれまで上位の立場にいた者が下位の者に「面白くない人間だとか権威主義者だとか思われないために」（『国家』563A，（下）219頁），下位の者のご機嫌を取り，彼らに迎合するようになる．

プラトンによれば，一般に数の多い貧者すなわち民衆の習性として，誰か一人の人間を自分たちの先頭に押し立てて指導者とする．そうした指導者のうち，たとえ怠け者で浪費家であったとしても，最も弁舌巧みに人々を扇動する者が，持てる階層から財産を取りあげて民衆に分配する．そして自分の地位を保つために常に戦争に訴えつづけ，そのことで自分の敵となる真に勇気ある人，高邁な精神を持つ人，思慮ある人などに対して陰謀を働くようになる（『国家』565C-567C）．プラトンはこのような僭主独裁制の国家を，理

想的な哲人政治と正反対の国家と見て，最悪の国家であると考える．この最も避けるべき僭主独裁制にならないようにするためには，哲人政治に基づいた国家を建設しなければならないというのが，『国家』におけるプラトンの処方箋であろう．とすれば，民主政の下でソクラテスを処刑したアテナイが，僭主独裁制に陥るのを回避すべく，解決の道を示そうとしたのが『国家』という著作だったと考えられるのである．

註記

　プラトンの著作からの引用は藤沢令夫訳『メノン』，岩田靖夫訳『パイドン』，藤沢令夫訳『国家』，森進一・池田美穂・加来彰俊訳『法律』については岩波文庫版から，長島公一訳『第七書簡』については『プラトン全集14』岩波書店，1975年からのものである．

　なお，本書ではステファヌス版やバーネット版を参照していない．だが便宜上の理由によって，プラトンの作品の該当頁を引用・参照するにあたっては325B-326Bなど，慣習的に使用されているそれらの版の頁を指示した．

参考文献

周藤芳幸，村田奈々子『ギリシアを知る事典』東京堂出版，2000年

ディオゲネス・ラエルティオス（加来彰俊訳）『ギリシア哲学者列伝』（上）〜（下），岩波文庫，1984〜94年

廣川洋一『プラトンの学園　アカデメイア』岩波書店，1980年

福田歓一『政治学史』東京大学出版会，1985年

プルタルコス（村川堅太郎編・訳者代表）『英雄伝』（上）〜（下），ちくま文庫，1987年

ヘロドトス（松平千秋訳）『歴史』（上）〜（下），岩波文庫，1971〜72年

ホワイトヘッド（山本誠作訳）『過程と実在』，『ホワイトヘッド著作集』第10巻および第11巻，松籟社，1984，1985年

モンテスキュー（野田良之ほか訳）『法の精神』（上）〜（下），岩波文庫，1989年

ラッセル（市井三郎訳）『西洋哲学史──古代より現代に至る政治的・社会的諸条件との関連における哲学史』1〜3，みすず書房，1970年

第**2**章
アリストテレス

1.　はじめに

(1)　アリストテレスの生涯

　伝記作家ディオゲネス・ラエルティオスによれば，アリストテレスは「下肢はか細くて，目は小さく，派手な衣服をまとい，指輪をはめ，髪は短く刈り込んでいた」．そして「発音するときに舌もつれすることがあったという」（『ギリシア哲学者列伝』（中）第5巻1章1節，13頁）．

　アリストテレスはギリシアの辺境テッサロニキの東方スタゲイロスの生まれで，父親はマケドニア王の侍医だったという．両親とも彼が幼いときに亡くなったため，親戚の住む田舎へ連れられていく．後見人をつとめた義兄が，少年アリストテレスの知的優秀さを見て取り，アテナイに遊学させた．アリストテレスは17歳から20年間アカデメイアで学び，プラトンの死後，その甥スペウシッポスが学頭になるのを見てアカデメイアを去ったという（今道『アリストテレス』II）．その後，太子時代のアレクサンドロス（Alexandros, 前356-323）の家庭教師に招かれ，7年間ほどつとめた．

　家庭教師時代の紀元前338年に，アテナイはカイロネイアの戦いでマケドニアに決定的な敗北を喫した．敗戦後，マケドニア王フィリッポス2世（Philippos, 前382-336）によってコリントス同盟（ヘラス連盟）に組み込まれたアテナイは，外交・軍事に関わる決定と執行はマケドニア王の手に委ねられた（伊藤『古代ギリシアの歴史』第4章，286-287頁）．つまりアテナイの政

治的独立は実質的に失われたことになる．

　アリストテレスはその後，アテナイに戻ってリュケイオンに学校を設立し，そこで学頭・学者としての生活を送った．マケドニアの支援を得たリュケイオンはアカデメイアを遙かにしのぐ，非常に整った設備を備えた学園になったといわれている．文献の充実した図書館，広々とした運動場，植物や動物など数多くの標本を集めた博物館などが整備されていた．アリストテレスは生涯にわたって数多くの著作を残したと考えられているが，現存しているのはその3分の1に過ぎないという．権力の庇護の下，比較的長期にわたって研究を持続できたせいであろうか，対立であれ平和であれ，無秩序であれ秩序であれ，政治や社会に関わるさまざまな事柄についてのアリストテレスの考察はきわめて冷静である．

　アリストテレスは，アレクサンドロスの死後，デモステネス（Dēmosthenēs, 前384-322）らによる反マケドニア闘争の混乱を避けるためにエウボイア島に逃れ，そこで程なく亡くなってしまう．

(2)　プラトン批判という課題

　アリストテレスの目の前には，相次ぐ戦争や，マケドニアが台頭したことによって急速に衰えたギリシアのポリスが抱えた問題があった．理想のポリスのあり方については師匠のプラトンが論じていたが，プラトンの説明では状況の変化に十分対応できなくなっていた．アテナイのように強大なポリスでさえも生成・発展・消滅の法則から逃れることはできないとわかった．むしろ現実の世界は多様性に満ちており，さまざまに変化したり，発展したりする．たしかにプラトンは『ティマイオス』において自然哲学を論ずる際には，イデアばかりでなく生成という現象にも注意を払っているので，それを全く無視しているわけではないが（『ティマイオス／クリティアス』28a, 49a, 52a），プラトンは『国家』に代表される政治哲学を論ずる際には，もっぱらイデアの重要性を説いている．しかしアリストテレスにとっては，プラトンの説く画一的で固定的な理想国家像はもはや説得力を持たなくなっていたと

考えられる．

　アリストテレスは，リュケイオンの学頭であったわずか十数年のうちにほとんどの著作を書き残したという．彼は，きわめて広い分野にわたって興味を持ち，実際，膨大な著作を残している．彼が実践的学問（プラクシス）と呼ぶところの，倫理学，政治学はプラトン批判をその中核とすると言っていい．師匠のプラトンの説を批判していかに独自の学説を確立するか，これがアリストテレスにとって重要な課題だった．社会のあり方に関しても，プラトンを批判しつつ，独自に最善の社会のあり方を探った．

　およそ師匠と弟子という関係で結びついた人間関係であれば，どんな世界においてでも，弟子は師匠の教えを守るだけでは飽きたらず，やがては師匠のやり方や教えに対して批判的になり，これを乗り越えて独自の新たな境地を開こうとするものである．たしかにプラトン自身，『パルメニデス』において自説のイデア説を厳しく吟味し（129-135C），また『法律』において私有財産を肯定して自説の妥当性に疑問を投げかけたが（『法律』913-914E），少なくとも『国家』においては女性や子どもの共有という思想を示したり，私有財産を否定したりした．また哲人政治という自ら非常識と認めるような思想を示した．アリストテレスはこれに対して，極端な理想の追求を回避して，多様な現実の中から，実現に結びつくような条件を探し求めた．この点がプラトンの社会思想とアリストテレスの社会思想との最も大きな違いである．

（3）　イデア説に対する批判

　プラトンは善のイデアを究極のイデアと考え，「善そのもの」とか「それ自体で善いもの」と言い換えたが，アリストテレスは『ニコマコス倫理学』第 1 巻 6 章でこれを痛烈に批判する．プラトンの言う「善のイデア」とは，あらゆる個別の事柄が持つ善さについて同じ名前かつ同じ意味で表される普遍的概念であるが，しかしアリストテレスに言わせれば，そのような抽象的な善は存在しない．そもそも「善さ」とは，優しい性質の人の持つ「善さ」だったり，何かをするのに適した時期の「善さ」だったり，住みやすい家の

持つ「善さ」だったりというように，性質や時や場所，その他さまざまな角度から「善い」と言われるのであって，普遍的な善ということはない．むしろそうした普遍的概念を善の根拠とすることによって，個別のさまざまな善はかえって「その特殊性を失って無差別的に均一化」されることで内容的に空疎なものになってしまうという（岩田『アリストテレスの倫理思想』第1章，26-29頁）．このようにアリストテレスは，個々の事柄の個性を重視する．

　彼はまた『形而上学』においてもイデア説を批判している．『形而上学』（Metaphysika）は『自然学（Physika)』の後に（Meta）書かれたのでこの名があるが，内容的には存在についての純粋な思惟，言い換えると存在とは何か，存在を存在たらしめているものは何か，といった問題について書かれている．そしてその第1巻第9章（990b1-993a10）が「イデア」批判の章であり，アリストテレスはここで23の観点からイデア説を批判している．例えばイデアを肯定的に認める者は，それを事物や現象の原因として特定しようと試みるが，結局，存在する事物と同じ数だけの，何か原因とは別のものを探し当てたにすぎないとか，イデアの存在をさまざまな方法で証明しようとしているが，いずれも失敗しているとか，ある事物の実体がその事物から離れて存在することはあり得ないとか，さまざまである．その23の批判の中でもアリストテレスが最も強調するのは，イデアが感覚で捉えられる事物の運動変化を説明する手がかりとして役立たないという批判である．端的にいえば，アリストテレスは，経験によって知られるものによらなければ世界は十分に説明できないと考えた．プラトンはイデアはそれ自身が実在であると考えるのに対して，アリストテレスは，イデアはそれ自体が実在ではなく，個々の事物とともに形相（Eidos）として存在すると批判する．この場合，形相というのは，個々の事物をそうあらしめている本質のことである．イデアと違って形相は，個物を超越して存在することがない．したがって，個々の事物を超越した実在としてイデアを考えるのではなく，個物それぞれとともにその本質（つまり形相）を考えるべきだとアリストテレスは主張している．

2.　アリストテレスの世界認識と共同体

(1)　不動な実体について

　そうした個々の事物はこの世界においてどのように存在するか．ここでは
個々の事物の存在の仕方について検討するに先だって，アリストテレスがそ
もそもこの世界の成り立ちをどのように認識していたかを述べておきたい．

　アリストテレスは宇宙全体を大きく 2 つに区分した．月の向こう側の世界
（天界）と月よりも大地に近い世界（月下界）である．これは『形而上学』
や『天体論』などで論じられている．全宇宙を天界と月下界に区別し，天界
には「永遠にして増大も減少も受け入れること」のないアイテール（エーテ
ル）が満ちており（『天体論』270b），月下界は土・水・空気・火の四元素か
らなっている（『天体論』303b10-303b40）．そして，この 2 つの世界に存在す
るもの（実体）は，大きくは「感覚的な実体」と「不動な実体」の 2 種類に
分けられ，前者はさらに天界に存在する「永遠的な」実体と，月下界に存在
する動物や植物などの，転化し消滅する実体に分けられるという（『形而上
学』1069a30-b1，邦訳（下）135 頁，邦訳は岩波文庫版の出隆訳に拠る．以下同じ）．
また月下界の実体は直線に運動し，天界の実体は永遠の円運動をおこなって
いるとする．

　注意すべきはアリストテレスがこうした運動の究極の原因を想定した点で
ある．アリストテレスは唯一の原因が他のものを動かすことなしにはこの世
界に運動は起こりえないと考え，彼はこれを「不動な実体」とか「第一の不
動の動者」と呼んでいる（『形而上学』1073a27，邦訳（下）155-156 頁）．さら
にアリストテレスは，運動の第一原因を「最高善の生命であり永遠の生命」
としての「神」であると見ている（『形而上学』1072b30，邦訳（下）156 頁）．
プラトンも実のところ，『ティマイオス』において，「宇宙を生み出した父」
として「デミウルゴス」を想定した（『ティマイオス』37d，邦訳 54 頁）．プラ
トンによれば，万物は必ず何らかの原因によって生成されなければならない．

デミウルゴスは常に同一を保つもの，すなわちイデアをモデルとして万物の形や性質を仕上げた（同28a-29b，邦訳34-36頁）．また宇宙を秩序づけ，永遠を写す像として時間を作った．したがって，「宇宙が生じる前は，昼も夜も，月も年も存在しなかった」という（同37e，邦訳54頁）．プラトンはこのように宇宙の第一原因を考えた．アリストテレスは総じてプラトン批判を課題としたといいうるが，プラトンと同様に万物の第一原因を想定したという意味においては，類似の考えを示したということができよう．

　「デミウルゴス」は全能の神ではないし（〈訳者解説〉『ティマイオス／クリティアス』207頁），「不動な実体」もそうではない．またこれらは無秩序を前提としてそこから秩序が構築される点から見て，全くの無から有を一挙に創造したのでもないと考えられるが，こうした概念が後世のキリスト教に多大な影響を与えたことは付け加えておきたい．

（2）　アリストテレスの学問の基礎

　以上のような世界の下に個々の事物は存在する．それを説明するのがアリストテレスの学問の基礎として重要な「目的論」と呼ばれる考え方である．プラトンのイデアを批判したアリストテレスは，プラトンの影響を受けつつもこれとは異なる独自の考えを，自らの思想の基礎に据えている．それは事物や現象の原因についての議論に端的に表れている．アリストテレスは，そうした原因を4つ挙げている．すなわち質料因，形相因，始動因，目的因である（『形而上学』983a25-b1，邦訳（上）31頁）．

　具体例として家屋の例がわかりやすい．家屋を完成させる原因としてはまず，レンガや石があげられる．これらなしに家屋ができるわけがない．これを質料因という．次に，家屋が完成されたときの姿形である．できあがる家屋そのものの姿形がわからなければどこにどの部材をどのように組み上げればよいかわからない．これを形相因という．さらに，材料と完成の姿形とがわかっても，それを適切な場所に，適切な順番でもって組み上げなければならない．そのためには大工の親方（棟梁）が指導して土台になる石その他を

据え置き，組み上げる作業が必要であろう．これが始動因である．こうして家屋の姿形が現れる．しかしアリストテレスの考えでは，これで家屋が完成したということにはならない．人の居住は家屋が完成するための目的であるが原因でもあると彼は考えているのである．これを目的因という．

　アリストテレスは，この 4 つの原因によって全ての秩序が成り立っていると考え，世界を説明しようとした．一言でいえば世界は，質料から形相へ不断に生成発展していて，一切のものは，それぞれ目的を持っているという考えである．しかも，彼はこの秩序に価値的な序列を与え，一切は段階をなすものと考えた．そして自然物であれ動物であれ人間であれ，あらゆる事物はそれ自体が元々持っている目的に向かうのであり，その目的はまたそれ自体の目的を目指すと考える．つまり目的 A は目的 B のために存在し，目的 B は目的 C のために存在し，目的 C は目的 D のために存在し，おのおの上位の目的を目指す．卑近な例を挙げれば多くの学生がアルバイトをするが，その目的は自由に使える収入を得ることであり，その目的は例えば旅行をすることであり，さらにその目的は人生を豊かにするためであろう．要するにそれぞれの個物がより高いものを目的にして動いていく．つまり世界には目的は無数にあるが，それらの全てが対等の関係にあるのはなく，目的と手段の連関という大きな秩序の中に位置づけられている（岩田『アリストテレスの倫理思想』第 1 章，17-19 頁）．もしも目的と手段の連関が際限もなく進行し，究極の目的がどこにもなければ，人間の欲求は空虚なものになるだろう．そしてその究極の目的とは善であるとアリストテレスは述べている．

　　そこで，われわれによって為される事柄のなかに，われわれがそれ自身のゆえに望み，ほかの事柄をこの事柄のゆえに望むような，なんらかの目的があるとしてみよう．つまり，われわれはあらゆる事柄を何かそれとは別の事柄のゆえに選ぶのではないとしてみよう（というのも，もしわれわれがほんとうに何もかもをその都度それと異なるもののゆえに選んでいるとすると，その過程は無限に進み，その結果，もとの欲求は空

しく，実質のないものとなるだろうから）．その場合，明らかにそうし
た目的こそが「善」であり，「最高善」であることになる．（『ニコマコ
ス倫理学』1094a，邦訳（上）26頁）

　この目的論という考え方は，その後，ヨーロッパの思想史において基本的
な枠組みとなって重要な役割を果たすことになる．

(3)　3つの共同体

　上述の目的論は形而上の事象や自然事象，人間事象を説明するときにも見
られるものである．アリストテレスの学問には，理論的学問（テオリア）と
実践的学問（プラクシス）と制作的学問（ポイエーシス）の3つがある．理
論的学問というのは，純粋な知的追究をする，つまりただ知ろうとするため
の学問で，対象を人間が操作したり，変えたりすることはできない学問だと
アリストテレスは言う．哲学や数学，生物学などがこれに含まれる．三角形
の内角の和は人間の力や技術では変えてしまうことはできない．あるいは石
ころをいかに空高く投げても必ず大地に落下してくるのを妨げることはでき
ない．これに対して，実践的学問と制作的学問は，人間の側で対象を操作し
たり，変えたりできるものである．実践的学問は行為に表れた人間の意志を
対象とするもので，政治学や倫理学がこれに含まれる．一方，制作的学問は，
人間の実践の手段として使われる技術学で，医学や修辞学，詩学がこれに含
まれる．

　上述の通り，アリストテレスは人間の行為，活動の究極目的は「善」にあ
ると言う．この善とは何かを追究する学問が倫理学であり，政治学である．
政治学といっても，パワーポリティクスを扱う現代の政治学とは違って，倫
理と密接に関連した政治学であって，人間や国家はどうあるべきかを重視し
た学問である．彼によれば，倫理学は一個人が目的とする善とは何かを問題
とする学問であるが，政治学は複数の人々が何をなし何を避けるべきかを法
として考える学問，言い換えると国家の目的（善）を実現し，それを維持す

るための学問である．つまり人間が真に善を得られる，真に幸福になるためには，政治を外すことはできないと考える．

　アリストテレスは共同体として，家，村，国家（ポリス）を挙げている．このうち家（oikos）は，家父長が妻と子どもと奴隷を持ち，彼らを強力な権限でもって支配する家庭である．アリストテレスは，この家という共同体の単位を非常に重視した．つまり，家をポリスの基礎単位として肯定的に捉えている．この点はやはりプラトンとは大きく違う点である．複数の家が集まって村が成立し，さらに複数の村が集まってポリスという自足した共同体が形成されると考える．そしてポリスがあらゆる共同体の中で最高の，最も完全な共同体と考えられている．

（4）　オイコスと「経済（学）」という言葉の由来

　3 種類の共同体のうち，まず家について，家の財産と関連づけて検討したい．ついでポリスについて検討する．「家」は現代で「経済」と訳される西洋語と深い関係がある．「経済」は，上で述べたオイコス（家）とノモス（人為的に定められた法規範）を合体させてできた言葉で，おおまかに言えば oikos ＋ nomos → oeconomia → oeconomy → economy と変化した．したがって経済という言葉の元々の意味は，「家の財産の管理」あるいは「家政」ほどの意味である．またアリストテレスはオイコノミケー（家政術）という言葉も使っていて，これは「家産を管理することによって生活を維持する技術」ほどの意味である．彼は，このオイコノミケーに対して，「金儲けの技術」を不当な経済活動として区別し，「クレマティスティケー（取財術）」と呼んだ．したがって「経済」という言葉の元になった言葉は，単なる金儲けとは異なる，むしろこれに対立した意味で使われたという点は留意しておいてよいだろう．

　もう 1 つ，オイコノミアという言葉は元来，家産や家政を意味したので，これとは分けてポリスの，すなわち国家の運営・管理に関する学問という意味で，17 世紀初め頃からエコノミー・ポリティック（oeconomie politique）

とかポリティカル・エコノミー（political economy）という言葉が使われるようになった．18世紀にフランスで活躍した思想家ルソー（Jean-Jacques Rousseau, 1712-78）にも『エコノミーポリティック』（政治経済論，国家統治論）という作品がある．このエコノミー・ポリティック，ポリティカル・エコノミーは1890年にイギリスの経済学者アルフレッド・マーシャル（Alfred Marshall, 1842-1924）が『経済学原理（*Principles of Economics*）』を著した頃から，次第にeconomicsに取って代わられ，これが「経済学」を意味する言葉となったと考えられている．実際，マーシャルが対象としているのは，人間の欲望，土地や労働，資本といった生産要因，工場や企業といった産業上の組織など，まさに近現代の経済学が対象としている事柄である．

(5)　家における財産の取得方法と私有

　アリストテレスは家をポリスの基礎単位として重視したが，彼はそのことを，財産を獲得する方法を考察することによって明らかにしようとした．財産の取得方法に関するアリストテレスの考えは非常に複雑であって，安易な要約を許さないが，ここではあえて単純化しておく．上述のように財産を取得する方法として彼は家政術と取財術を挙げている．彼は取財術という言葉を複数の意味で使っているが，最も広い意味ではそれは財産の取得方法一般を意味する．アリストテレスは，以下の引用で示すとおり，蓄財を目的としない，生活の必要に従った家政術を，利潤の獲得を目的とした商人的な，狭い意味での取財術から切り離して正当化し，商人的な取財術を自然に最も反したものとして批判した．ところが家政術は物々交換などを通じて生活に必要な物を取得し，それをそのまま使用する限り認められるという．

　　　取財術には二種あって，そのうち一つは商人術で，他の一つは家政術の一部であり，後者は必要欠くべからざるもので，賞賛せらるべきものであるが，前者は交換的なもので，非難せられて然るべきものである（何故ならそれは自然に合致したものではなくて，人間が相互から財を得る

ものだからである），従って憎んで最も当然なのは高利貸しである．そ
れは彼の財が貨幣そのものから得られるのであって，貨幣がそのことの
ために作られた当のもの［交換の過程］から得られるのではないという
ことによる，何故なら貨幣は交換のために作られたものであるが，利子
は貨幣を一層多くするものだからである．（『政治学』1258a30-1259b，邦
訳 57 頁）

　利潤の追求を低く評価するとはいえ，しかしアリストテレスは『国家』に
おけるプラトンのように，私有そのものを否定することはない．むしろ共有
よりも私有を高く評価する．岩田靖夫によれば，所有に関するアリストテレ
スの思想の根本には，自己愛がある．自己愛は人間にとって自然であり，適
度に自己を愛する人間がある程度の財産を持つことは，他者に対する迷惑に
ならないばかりでなく，公共善を促進することにもなる（『アリストテレスの
政治思想』第 7 章，193-196 頁）．

　　……財産の配慮が各人の間に分けられていれば，お互いに不平を言わな
　　い以上に，各個人は自分自身のものに身を入れているように思うので，
　　その配慮はいっそう増すことになるだろうし，他方，その財産の使用に
　　関してはことわざにも言うように，「友人のものは共有」ということが
　　徳によって行われることになるであろうから．（『政治学』1263a，邦訳 77
　　頁）

　ここでいう「友人のものは共有」とは，もちろん財産を友人と共有すべき
だということではなくて，自己の私有財産を友人の幸福のために使用すべき
だという意味である．また次のようにもある．

　　……非難せられるのは自己を愛するというこのことではなくて，むしろ
　　守銭奴が過度に銭を愛するのと同じように，必要な程度以上に自己を愛

することなのである．……友人や客人や仲間を喜ばしたり，助けたりするのは非常に楽しいことである．しかしこのことは財産が私有である場合に行われる．（『政治学』1263b，邦訳77-78頁）

一方，共有に対するアリストテレスの批判は痛烈である．

ここに私が悪と言うのは，契約について国民相互の間になされる訴訟や偽証の判決や金持ちへのお追従のことである．しかしこれらの悪は何一つ，共有でないために起こるのではなくて，悪 徳(モクテーリアー)のために起こるのである，何故なら財産を共有して共同に使用する者の方こそ財産を個々別々に所有している者より遙かに余計に争うのをわれわれは実際見るからである．（『政治学』1263b，邦訳78頁）

プラトンは『国家』において，守護者層における女性と子どもの共有を主張したが，アリストテレスはこれを真っ向から否定する．彼はその問題点をいくつか挙げているが，2つの点が興味深い．1つは，妻や子どもを共有のものとすれば，個別の女性や子どもに対する配慮が行き届かなくなるという危惧である．人間は自分のものであれば最も多く気にかけるが，共同のものには気にかけないか，あるいは関わりのある範囲でしか気にかけないという（『政治学』1261b）．つまりアリストテレスは，自分の妻や子どもであれば愛情をもってともに生活し育てることもできるだろうが，そうでなければ非常に希薄な人間関係に基づいた社会になり，かえって望ましい秩序を保てなくなると見ている．もう1つは，共有制の下では暴行や殺人，ケンカなど手荒な行為を容易に引き起こしがちだということである．そうした行為は知りあっている人々の間においてよりも知らない人同士の間で頻発するという（同1262b）．

家における財産は私有されるが，その中に奴隷が含まれることにも触れておかねばならない．アリストテレスは家政を健全に営むためには固有の道具

が必要で，それには「生のないもの」と「生を持ったもの」の 2 種類がある
と言っている．例えば船長にとって舵の取っ手は生のない道具で，見張員は
生のある道具であるという．さらに道具は，物を作るための道具か，行いを
なすための道具かという観点でも 2 つに区別される．後世，厳しく批判され
る考え方であるが，「奴隷は生ある所有物」であり，また行いをなすための
道具として分類される．人間には生まれながらの向き不向きがあるという考
えはプラトンにもあったが，アリストテレスは魂が肉体を，また理性が欲情
を支配するのと同じように，自然によって優れた者があり，また自然によっ
て劣った者とがあって，前者が主人として後者の奴隷を支配すると述べる．

　こうして，アリストテレスは奴隷の本質を「人間でありながら，その自然
によって自分自身に属するのではなく，他人に属するところの者」（『政治
学』1254a，邦訳 39 頁）と定義づける．

3.　望ましいポリスとその形成・維持

(1)　究極目的の共同体としてのポリス

　3 つの共同体のうち，ポリスのみが自足している．この意味においてポリ
スは究極の，最高の共同体である．アリストテレスは，ポリスと人間との関
係について，「人間は自然によってポリス的動物である」（同 1253a3）という
有名な命題を述べている．しばしば「社会的動物」と表現されるが，ハン
ナ・アレント（Hannah Arendt, 1906-75）によれば（『人間の条件』第 2 章，44
頁），これはセネカ（小セネカ，Lucius Annaeus Seneca, 前 4 ? - 後 65）やトマ
ス・アクィナス（Thomas Aquinas, 1224/25-74）によるラテン語訳 homo est
naturaliter politicus, id est, socialis が後に広まったためであるという．

　この命題が意味するのは次のことである．人間は生命ないし生活を維持す
るためには，ひとりでは自足できない．個々人が全体の中で何らかの役割を
果たすことで社会は成り立っている．それゆえアリストテレスは，全体が部
分に先立っているので，自足したポリスは個人や家に先立っていると考える．

彼はそれを人体の比喩で表現する．すなわち，肉体としての全体が壊されれ
ば，肉体の一部分である手はもはや手の役割を果たせなくなる（『政治学』
1253a20）．

　したがって，人間は本来的にポリスを形成することを志向する．共同体へ
向かう衝動が自然的に備わっている．ただしここで興味深いのは，人間が常
にポリスの形成を志向しているとは限らないと考えている点である．人間は
一種の群居動物であるが，ミツバチなどとは異なって言葉を操り，有利なも
のや有害なもの，正しいものや不正なものを区別できる．それゆえ人間のみ
が正邪善悪についての知覚を持っている．したがって完成された人間は動物
のうちで最も善いものであるが，法や裁判から離れた人間は最悪の存在にな
るという．徳を持たなければ最も野蛮で最も慎みのない動物にすぎなくなる
（同1253a29以下）．また人間は快楽を得，欲望を満たすために不正を犯し，
苦痛を伴わない快楽を得るために欲望を持って不正を犯すという（同1267a
以下）．アリストテレスは人間に内在している悪を強制的に排除しない．人
間はそのように共同体を破壊に導く性質を内在させながらも，ともかくも本
来は自足したポリスの形成・維持をめざしていると考えるのである．

　それでは究極の共同体であるポリスにおいて，市民たちは何をすることが
許され，何をしなければならないとアリストテレスは考えたか．アリストテ
レスはプラトン『国家』と異なって私有財産を認めたが，それは国土からの
収益についても同様である．アリストテレスが最善の国家と考える国土は2
種類の所有からなっている．国土の一部は共有であるが，共有部分の土地か
らの収益は，ゼウスを中心とする12神その他の神々への奉仕（祭祀料）と，
市民の共同食事を賄うために使用される．国土の残りの部分が私有地になっ
ていて，市民の各々は国境に接した土地とポリスの中心に近い土地の2つを
私有することができる．国境に接した土地が割り当てられるのは，隣国が攻
撃してきた時に踏み荒らされがちな危険で，肥沃でない土地であり，ポリス
の中心地は比較的安全で豊かな土地である（『政治学』1329b40-1330a20，邦訳
333-334頁）．

　次に市民の義務であるが，伊藤貞夫によれば，古典期のアテナイでは，富
裕層と，外国からの居留民は交易によって大きな富を築く者がいたので，こ
の在留外国人とが公共の活動を運営するための資金の拠出を義務づけられて
いた．公共の活動に伴う費用とは具体的には三段櫂船の建造および艤装のた
めの費用や宗教的祭儀の諸費用，祭儀にともなう演劇上演のための費用，オ
リンピア競技会開催費用，大神殿建造費用などがあった．これらを富裕層と
外国からの居留民が拠出していた．そして下層民は納税の義務を免れていて，
ポリスからさまざまな手当てさえ受けていたという（『古典期アテネの政治と
社会』第 3 章，118-128 頁）．岩田靖夫によれば，アリストテレスはこうした
アテナイの慣行を踏襲しながらも，後述するように中流層がポリスの大部分
を占める国制を理想としていたので，公共奉仕は多くの市民によって負担さ
れるべきと考えられていたのではないかという（『アリストテレスの政治思
想』第 7 章，196-200 頁）．

(2)　国制の分類とその優劣

　それではアリストテレスは，究極の共同体であるポリスをどうあるべきだ
と考えていたか．彼が独自の理想国家を追究しようとする際にしりぞけるべ
きものは，プラトンの理想とする国家と，当時高い評判を受けていたという
国家像および実在の諸ポリスであった．アリストテレスは，ソクラテスの口
を借りて理想を描く師プラトンの説を痛烈に批判し，またカルケドンの立法
者パレアスやミレトス人ヒッポダモスの国家計画，さらにクレテやカルケド
ンその他の実在の国制について，その欠点を指摘した（『政治学』1260b30-
1274b30，邦訳 67-120 頁）．アリストテレスはこのように既存の理論および制
度を批判した後に，望ましい独自の国家像を追究する．彼はプラトン最晩年
の著作『ポリティコス』の分類枠組みを批判的に継承することで，国家の形
態を大きく 6 つに分類した．すなわち，国家の最高権力を保持した人の数と
いう基準はそのまま受け継ぎながら，もうひとつ，そうした支配者が，エゴ
をむきだしにして，国家全体のことを考慮せずに自分たちの利益だけを目的

として支配する国家とそうでない国家，言い換えると健全な国家と堕落（逸脱）した国家という基準を導入したのである．

　健全形態として王政（単独者支配），貴族政（優秀者による少数者支配），中間の国制（多数者支配）がある．堕落形態としては僭主政（単独者による思うままの支配），寡頭政（富を持った少数者が自分たちの利益だけを追求する支配），民主政（貧困層の多数者による自己利益の追求）がある．この分類枠組みはその後の西洋政治思想において長い間説得力あるものとみなされた．重要なのは，アリストテレスが単に国制を分類しただけではなく，それらに優劣をつけた点である．逸脱形態に関しては2つの点を押さえておかなければならない．第1に，これらの国制のうちプラトンと同様に僭主政を最悪のものとしている点である．アリストテレスの考えでは，人々を互いにできるだけ面識のない者にするためのあらゆる手段を講ずることによって僭主政は保持される（同1313b5，邦訳270頁）．また頻繁におべっかを使う悪人好みの国制である（同1314a，邦訳272頁）．さらに僭主政は寡頭政と民主政の双方の欠点を兼ね備えている．すなわち寡頭政のように富を目的とし，大衆に信頼を置かないいっぽうで，民主政のように傑出した名のある人々を追放したり滅ぼしたりするからである（同1311a10-20，邦訳261-262頁）．第2にアリストテレスは民主政を，貧者によって自己中心的に利益追求のなされる偏ったものとして消極的に評価している点である（同1279b，邦訳139-140頁）．

　アリストテレスは物事の優劣を比較する際に多角的な視点から検討するが，健全形態の国制の優劣を比較する際に特にその特徴が際立っている．徳の充実度という視点から見れば，王政と貴族政は傑出しているといえるが，しかし多数者に徳の完成を期待するのは無理であるという（同1279b40，邦訳139頁）．これに対して，最大多数の人々が享受しうる生活という視点から見た場合，最も優れているのは富が偏在せず，中流層が強力であるような国制すなわち「中間の国制」であるといい，僭主政とは異なった意味において寡頭政と民主政の混合であるという（同1295a30，邦訳201頁，1295b35，邦訳204頁）．

富裕層であれ貧困層であれいずれも極端に多い場合，市民同士の敵対は不可避だと考えられているからである．彼がポリスの運営に関して何よりも警戒しているのは，国制に変化をもたらしこれを崩壊させうる内乱である．アリストテレスが「中間の国制」を最も優れた国制とするその理由は，何よりもこの内乱・内紛の発生する可能性が最も低いことにある．多数は一人よりも善い判断ができるし，腐敗しにくいからである（同 1286a20-30，邦訳 166-167頁）．

　『政治学』第 5 巻は全体的に内乱についての考察であり，内乱発生時の市民の感情，内乱の目的，内乱の契機を分析している．第 1 に平等を望む者が不平等の境遇に置かれた時や，逆に不平等あるいは優越を望む者がそうでない境遇に置かれた時に不満を蓄積させ，かれらが内乱を起こすという（同 1302a20-30）．第 2 に内乱の目的は，利益と名誉の配分に関わり，それらの好ましい配分がなされていない時，その配分を取り戻す目的で内乱が引き起こされるという．第 3 に市民相互の対立の出発点として，アリストテレスは傲慢や恐怖，優越，軽蔑，一部の国内勢力の伸張などを挙げている（同 1302b，邦訳 231 頁）．こうした内乱・内紛の原因を考察した後，アリストテレスはどうすれば国制を健全に保全できるかについて考える．要約すれば，一般的には市民が違法なことを行わないように，たとえ小さな変化といえども警戒を怠らないようにすべきだという（同 1307b30，邦訳 250 頁）．

(3)　望ましい国家を構築するための諸条件

　それでは望ましい共同体はどのような市民によって構成され，どのような規範によって支えられるべきか．この問題を解決する手がかりを，アリストテレスが人間の幸福を追究した『ニコマコス倫理学』に求めたい．アリストテレスは，プラトンが理想としたような，市民が厳格な教育課程の下に教育され，哲人によって画一的に統治される国家をくり返し批判する．プラトンの哲人は人々を理想に導くため「高貴な嘘」をつく．ところがアリストテレスは人間の多様性を認め，個性豊かな複数の人間の集まりによる多様なポリ

スの形成を考えている.

　しかし個性を極端にまで認めると，共同体が形成されがたいこともアリストテレスは深く認識している．そこで，人間が社会的に結合するために，個々人の内面を律する，いわば倫理的な原理を必要とする．倫理的原理として重要なものとして，例えば中間性と友情がある．中間性は，人間の精神状態のある側面が過剰でも不足でもいけないことである．例えば，向こう見ずであっても反対に臆病であっても（『ニコマコス倫理学』1115a5-1116a15，邦訳（上）202-210頁），また浪費的であっても卑しくても（同 1119b22-1122a18，邦訳（上）244-260頁），またいらだちやすくても全く気概がなくてもいけない（同 1125b25-1126b10，邦訳（上）290-300頁）．両極端の精神状態では，どちらにしても善を究極目的としたポリスを形成することはできない．また自分以外のメンバーにとっての善を願うようでないと共同体は形成されないと考えている（同 1157b5-1157b40，邦訳（下）210-212頁）．したがって，プラトンが考えた女性と子どもの共有は，ポリスの形成・維持にとって不可欠の友情の原理を破壊することにつながるとアリストテレスは考えている．

　ところで中間性にせよ友情にせよ，これらはポリスに生きる個々人が備えるという意味で倫理的な原理であるが，これに対して，アリストテレスはいわば法的側面からも国家を形成・維持する原理について考察を及ぼしている．つまり共同体のメンバー全員に適用されるような規範がないと，人間のエゴを抑制することができず，その結果，共同体そのものが成り立たないという考えである．とりわけ重要なのは平等ということを内容とした正義で，言い換えればポリスを構成するメンバーとして対等の立場に立つべきだという考え方である．アリストテレスは正義をいくつか挙げているが，ここでは配分的正義と矯正的正義について，ごく簡単に触れておきたい．配分的正義は，市民の国家への貢献の度合いに応じて，名誉や財貨が配分されるという原則である（同 1131a10-1131b25，邦訳（上）346-352頁）．これに対して矯正的正義は，市民の間の平等な関係が不当に侵害されたとき，それを矯正する正義である．例えば，AがBに対して盗みを働いたとき，Aは初めの状態に対

してより多くのものを得ているのに対して，B は同じ分だけ失っていることになるが，この不均衡を矯正して初めの状態に復帰させる原理が矯正的正義である（同 1131b25-1132b20，邦訳（上）354-360 頁）．なお岩田靖夫は，従来，同一と考えられてきた配分的正義と交換的正義とを区別している．すなわち前者は国有財産の分配に関係するのに対して後者は個人の財産の交換に関わるものであって，「共同体の成立に先行し，共同体を構成するための必須の条件」であると述べている（『アリストテレスの倫理思想』第 7 章，265 頁）．

(4)　市民の教育について

　以上のように，アリストテレスはいかなる国制が最善であり，ポリスはいかなる人間によって構成・維持されるべきかを考察した．残る問題は，それではいかにして市民を教育すべきかであろう．教育論に関してもアリストテレスはプラトンとは異なった見解を示している．プラトンの関心は基本的には守護者層を哲人にまで導こうとする教育にあったが，アリストテレスの場合，教育の対象は限られたエリートではなくて，ポリスの構成員全体であった．ポリスの目的が 1 つである以上，市民全体の教育も同一でなければならないと考える（『政治学』1337a25，邦訳 360 頁）．上述したように，アリストテレスにとって人間は本来的にポリスの形成を志向する動物ではあるが，ややもすれば秩序を破壊し，自己を破滅に導いてしまうような存在であるからこそ，彼は人間がいかに「善く生きる」かを終始問題としたとも考えられる．アリストテレスにとって，こうした二律背反的な存在である人間を，市民としていかに教育するかは実は非常に重要だった．

　実際，『ニコマコス倫理学』末尾には，善き人間を形成するためには，法に基づいて市民を適切に養育し習慣づけ，各自が自己の課題をこなして劣悪なことをなさないようにしなければならないと書かれている（『ニコマコス倫理学』1180a-a20，邦訳（下）426-427 頁）．こうした問題意識を受けて『政治学』第 7 巻第 13 章以下において教育論が展開されている．

　アリストテレスによれば，人間が有徳であるためには，生まれつき，習慣，

教示の３つの事柄が重要であるという．生まれつきの善さとは，要するに，思慮深く，気概豊かで，友情深くなければならないということである（『政治学』1327b30-40，邦訳325頁）．また各市民の生まれもった性質を高めるために，アリストテレスは市民の結婚および出産の適齢期，胎教などについて考察する（同1334b30-1336a40，邦訳351-352頁）．習慣に関しては，出生時から青年期に至るまではもちろんのこと，成人して後も劇場の舞台から不体裁な言葉や絵を追放するなど，有害な習慣は避け，適切な習慣を身につけておかねばならないという（同1336a-1336b20，邦訳，355-358頁）．教示に関しては，まず人間は生活に必要な事柄や雑事に煩わされずに，人間本来の目的である善を探求するための観想的生活を可能とする閑暇を持ち，それを立派に活用することが重要であるという．アリストテレスは英語のスクールの語源となったこの「閑暇（σχολή, scholē）」を，徳の涵養の機会としてきわめて重視する．閑暇を利用して行われるのは，読み書き，体育，図画そして音楽である．アリストテレスはこれらのうち音楽をとりわけ重視する．読み書きと図画は生活に役立ち，体育は勇気を育てるのに役立つが，音楽はそのどちらにも役立つわけではない．単に「閑暇における高尚な楽しみに対して有用」であるにすぎないという（同1338a20，邦訳，364頁）．にもかかわらず，音楽は魂を一定の性質のものになし得る（同1340b10，邦訳，374頁）．青年たちは実際に聴衆の前で演奏または歌唱することで人々を楽しませる必要がある．そして演奏に選ぶべき楽曲は「行動的」でも「熱狂的」でもない「倫理的」なメロディで，音階法はそうした性質を持ったもの，すなわち「ドリス様式音階法」なのだという（同1342a30，邦訳，380頁）．なぜドリス様式かといえば，それが両極端を排した「中間的な」性質をもつからだというのである．ここには内乱・内紛に陥ることの最も少ない「中間の国制」を支える市民の育成に腐心するアリストテレスの苦衷を察することができるであろう．

　アリストテレスは師プラトンの思想を批判し，独自の思想を展開した．その特徴は，普遍的なイデアではなく，個々の事物や現象が生成・発展・消滅する現実を見て，その多様性に注目した点にある．アリストテレスはあらゆ

る学問対象を詳しく分類した．政治学に関していえば，国制を複眼的な視点から非常に詳しく場合分けをしている．このことはそれ自体，プラトンの画一的な思考法に対するアンチテーゼといえる．しかし，そうであるとはいえ，アリストテレスは相対主義者ではない．中間の国制を最善と考え，それを支える市民も中庸をわきまえた，バランスの取れた人々が望ましいと考えた．彼はそうした人々によるあるべきポリスがギリシアに復活することを願っていたのかもしれない．

参考文献

出隆監修・山本光雄編『アリストテレス全集』[旧版] 第 4 巻，岩波書店，1968 年，村治能就訳『天体論』を所収

アリストテレス（渡辺邦夫・立花幸司訳）『ニコマコス倫理学』（上）（下），光文社古典新訳文庫，2015 年

アリストテレス（出隆訳）『形而上学』（上）（下），岩波文庫，1959〜61 年

アリストテレス（山本光雄訳）『政治学』岩波文庫，1961 年

アルフレッド・マーシャル（馬場啓之助訳）『経済学原理』1〜4，東洋経済新報社，1965〜67 年

ディオゲネス・ラエルティオス（加来彰俊訳）『ギリシア哲学者列伝』（中），岩波文庫，1989 年

プラトン（岸見一郎訳）『ティマイオス／クリティアス』白澤社，2015 年

プラトン（田中美知太郎・藤沢令夫編）『プラトン全集』第 4 巻，岩波書店，1975 年，田中美知太郎訳『パルメニデス』を所収

ハンナ・アレント（志水速雄訳）『人間の条件』ちくま学芸文庫，1994 年

伊藤貞夫『古代ギリシアの歴史——ポリスの興隆と衰退』講談社学術文庫，2004 年

伊藤貞夫『古典期アテネの政治と社会』東京大学出版会，1982 年

今道友信『アリストテレス　人類の知的遺産 8』講談社，1980 年

岩田靖夫『アリストテレスの政治思想』岩波書店，2010 年

岩田靖夫『アリストテレスの倫理思想』岩波書店，1985 年

柳沢哲哉『経済学史への招待』社会評論社，2017 年

第**3**章
ヘレニズムとキケロー

1. はじめに

　本章では，共和政ローマにおいて政敵と争って位人臣を極めた政治家にしてかつ哲学者でもあったキケロー（Marcus Tullius Cicero, 前106-43）の社会思想を，その前提となる思想的背景および歴史的状況と照合させつつ検討する．

　西洋史では一般に，アレクサンダー大王が東征を開始した頃（前334年）から，アクチウムの海戦（前31年）におけるプトレマイオス朝エジプトの滅亡に至るまでの約300年間をヘレニズムの時代と呼ぶ．この間，地中海世界では，アレクサンダーの後継者をめぐる対立・戦争やローマ共和国の拡大，内紛というように数多くのリーダーたちによる主導権争いが続いた．マケドニアに敗れたギリシアの諸ポリスは，自治権は保持することができたが，もはや自前の国防と外交はできなくなっていた．つまりそれまでの市民の持つ思想的基盤は弱体化していたといってよい．いっぽう，アケメネス朝ペルシアは領土内の異民族の慣習や文化に対して寛容な態度を示したというが，アケメネス朝征服後のアレクサンダーも自らソグド人やペルシア人と結婚し，また麾下の将軍たちにもペルシア女性との結婚を強制し，さらにペルシア式の礼儀作法を採用したり，ペルシア人を文武官職に登用したりした．このことによって東西文化の交流がより推進されるようになった．

　このようにヘレニズム時代には断続的な戦乱とそれに伴う異文化の交流と

いう特徴がある．こうした時代背景において見られる思想史的特徴は，プラトンの思想を受け継いだアカデメイア派，リュケイオンで学んだ人々のペリパトス派（逍遙学派），判断停止によって精神の安らぎを得ようとする懐疑派，あくまでも自然に従うことを第一に考えるキュニコス（犬儒）派，後述のエピクロス派およびストア派など実にさまざまな思想が輩出した点にある．キケローの社会思想を検討する手がかりとして，ここではエピクロス派とストア派の特徴について論じておきたい．紀元前3世紀から紀元前2世紀にかけて，共和政ローマはアンティゴノス朝マケドニアと戦いこれを破った．このことをキッカケとして，ギリシアの文化が大いにローマに流入するようになった．ローマ人たちはそれぞれの考えにしたがって，ギリシアの思想を受け入れたり，捨て去ったりすることで，自分たちの問題の解決を模索するようになった．とりわけキケローはプラトン，アリストテレス，エピクロス派，ストア派のそれぞれを批判的に受容したといってよいだろう．そこでまず，エピクロス（Epikūros, 前341-270）およびエピクロス派の検討から始めたい．

2. エピクロス派とストア派

(1) エピクロスとエピクロス派

　エーゲ海の東に浮かぶサモス島に生まれたエピクロスには学問的な遍歴がある．ロングによれば，サモス島ではアカデメイア派のパンピロスから教えを受けたが，その後唯物論者として名高いデモクリトスの徒であるナウシパネス（前350頃-？）と交流したことで，原子論的な考え方に親しんだため，魂の不死を前提とするプラトンの思想は芽を摘まれたという．18歳でアテナイに出て兵役に就いた後，レスボス島やランプサコス（アナトリア半島北西部）に自ら学園を創設したが，そのいずれにもとどまることなく，やがてアテナイを再訪した．アカデメイアの近くに一軒の家を購入して，その庭園を学園とした（前306年）．その後の二十数年間，生涯にわたって「エピクロスの園」で研究生活を続けた．著作は300巻以上の膨大な数に上るが，ほ

とんどが散逸している．また彼は多くの弟子を抱え，庭園で教育に携った．こうしてエピクロス派が形成されたという（A. A. ロング『ヘレニズム哲学』第2章，23-29頁）．

　相続く戦乱と異文化との活発な交流という時代は，当然のことながらそれまでの世界観，人生観の問い直しを人々に要求した．それゆえ，ヘレニズムの思想家たちにとっては，先行するプラトンやアリストテレスの思想そのものが批判すべき対象であったといってよい．彼らの社会思想はポリスを前提として，それをいかに秩序づけるかに重点が置かれていたが，ヘレニズムの思想家たちにとってはもはや弱体化したポリスは自明のものではなくなっていたからである．先行きが不透明で不安定な時代的状況のなせるわざであると考えられるが，エピクロスはなによりも個人のレベルでの心の平静，平安（アタラクシア）を重んじた．個人にとっての自己充足を大きな善と考える（『メノイケウス宛の手紙』，『エピクロス──教説と手紙』71頁に所収．以下エピクロスの引用は全てこの邦訳に拠る）．ここにエピクロス思想の最大の特徴がある．

　アタラクシアとはつまり，各人の霊魂があらゆる動揺や恐怖から解放された状態のことである．したがってアタラクシアの対極に動揺や恐怖がある．それゆえアタラクシアは正・不正の基準でさえある．もっとも平静な心境にある人は正しく，極度の動揺に満ちている人は不正であるという（『主要教説』17節，邦訳79頁）．

　霊魂が恐怖や動揺に陥るのは，各人が不合理で勝手な妄想や臆見を抱くからである．エピクロスはむしろ，身近の事物に対する直接的経験を可能にする感覚に信頼を置くことで，そうした妄想や臆見に妨害されずにアタラクシアが得られると考えている．唯物論の教育を受けたエピクロスは，プラトン的な霊魂不滅の思想を否定して，霊魂は物体であると考え，肉体の死とともに霊魂も雲散霧消するので感覚は失われる，それゆえ死を恐れる必要は全くないと考える．

　　死はわれわれにとって何ものでもない，と考えることに慣れるべきであ

る．というのは，善いものと悪いものはすべて感覚に属するが，死は感
覚の欠如だからである．それゆえ死がわれわれにとって何ものでもない
ことを正しく認識すれば，その認識はこの可死的な生を，かえって楽し
いものとしてくれるのである．（『メノイケウス宛の手紙』，邦訳67頁）

　人間にとって死は避けることができないから，善く生きる，あるいは「美
しく生きる」ためには苦痛を避けて快楽を重視すべきであるという（『メノ
イケウス宛の手紙』，邦訳70頁）．この引用が示唆するように，エピクロスに
とって感覚はあらゆる判断の基準を構成する．『ヘロドトス宛の手紙』にも
「われわれは，確証の期待されるものや不明なものごとを解釈しうる拠りど
ころを持つためには，すべてを感覚に従って見るべきである」とある（邦訳
11頁）．それゆえ感覚にとって善いものとはすなわち快楽であり，悪いもの
とはすなわち苦痛である．感覚を信ずれば人生は快適なものとなろう．ただ
し快楽であればなんでもよいわけではない．その快楽がもっと多くの嫌な結
果をもたらすのであれば避けるべきだし，長時間にわたる苦痛であってもそ
れに耐え忍ぶことでより大きな快楽が結果としてもたらされるのであれば，
むしろ避けるべきではない．真の快楽とは道楽や性的な享楽がもたらすもの
ではなく，肉体的な苦痛のないこと，霊魂において乱されないことに外なら
ない．素面の思考（nephon logismos）によって，霊魂を動揺させる臆見や妄
想を追い払うことで快楽の生活を送るべきだと考えるのである．
　霊魂を動揺させるのは単なる臆見や妄想ばかりではない．エピクロスに
とっては神すらもアタラクシアを妨害する場合がある．エピクロスはもとよ
り現代的な意味での無神論者ではなく，固有の神観念を持っているが，アタ
ラクシアを妨害するのはプラトンやアリストテレスの「神」である．プラト
ンおよびアリストテレスの「神」はともに宇宙全体に介入する．プラトン
『ティマイオス』のデミウルゴスは宇宙に太陽と月そして「彷徨する星（惑
星）」をそれぞれ固有の円軌道に置くことによって時間を生成した．またこ
の宇宙に4つの種族の生きものを作り上げた．すなわち天体，鳥類，魚類，

陸を歩行する生物である（『ティマイオス』38c-40a，邦訳 56-59 頁）．これに対
してアリストテレスは前章で明らかにしたように，不動の動者としての神は
宇宙や地上でのあらゆるものの運動の究極原因であると考えた．ところがエ
ピクロスは次のように述べて，世界に対する神の介入を端的に否定する．

　　諸天体の運動，回帰，食，昇りと沈み，その他これに類する天界・気象
　　界の諸事象の起こるのは，普通には，ある存在（神）が，……現に主宰
　　しているがためか，あるいは，これまで主宰してきたがためである，と
　　考えられているが，そのように考えるべきではない．（『ヘロドトス宛の
　　手紙』，邦訳 36-37 頁）

　エピクロスは神を「不死で至福の生者」と考える（『メノイケウス宛の手紙』，
邦訳 66 頁）．プラトンやアリストテレスのように神が天体の運動をもたらし
たと考えると，神本来の不死性や至福性に余計な判断を加えることになり，
その尊厳を損なう．そうした余計な判断は不死性と至福性の正反対の観念で
あって，それが「われわれの霊魂のなかに最も大きな動揺を引き起こす」と
いうのである（『ヘロドトス宛の手紙』邦訳 37 頁）．
　以上に見てきたことから，社会思想の視点からエピクロスの考えを検討し
てみると，彼には社会や国家を意味づけたり秩序づけたりしようとする意識
は希薄である．ディオゲネス・ラエルティオスによれば，エピクロスのアテ
ナイに対する祖国愛は否定できないが，彼はあまりにも公正さを重んじたた
めに，国事に関わることをしなかったという（『ギリシア哲学者列伝（下）』第
10 巻 1 章 10 節 208 頁）．エピクロスが庭園で多くの友人や弟子と交流してい
たことはよく知られてはいるけれども，しかし政治や国家という他者との複
雑な関係を継続させる営みはそれ自体煩わしく，人を動揺させると思われた
のではないか．それゆえエピクロスは，政治や社会の営み総体から距離を置
くべきであると考えたのであろう．エピクロスの有名な言葉である「隠れて
生きよ」（『断片（その二）』，邦訳 125 頁）や「われわれは……国事の牢獄から

われわれ自身を解放すべきである」(『断片(その一)』,邦訳98頁)がそうした思考を裏付けている.これは「人間は自然によってポリス的動物である」というアリストテレスの命題とは遠く隔たった思想である.人間は自然によってポリスを求めるのではなく,必然的で害にならない欲望を満たすことのできる自然に服従すべきだというのである(『断片(その一)』,邦訳21頁).

こうしたエピクロスの思想は,エピクロス派を通じて後世に伝えられるようになった.最もよく知られているのは詩人ルクレチウス(Titus Lucretius Carus, 前99/94-55/50頃?)であろう.ルクレチウスは『事物の本性について』を残して,エピクロスの思想を広める役割を果たした.またエピクロスの思想は,ピロデモス(フィロデモス Philodēmos, 前110-40/35頃)を通じて共和政ローマの富裕層に受け入れられたという.

(2) ストア派の政治・社会思想

アテナイにストア・ポイキレーという名の彩画柱廊があった.かつて三十人僭主政権によって刑場として使われたので人が寄りつかない静かな場所だったという.そうであれば哲学的思索をするにはうってつけである.そこに目を付けたのであろうか,キプロス島出身のキティオンのゼノン(Zēnō(n), 前335-263頃)は弟子を集め講義を行った.ゼノンがストア・ポイキレーで一学派を創始したことから,ストア派の名前がある.

ストア派は通常,初期,中期,後期と区別される.アテナイを舞台として活躍した初期ストア派には,学派の創始者ゼノンと第3代学頭クリュシッポス(Chrysippus, 前280-207頃)らがいて,彼らはキュニコス派やアカデメイア派と論争を展開した.中期ストア派というのは,アカデメイア派のカルネアデス(Karneadēs, 前214/213-129/128)から批判されたので所説を弁護する必要が生じ,パナイティオス(Panaetius, 前185頃-109)やポセイドニオス(Posīdōnius, 前135頃-50頃)がその批判に反論した.彼らの活動拠点はロドス島にあった.そして後期ストア派はもはやヘレニズムの時代を過ぎ,ローマ帝国に舞台を移して,皇帝ネロ(Nero Claudius Caesar Augustus Germanicus,

37-68，在位 54-68）に側近として仕えたセネカ（小），奴隷出身の哲学者エピ
クテトス（Epictetus, 55-135 頃），皇帝マルクス・アウレリウス・アントニヌ
ス（Marcus Aurelius Antoninus, 121-180）らが活躍した（國方『ストア派の哲
人たち』第 3 章，第 4 章）．ストア派の著作は，後期の著述家のものは除いて，
ほとんどが失われたり断片が残されているだけだったりするので，現代のわ
れわれがその思想を知る手がかりの多くは，同時代人や後世の思想家の引用
部分に頼らざるを得ない．それゆえ，ここでは特定の思想家に限定すること
なくストア派の特色を明らかにしておきたい．

　ストア派は創始者のゼノンがギリシアのさまざまな学派から薫陶を受けた
という事情があって，ストア派思想の核心的特色を同定しがたい面がある．
ディオゲネス・ラエルティオスによれば，ストア派の哲学は，自然（自然
学），倫理（倫理学），言論（論理学）の 3 つに関わるものからなるが，どの
部門も他の部門から切り離されず，互いに混じりあっているという（『ギリ
シア哲学者列伝』（中）第 7 巻 1 章 39-40 節）．ロングによればこの 3 つの部門
は「理性的な宇宙という一つのもの」（『ヘレニズム哲学』第 4 章第 2 節 182 頁，
傍点は原著）を共通の主題としている．とすれば，ストア派の核心にある基
本的考えは，ひとつにはやはりロゴスということになるだろう．

　ロゴス（logos）それ自体は古代ギリシア哲学によく見られる概念であって，
ヘラクレイトス（Hēraclītus, 前 540-480 頃）が使用したと考えられており，
プラトン，アリストテレスらの著作には実際に使用されている（例えば『ティ
マイオス』28a，『ニコマコス倫理学』1098a など）．この言葉は「集める，拾う，
読む」などを意味するギリシア語 λεγειν（legein）に由来するという．日本
語ではこれに理性，分別，論理，理由，根拠，言語，定義，算定などさまざ
まな訳語がつけられるので定訳はない．しかしながら，中心にあるのは要す
るに「拾い集める」という意味である．つまりバラバラに散らばっているも
のを拾い集め，1 つにまとめるということである．存在する全てを成立させ
ている根拠といってもよい．ストア派は，ポリスなどの個々の共同体を超越
した宇宙全体を成立させている法則があると考え，それをロゴスといった．

2世紀から3世紀に生きたカルタゴのキリスト教護教論者テルトゥリアヌス（Quintus Septimius Florens Tertullianus, 155-220）は次のように言っている．

> あなた方の知者も，ロゴスすなわち言葉ないし理性が万物の制作者であるという意見で一致している．というのもゼノンは，このロゴスを，全てを整然と形作った制作者と規定し，また運命とも神ともユピテルの精神とも万物の必然とも名付けられると規定している．（『弁明』21，ゼノンほか『初期ストア派断片集1』120頁）

　注意すべきは，テルトゥリアヌスの証言から明らかなように，ロゴスは神でもある．ストア派は，神は人間の姿ではなく，気息としてあらゆる物体（質料）に行きわたっていると考える．宇宙全体に行きわたっているからこそ存在全てが成立しているのである．したがって，ストア派はエピクロス派とは異なって，世界に対する神の介入を認めている．

　ところでストア派の基本概念として，ロゴスの他にピュシス（自然）がある．実はロゴスとピュシスは，神や宇宙法則など同一のものを指している．ただ，ピュシスは植物も動物も人間もあらゆる存在を支配している原理であるので，植物を支配する際には「自然」として，非ロゴス的な動物を支配する際には「魂」として，人間を支配する際には「理性」（ロゴス）として働くにすぎないという（A. A. ロング『ヘレニズム哲学』第4章第2節，第4節）．要するにピュシスは植物や非ロゴス的な動物を支配するときではなく，人間その他のロゴス的動物を支配するときにロゴスとして働く．

　ロゴスは人間にも働いているので，人間はその宇宙法則が持つ性質を分け持っていることになる．したがって，宇宙の事象と人間の行為とは異なる秩序に属するわけではなく，究極的には宇宙の諸事象も人間の行為もロゴスによってもたらされる結果にすぎない．宇宙法則と人間の内面の自然との一体性を強調した言明に，ローマ皇帝マルクス・アウレリウス・アントニヌスの以下の言葉がある．

次のことを常におぼえておくべし. 宇宙の自然とは何であるか. 私の
（内なる）自然とは何であるか. 後者は前者といかなる関係にあるか.
それはいかなる全体のいかなる部分であるか. また君が常に自然——君
はその一部分である——にかなうことを行ったり言ったりするのを妨げ
る者は 1 人もないということ.（『自省録』第 2 章 9 節 23 頁）

このようにストア派は人間の究極の目的を, 神であるロゴスの働きによっ
てもたらされた現実の進行と, 人間自らの態度や行動を完全に調和させるこ
とであると考える. ところが, このロゴス（理性）の働きを妨害する要因が
ある. それがパトス（情念）である. ディオゲネス・ラエルティオスによれ
ば, 人間の魂には 8 つの機能があり, それは 5 つの感覚機能すなわち五感の
他に, 言語機能, 思考機能, 生殖機能があって, その思考機能に歪みが生じ
るところから情念が生まれるという.

さて, 虚偽から思考の上に歪みが生じ, そしてその（思考上の）歪みか
ら数多くの情念が芽生えて, それらが不安動揺の原因となるのである.
そして情念（パトス）そのものはゼノンによれば, 魂の非理性的で自然
に反した動きであり, あるいは, 度を超えた衝動である.（『ギリシア哲
学者列伝』（中）, 第 7 巻第 1 章 110 節 290-291 頁）

また 2 世紀から 3 世紀にかけてのアレキサンドリアのキリスト教神学者ク
レメンス（Titus Flavius Clemens, 150-215 頃）『雑録集』によれば,

衝動は, 何かに向かう, あるいは何かから離れる思考の運動である. パ
トスは過度の衝動, もしくはロゴスに基づいた尺度を超えた衝動, ある
いは道を外れた, ロゴスに従わない衝動である. したがって, 諸々のパ
トスは, ロゴスに従わない分だけ自然に反した魂の動きである.（アレ
キサンドリアのクレメンス『雑録集』第 2 巻, クリュシッポス『初期ストア

派断片集』4, 229-230 頁）

　したがって，このパトスもロゴスと同様にいろいろな意味を持つが，おおむね情念，情熱，激情，攪乱などと訳される．ロゴスの働きに逆らう魂の動きとして，快楽，貪欲，苦痛，恐怖などと訳されることもある．ともかく人間はロゴスの働きと自己の態度や行動を一致させることを目的とするので，このパトスにいかに振り回されないかが重要になってくる．そしてロゴスに従ってパトスを克服するところに，人間の幸福があるとストア派は考える．こうして得られる心の平安をアパテイアと呼ぶ．理性の命令に従って情念を克服することであるから，いきおい禁欲的なイメージになる．ストイックという言葉が「禁欲的な」という意味で一般に使用される理由がここにある．

　ストア派においてパトスを克服し，ロゴスと自らの自然を一致させて生きることは人間の目的であると同時に，正しいことでもある．したがって究極的には，正しさとは人間が生み出したり作り出したりするものではない．ディオゲネス・ラエルティオスによれば，クリュシッポスは『美しさについて』の中で「正しさは，法や理法がそうであるように，自然の本来（ピュシス）によってあるのであって，人為・約束（テシス）によってあるのではない」という（『ギリシア哲学者列伝』（中），第7巻1章128節305頁）．そして自然と一致して生きることがすなわち有徳に生きることであり，また普遍的に妥当する規範であるという．

　　ゼノンが最初に，『人間の自然本性について』のなかで，（人生の）目的は「自然と一致和合して生きること」であると言ったのであるが，そのことは「徳に従って生きること」に他ならなかったのである．なぜなら，自然はわれわれを導いて徳へ向かわせるからである．……それゆえに，自然に随従して生きることが（人生の）目的になるわけである．すなわちそれは，各人が自分自身の自然（本性）にも，宇宙万有の自然にも従っているということであり，そしてその場合には，共通の法（コイノ

ス・ノモス）が——つまりそれは，万物に遍く行きわたっている正しい
理法（オルトス・ロゴス）であり，それはまた，存在するものすべてを
秩序づけるにあたっての指導者である，あのゼウスと同一のものなので
あるが——その共通の法が通常禁止していることは何ひとつ行わないと
いうことなのである．（『ギリシア哲学者列伝』（中），第7巻1章87-88節
274頁）

　このようにストア派はプラトンやアリストテレスとは異なって，神でもあ
るロゴスおよびピュシスという規範がアテナイ人やバルバロイ（異民族をさ
す蔑称），自由人，奴隷，富裕層，貧民などの枠を越えて普遍的に妥当して
いると考える．この意味でストア派の思想には全人類の平等と，個々の共同
体が定める制定法に先立つ法規範の存在が示唆されている．全人類を包括す
る共同体（コスモポリテース）の存在を前提に，人間は自然を規範として生
きるべきだと考えるストア派の思想を正面から受け取り，これを強調したの
が共和政ローマの政治家キケローである．

3.　ストア派的思想家キケロー

(1)　キケローの生涯

　キケローはローマの南東にあるアルピヌムの丘の出身で，両親が教育熱心
だったため，幼くして弟のクィントスとともにローマに留学させられた．早
くから学問的な才能を発揮したようである．9歳から20代後半までの十数
年間を，鳥卜官スカエヴォラやそのいとこで同名の最高神祇官から法律を学
んだり，エピクロス派やアカデメイア派，ストア派などの哲学者の指導を受
けたりする機会を持った．弁護士になるため法律学を修業していたのである
が，実は詩作に興味を覚えて熱中したといわれている．それゆえキケローは
ローマ共和国の政治家として活躍した人物であるが，もともと読書や思索の
生活にあこがれていた面がある．

　さて，キケローは，26 歳の時，ロスキウスという若者の弁護を引き受け，裁判に勝利して，一躍有名になる．しかし独裁者スッラ（スラ，Lucius Cornelius Sulla, 前 138-78）の恐怖政治を逃れて，小アジアやロドス島，ギリシアに 2 年ほど修業に出る．このときもアカデメイア派（アンチオコス），ストア派（ポセイドニオス）やエピクロス派（シドンのゼノン）の哲学に接する機会を得た．その後帰国し，共和政ローマにおいて，財務官，按察官<ruby>按察官<rt>あんさつかん</rt></ruby>（aedilis, 造営官ともいう），法務官，執政官と数々の要職を務めた．執政官に選出された際，有名なカティリナ陰謀事件（前 63-62 年）が発覚し，キケローは一味に対して「執政官非常大権」を行使して，国民の信頼を獲得した．その後，カエサル，ポンペイウス，クラッススの三頭政治と対立してこれを切り崩そうとしたり，カエサルの独裁を防ごうと努力したりしたが，最後は政敵アントニウスと対立し，アントニウスの放った刺客に暗殺されて生涯を終えた．

　『国家論』（『国家について』）や『法律論』（『法律について』），『善と悪の究極について』，『義務論』（『義務について』）などの主要な著作はほとんどが三頭政治の政治家たちとの権力闘争の最中あるいはカエサル暗殺の直後までに書かれている．

(2)　キケローの課題

　ギリシア哲学の諸派と接したキケローであるが，彼はたしかに，いくつかの視点からストア派を批判している．最もよく知られているのは『善と悪の究極について』第 3 巻と第 4 巻であろう．そこではストア派についてウティカのカトー（小カトー，前 95-46）と討論するキケローを見ることができる．キケローはストア派には自然の研究についてペリパトス派ほどの豊かさが欠け，また国家の運営についての考察が欠如していると批判する（『善と悪の究極について』第 4 巻 3 節，5 節，『キケロー選集』（以下，単に『選集』とする）第 10 巻 216 頁，219-221 頁）．それゆえ哲学史の領域においては，キケローはむしろアカデメイア派に近く，ストア派とは隔たった思想家という理解がしば

しばなされている．しかし，少なくとも『義務論』ではストア派的な色彩が
顕著であるし，また実際，盲目のストア派学者ディオドトスがキケローの自
宅に寄宿していたり（『トゥスクルム荘対談集』第 5 巻 39 節，『選集』第 12 巻
348 頁），キケロー自身がロドス島で中期ストア派哲学者ポセイドニオスから
教えを受けたりしたことがある．そのためここでは，キケローの思想に多分
にストア派的な要素があることを前提に，彼の思想の営みを見ていきたい．

　キケローの目の前にある歴史的状況は，いわば断末魔に喘ぐ共和政ローマ
である．すでにローマの市民権は，イタリア全土に広がり，版図もイベリア
半島やアナトリア半島，バルカン半島，現在のフランスから北アフリカにま
で広がっていた．スパルタクス奴隷反乱（前 73-71 年）や上述のカティリナ
陰謀事件などが続発していて，内乱と平穏を繰り返す不安定な状況にあった．
こうした状況下に，カエサルやポンペイウス，クラッススといった有力な政
治家が台頭して互いに勢力を争っていた．

　キケローはこうした状況下に，持ち前の雄弁術によってカティリナ一味を
孤立させるなどの働きをしたため，市民や一部の国家支配層に人気を博した．
だがその一方で宿敵も多く，カエサルやアントニウスと対立した．キケロー
が最も警戒していたのは，しばしば指摘されるように，カエサルの独裁であ
る．実際キケローは，クラッススが没したことで三頭政治の一角が崩れ，カ
エサルがますます勢力を伸張しつつあった時期に書いた『国家について』に
おいて，「一人の者の意志あるいは性格にかかっている国民の運命は脆い」
（『国家について』第 2 巻 28 節，『選集』第 8 巻 94 頁）と述べた．この言明は，
彼の課題がカエサルなど有力政治家の独裁を防止することにあったことを示
唆している．実際，キケローにとっての理想国家は，有力者によって私物化
されることのない伝統的な共和政ローマであり，彼はそれを保持したいと考
えていた．そのことはまず，国家についての次の有名な言明にうかがえる．
「それでは，国家とは国民の物である．しかし，国民とはなんらかの方法で
集められた人間のあらゆる集合ではなく，法についての合意と利益の共有に
よって結合された民衆の集合である」（『国家について』第 1 巻 25 節，『選集』

第 8 巻 37-38 頁）．この言明は，国家が 1 人のものではなく，正義と利益に
よって国民が緊密に結合した公共のもの（res publica）でなければならない
ことを強く訴えている．

　さらにキケローはそうした国家を，いわゆる混合政体によって保持すべき
と考えていた．すなわち，国家の形態を王政と貴族政と民主政の 3 つに区分
した．すなわち全ての国家権力が 1 人に集中するか，選ばれた市民からなる
審議体に帰属するか，国民にある場合の 3 つである．そしてキケローはこれ
ら 3 つが「適度に混ぜ合わされた，いわゆる第四の種類の国家がもっとも是
認すべき政体」であると言明している（『国家について』第 1 巻 26 節，29 節，
『選集』第 8 巻 38-39, 41 頁）．紀元前 2 世紀の歴史家ポリュビオス（Polybius,
前 204 ? -125 ?）は『歴史』第 6 巻において共和政ローマの歴史に即して論
じた混合政体論を唱え，執政官と元老院と民衆の 3 者の権力均衡によって国
家を安定させるべきであると主張した（『歴史』第 6 巻 3 節，15-18 節，邦訳ポ
リュビオス『歴史』2（京都大学学術出版会）286-288, 310-316 頁）．したがって
キケローはこうしたポリュビオスの主張を踏まえて独自の議論を展開してい
るのである．

　ところで共和政ローマは版図の拡大のためばかりでなく，内乱鎮圧のため
に戦争を遂行する必要があった．長谷川岳男によれば，国家の要職と戦争指
導とは密接な関係を持ち，戦争指導において功績を挙げることなく財務官以
上の高官に就くことは難しかった．しかも前 2 世紀後半までの戦争はローマ
にとっての「結節点」であり，ローマ人たちは戦争によって帰属意識を高め
たが，次第に戦争の質が変化し，軍隊は「ある個人の旗の下で戦う集団」に
なっていった．このため有力者は大規模な遠征を企図し，それを成功させる
ことで支持を集めるようになったという（『古代ローマを知る事典』第 1 部 5
章 149 頁）．こうして共和政ローマは，将軍でもある高官たちが公共善より
も個人の栄達や権力掌握を優先する国家に変貌したと見られる．

　これに対して，キケロー自身有力な高官ではあったけれども，彼が有力者
の独裁を防止するための方法として採用したのは，神と自然が密接に関連し

ていることを強調したストア派以来の自然法であった．愛娘の夭折を忘れる
べく執筆した晩年の作品『神々の本性について』において，キケローはエピ
クロス派のウェッレイウス，アカデメイア派（懐疑派）のコッタ（Gaius
Aurelius Cotta, 前 124-74），ストア派のバルブス（Quintus Lucilius Balbus, 生
没年不詳）を登場させ，おのおのに所説を述べさせているが，第 3 巻の末尾
にはキケロー自身が登場し，とりわけバルブスの議論を「真実の姿のかなり
近くにある」と高く評価している（『選集』第 11 巻 270 頁）．キケローによれ
ば，エピクロス派は，世界の出来事に神々が全く関与しないとする点で批判
の対象になる．もしも神に対する敬虔さを欠けば，「信義や人間社会の絆」，
「正義の徳といったものも，恐らく消えてなくなる」からであるという．こ
れに対してストア派は，世界が「神々の思慮や理知の働き」によって統治さ
れていると訴えている点を高く評価している（『神々の本性について』第 1 巻
2 節，『選集』第 11 巻 6 頁）．キケローがいかに神と自然が深く関連すると考
えていたかは，「神みずからがすべての自然を支配している」とのバルブス
の言明に強く裏付けられる（同第 2 巻 30 節，『選集』第 11 巻 137 頁）．

　キケローは人間はともすると自分にとって有用な事柄を優先し，共同体全
体の利益を軽視しがちであるから，神の摂理である自然という規範に従うこ
とで有徳であるべきだと考えている．このことは，制定法や判例法と自然と
を比較して論じた『法律論』の次のような記述に明らかである．

　　……すべては有用性という物差しで計らなければならないとすれば，そ
　　うすることが自分に利益をもたらすだろうと考える人間は，できるだけ
　　法律をないがしろにし，それを破ろうとするだろう．したがって，もし
　　正義が自然によるものではなく，有用性に基づくものがその有用性に
　　よって打ち倒されるとすれば，正義というものはまったく存在しないこ
　　とになる．そして，法が自然によって強固なものにされるのでなければ，
　　全ての徳は滅びるだろう．実際，どこに高貴な精神が，どこに愛国心が，
　　どこに神を敬う心が，どこに他人に奉仕し，感謝を表そうとする意思が

存在することができようか．というのは，これらは，私たちが自然本性
上人間を愛する性向を持つところから生ずるのであり，このことが法の
基礎となるからである．……しかし，法が国民の決議に，指導者の布告
に，裁判官の判決に基づくとすれば，強盗も，姦通も，遺書の偽造も，
大衆の投票あるいは決議によって是認される限り，合法となるだろう．
……私たちは，自然という規範によるのでなければ，善い法律と悪い法
律を区別することはできない．また，法と不法のみならず，およそ立派
なことと恥ずべきことの全てが自然に基づいて区別されることになる．
（『法律について』第1巻15-16節，『選集』第8巻208頁）

　この記述の有用性批判は要するに，ある人間にとって有用な事柄は別の人
間にとっては有用でないことがあり得るため，その別の人間は自分の有用性
を優先して最初の人間の有用性を否定しうるのでそこには正義はなくなると
いうことである．ここには正義と有用性または効用の両立という，ルソーや
J. S. ミル（John Stuart Mill, 1806-73）など後世の思想家たちが政治や社会の
問題を解決しようとする上での，解決困難ではあるが根本的な問題提起を垣
間見ることができよう．
　またこの記述からは，誰が国家の支配者になって法を制定したにせよ，あ
るいは誰が判事として判決を下したにせよ，実定法は自然に基づかねばなら
ないことが読み取れる．したがって，キケローによれば自然という規範は，
実定法を批判する基準となるのである．
　さらに言えば，キケローは自然と一致した法が万民に妥当し，そうした法
を守ることが正義であり，さらに神に対する敬虔さを示すことでさえあると，
『義務論』において次のように訴えている．

　　自然の規定するところとして，人間は人間に対し，それがどのような人
　　物であれ，その者が人間であるというまさにその理由ゆえに，その人の
　　利益を重んじるべきであるとすれば，必然的にすべての人々に有益なも

のが共通であることもまた同じ自然に即している．これがそのとおりと
すれば，われわれはみな自然という同じ一つの法律の上に存立している．
そして，このこともまたそのとおりとすれば，自然の掟がわれわれに他
人の権利の侵害を禁じていることは疑いない．しかるに，最初の仮定は
真である．よって，結論も真である．というのも，実に馬鹿げた考えだ
が，自分は親兄弟から自分の利益のために何一つ奪い取りはしないが，
他の市民たちへの対処はまた別だ，と言う者たちがある．このような者
たちの立場は，自分と他の市民の間には共通の有益性をはかるいかなる
法の定めも社会的連帯もない，というものであり，このような見解は国
家の結合を引き裂くものである．他方，同法市民に対しては配慮すべき
だが，他国人についてはその必要がない，と言う人々は全人類に共通の
社会を破壊している．この社会が消失すれば，親切，篤志，善良性，正
義も根こそぎ失われてしまう．これらが失われることに関与する者は不
死なる神々に対しても冒瀆を働く者と断じられるべきである．実際，
神々こそが人々の間に社会を定め置いたのであり，それをかの者たちは
転覆させるからである．……すべての人に共通の利益をなおざりにする
ことも自然に反する．（『義務について』第 3 巻 6 節，『キケロー選集』第 9
巻 292-294 頁）

　当時，版図を拡大させた共和政ローマには，自由なローマ人だけでなく，
さまざまな民族（種族）が居住していたが，習俗の異なる人々も含めて自然
の法が適用される点に注意すべきである．キケローはいかなる種族であって
も自然を導き手とすれば，徳に達することができないものは 1 人もいないと
断言する（『法律について』第 1 巻第 10 節，『選集』第 8 巻 200 頁）．キケローの
訴えたストア派的な自然の法の観念は，実定法を相対化するとともに，人間
の平等という観念に道を開いたと考えられるのである．

参考文献

アリストテレス（渡辺邦夫・立花幸司訳）『ニコマコス倫理学』（上）（下），光文社古典新訳文庫，2015〜16 年

エピクロス（出隆・岩崎允胤訳）『エピクロス——教説と手紙』岩波文庫，1959 年

キケロー（岡道男・片山英男・久保正彰・中務哲郎編集委員）『キケロー選集』全 16 巻，岩波書店，1999〜2002 年

ゼノンほか（中川純男，水落健治，山口義久訳）『初期ストア派断片集』1〜5，京都大学学術出版会，2000〜06 年

ディオゲネス・ラエルティオス（加来彰俊訳）『ギリシア哲学者列伝』（上）〜（下），岩波文庫，1989〜94 年

プラトン（岸見一郎訳）『ティマイオス／クリティアス』白澤社，2015 年

ポリュビオス（城江良和訳）『歴史』1〜4，京都大学学術出版会，2004〜13 年

マルクス・アウレーリウス（神谷美恵子訳）『自省録』岩波文庫，1956 年

内山勝利責任編集『哲学の歴史 2　帝国と賢者』中央公論新社，2007 年

國方栄二『ストア派の哲人たち——ギリシア・ローマ：セネカ，エピクテトス，マルクス・アウレリウス』（中央公論新社，2019 年）

角田幸彦『キケロー』清水書院，2001 年

長谷川岳男・樋脇博敏『古代ローマを知る事典』東京堂出版，2004 年

A. A. ロング（金山弥平訳）『ヘレニズム哲学——ストア派，エピクロス派，懐疑派』京都大学学術出版会，2003 年

第4章
キリスト教とその展開

1.　はじめに

　本章はまず，キリスト教を一種の社会思想として捉えようとした際に，2
つの特質を見るべきことを指摘し，それらが固有の世界観に基づいているこ
とを明らかにする．ついでキリスト教がヨーロッパに定着・拡大するうちに
どのような変容をこうむったかを検討したい．本章は社会思想史の一環とし
て書かれてはいるが，時系列に沿うことよりもむしろ分析に力点が置かれて
いることを予め断っておく．

　キリスト教は本来，プラトンやアリストテレスなど，ギリシアの社会思想
と比較して，共同体についての考え方が著しく異なる．エピクロス派および
ストア派と同様に，当初，たしかにキリスト教も現実の社会や国家の問題を
重視しなかった．現世すなわちこの世の事柄ではなく，来世すなわちあの世
に重きが置かれた．したがって最初期のキリスト教は，非政治的・非社会的
思想としての色彩が濃厚であって，そのため後世，ホッブズ（Thomas
Hobbes, 1588-1679）やルソーが共同体の建設・維持にそぐわないと考えたほ
どであった．ところが，最初期から長い時間が経つうちに，現実のキリスト
教は地域に根付いていき，やがてローマ帝国などの国教とされ，国家や社会
の問題を扱わざるを得なくなった．またのちに国家や社会の問題について考
察を及ぼす思想家が数多く輩出したが，彼らは，一部の例外を除いてキリス
ト教の信者であった．西洋の社会思想の歴史を研究対象としたとき，キリス

ト教を無視することのできない理由がここにある.

　そこで，ここではまず，キリスト教という思想を営んだ主体について検討しよう.

　キリスト教の根本は，唯一の神がイエス（Jesus）をキリスト（Christus, 救い主）として人間の姿をもってこの世界に送り込んだということに対する信仰である. 西アジアのガリラヤ地方にあるナザレ出身のイエスは，元々はユダヤ教徒であったが，新しい教えに基づいて弟子を集め，伝道を続け，最後は十字架にかけられた. 私たちはキリスト教といえば，もっぱらイエスの教えと理解しがちであるが，実際にはイエス 1 人の思想というよりも複合的な宗教思想と考えるべきであろう. そもそもイエスは過去にはその実在を疑われたことさえある. しかし『新約聖書』の共観福音書，使徒言行録，書簡などには，互いに似かよった具体的なイエスの人物像が描写されているし，タキトゥス（Publius Cornelius Tacitus, 55頃-120頃）やフラウィウス・ヨセフス（Titus Flavius Josephus, 37-100頃）など非キリスト教徒の著述家の作品にも実在の証拠がある.

　だが，『新約聖書』を誰かが書いた歴史的文書と考えた場合，聖書の中で最も古いテキストは，紀元50年頃すなわちイエスが死んでから約20年後に書かれた「ガラテア人への手紙」であり，マタイ，マルコ，ルカ，ヨハネの四福音書はそれからさらに20年ないし40年後に書かれたという. またもっとも新しい「ペテロ第二の手紙」の成立は紀元150年頃と考えられているので，『新約聖書』だけでもおよそ100年かけて書かれたということになる. とすると，キリスト教の中心的思想が『新約聖書』に書かれていると考えた場合，それだけでもキリスト教を特定の一個人の思想と見るのは難しいことになろう.

　また『新約聖書』の正典化は2世紀から段階的に進められたと言われるが，重要なのは，397年のカルタゴの教会会議の時だと考えられている. それ以後も，キリスト教界はさまざまな公会議において正統と異端を区別したり，教会改革を試みたりした. さらに長い年月のうちには，プラトンやストア派，

アリストテレスなど，本来キリスト教とは異質の思想を受容・吸収した人物たちがキリスト教の思想形成において重要な役割を果たすこともあった．このようにキリスト教は多くの人々が関わることで形成されてきた．つまりキリスト教思想といった場合，『新約聖書』に示された内容と，それを現実の変化に応じてさまざまに解釈した歴史との総体を指すものと考えることができる．

　このような思想総体としてのキリスト教には，第1の特質として，人間同士の結合を促す原理と，第2の特質として，権力を保有した共同体すなわち国家に関する特有の思想を見いだすことができる．そしてこれらの特質は固有の世界観の反映として考えることができるだろう．それではキリスト教に固有の世界観とはどのようなものであろうか．まずそこから検討していく．

2.　キリスト教固有の世界観

（1）　時間についての固有の意識

　キリスト教に固有の世界観を，時間の流れに着目することで明らかにしよう．キリスト教独自の時間の意識を，ギリシア思想との対比で検討してみると，ギリシア思想のそれは，プラトンが『国家』や『パイドン』，『パイドロス』で示したように「永遠回帰」によって特徴づけられる．つまり人間の生，世界は循環すると考える．例えば『パイドン』には次のようにある．

　　その教説によると，魂はこの世からあの世へと至り，そこに存在し，再びあの世から到来して，死者たちから生まれるというのだ．そこで，もしこれが真実だとすれば，すなわち，生者は死者から再び生まれるのだとすれば，我々の魂はあの世に存在するほかはないのではないか．なぜなら，もしも存在しなかったならば，再び生まれることもできなかったであろうからだ．（『パイドン——魂の不死について』70C, 47頁）

　このようにギリシアの世界観は，基本的に永遠回帰に基づいているのに対して，キリスト教のそれは，歴史には始まりと終わりがあり，時間は一方向的に進行し，決して戻ることがないという考え方である．キリスト教の考えでは神による天地創造によって世界が誕生したという．その後アダムとエヴァが彼らの自由意思によって神の命令に背き，善悪を知る木の実を口にして原罪を負うた．この時点において人間は堕落した．イエスがこの世に送り込まれ，十字架に処せられる．十字架刑から3日後にイエス・キリストは復活する．やがてキリストは再臨するとされ，その後，最後の審判までの千年の間，キリストとよき人々がこの世を支配するという千年王国の時代（至福千年）を迎える．最後の審判によって世界の終末が来て，永遠の救いに 与（あずか）るものには，その後は永遠の幸福が来るというように歴史を考える．

　このようにキリスト教では歴史には終末があるという大前提の下に，この世で生活し，人生に生きる意味を見いだす．そうした世界の終末の意識は地震や洪水などの天変地異，飢饉や疫病などによって強められることもあったであろう．

(2)　隣人愛による人間の結合

　世界には終末があると考えるこうした見方から導き出されてくる思想は，第1に隣人愛である．キリスト教徒はただひたすらこの世の終わりを思い，そのときに備えて神の愛を信じた．神を信ずることによって，来世で救われることを信ずる．神を信ずることを保証する行動として，罪を悔い改めること，つまり，自分自身が罪に傾く性質を持っていることを自覚し，敵意や嫉妬，傲慢，偽善，物欲などを自ら否定し，貧者や病者などに手を差し伸べることで，この世で絶えず善をなすように努めようとする．このようにキリスト教の中心的な道徳といってよい隣人愛は，まもなく到来する世界の終末に備えて，神への信仰を保証する行動として実践される．終末の確信から導き出される第2のものは，国家に重きを置かない思想である．世界の終末は遠くないのであるから，強力な国家もそれにともなって消滅することを免れな

い．そうであるとすれば，地上に生きる人間は，間もなく過ぎ去るべき国家には関わりを持つ必要がないことになる．

　隣人愛についてもう少し詳しく見てみよう．「マタイによる福音書」第 22 章 39 節によれば，隣人愛は神への愛に次いで重要な律法である．キリスト教における愛は，ギリシア思想におけるエロス（性愛）ではもちろんなく，またアリストテレスが説くような友愛（フィリア）でもない．アリストテレス『ニコマコス倫理学』によれば，友愛は「善ゆえの愛」か「快楽ゆえの愛」か「有用ゆえの愛」かのいずれかであるが，「善ゆえの愛」は，「自分自身にとって何らか善いものとして現れる」ものに対する愛である．相手の人間性に基づいて，相手が徳を持った善き人であると思われる限りにおいて相手に善を欲する心の働きである．「有用ゆえの愛」は「相手の人間性に基づいて愛しているわけではなく」，要するに使える，つまり「自分にとって何らか善いものが相手のもとから生まれる限りにおいて」愛する愛である．だから，自分にとって便益をもたらさなくなると相手を愛さなくなる．これに対して快楽ゆえの愛は，例えば機知に富んだ人を愛するのは，その人柄ゆえにではなく，自分にとって面白いからである（『ニコマコス倫理学』1155b10-1156a20，（下）192-203 頁）．

　これに対してキリスト教の愛は，無償の愛，まったく代償を求めない愛であるばかりか，キリスト教は敵すらも愛せよと教える．言い換えると，神がアガペでもって人間を愛するように隣人を愛する，これがキリスト教の結合原理である．

　この愛の持つ特徴として注意すべきことは，この愛が，きわめて個人主義的で平等主義的だということである．キリスト教の愛は，人間が他者と個人として向き合って，そこに生ずる愛を結合原理とする．「ガラテア人への手紙」（第 5 章 13-14 節，以下聖書からの引用は全て日本聖書協会発行『聖書』（1974 年）に拠る）には，使徒パウロ（Paulus, ?-64 頃）の言葉として次のように書かれている．

　兄弟たちよ．あなた方が召されたのは，実に，自由を得るためである．ただ，その自由を肉の働く機会としないで，愛をもって互いに仕えなさい．律法の全体は「自分を愛するように，あなたの隣り人を愛せよ」というこの一句に尽きるからである．

　キリスト教の愛は，神の前に全く平等な個人と個人が対等に向き合ったところに，個人の自由意思でもって行う愛である．それは「ルカによる福音書」第10章にある，強盗に半殺しにされた人を見捨てずに手厚く介抱したサマリア人を例として指摘しうる．したがって貧富とか社会的地位の上下とかは全く問題にならない．神の目からすれば，貧富や社会的地位の上下などは何の意味もないからである．現実に存在する社会構造に基づく矛盾は無関係である．キリスト教が人間を区別するのは，貧富の差ではなく，悔い改めたかどうかである．元来ユダヤ教パリサイ派としてキリスト教徒を迫害し，後にダマスカスで神の啓示を受けて，目からウロコが落ちるように回心したと言われるパウロは，人間を肉の人と霊の人とに区別した．肉の人とは悔い改めない人のことで，霊の人とは悔い改めた人のことである（「コリント人への第一の手紙」第3章1-3節）．

　奴隷制や大土地所有などの既存の制度は，貧富の差を当然生み出すが，物質的な富（マモン）は，人々の結合を妨害するものとしてむしろ否定的に見られていた．富裕に対する否定的評価は，「マルコによる福音書」10章や「マタイによる福音書」19章に端的に見られる．非常に有名な箇所であるが引用しておく．

　　イエスが道に出て行かれると，ひとりの人が走り寄り，みまえにひざまづいて尋ねた「よき師よ，永遠の生命を受けるために何をしたらよいでしょうか？」

　　イエスは言われた．「なぜ私をよき者と言うのか．神ひとりのほかによい者はいない．いましめはあなたの知っているとおりである．『殺すな，

姦淫するな，盗むな，偽証を立てるな，欺き取るな，父と母を敬え』」

すると彼は言った，「先生，それらの事は皆，小さいときから守っております」

イエスは彼に目をとめ，慈しんで言われた，「あなたに足りないことが一つある．帰って持っているものをみな売り払って，貧しい人々に施しなさい．そうすれば天に宝を持つようになろう．そして私に従って来なさい」

すると彼はこの言葉を聞いて，顔を曇らせ，悲しみながら立ち去った．たくさんの資産を持っていたからである．

それからイエスは見回して，弟子たちに言われた．「財産のある者が神の国にはいるのは何と難しいことであろう」

弟子たちはこの言葉に驚き怪しんだ．イエスはさらに言われた，「子たちよ，神の国にはいるのは，何と難しいことであろう．富んでいるものが神の国に入るよりはラクダが針の穴を通る方が，もっと易しい」（「マルコによる福音書」第10章17-25節）

　キリスト教が財産所有や蓄財，貨幣への執着がいかに人間の結びつきにとって破壊的であると見ているかは，「テモテへの第一の手紙」（第6章9-10節）にうかがうことができる．

富むことを願い求める者は，誘惑と，わなとに陥り，また人を滅びと破壊とに沈ませる，無分別な恐ろしいさまざまの情欲に陥るのである．金銭を愛することはすべての悪の根である．

　さて，個人と個人が慈善活動や喜捨などを通じて，対等の関係で結合する．これがキリスト教の人間と人間との結合原理である．4世紀初頭に迫害が終わると，軌を一にして修道制が発展したというが（土井監修『1冊でわかるキリスト教史』第1部3章），隣人愛の結合原理を実践しようとしてきたのが修

道院で，修道院内部では私有財産は否定されて，修道士たちは慈善活動や喜捨などの行為を，修道院の近傍の小規模で均質な共同体の人々に対しておこなっていたと考えられる．

(3)　国家に対する態度——受動的服従

次に国家に対する態度について検討してみよう．まずキリスト教の終末思想は，例えば使徒パウロによる「テサロニケ人への第一の手紙」第4章13節以下に読み取れる．パウロによれば，神は「天使のかしらの声と神のラッパの鳴り響くうちに」天から降りてくるが，その日は妊婦に陣痛が訪れるのと同様に「突如として滅びが」襲ってくるという．それゆえ信者は「救いの望みのかぶとをかぶって，慎んで」いるべきだという（第4章16節〜第5章8節）．パウロはここで明らかにキリストの再臨の切迫を予期し，終末における救済を切望している．国家に対するキリスト教特有の態度は，この同じパウロに典型的に見ることができることを確認しておこう．

キリスト教徒がローマ帝国において異教徒やローマ帝国そのものから迫害されたことはよく知られている．スエトニウス（Gaius Suetonius Tranquillus, 70頃-130頃）は『ローマ皇帝伝』において「前代未聞の有害な迷信にとらわれた人種であるクリストゥス信奉者に処罰が課された」と書いている（『ローマ皇帝伝』第6巻16節，（上）150頁）．またタキトゥス『年代記』には，皇帝ネロが，ローマの街に大火があったとき，自分が火を付けたのではないかという街の噂を消し去るために，人々に忌み嫌われていたキリスト教徒のせいにしたとある（『年代記』第15巻44節）．その後もキリスト教徒は民衆ばかりでなくドミティアヌス帝（Titus Flavius Domitianus, 51-96, 在位81-96年）やデキウス帝（Gaius Messius Quintus Trajanus Decius, 201？-251, 在位249-251年）らによる迫害を受けた．

しかし，そうであれば国家の迫害に抵抗してもよさそうなものであるにもかかわらず，抵抗が大規模に試みられたとは考えられていない．それどころかパウロは，全ての権威は神によって立てられたものだから，いかなる権威

が迫害しても，これに服従しなければならないと考える．彼は各地に教会堂
が建てられていく中で，教会における信仰の一致をめざし，また正しい福音
を述べ伝えようとしていくつか手紙を書いているが，その1つが「ローマ人
への手紙」（ロマ書）第13章1-2節である．

> 全ての人は，上に立つ権威に従うべきである．なぜなら，神によらない
> 権威はなく，およそ存在している権威は，全て神によって立てられたも
> のだからである．したがって，権威に逆らうものは，神の定めに背くも
> のである．背くものは，自分の身に裁きを招くことになる．

　およそ存在している権威は，全て神によって立てられたものだから服従し
なければならないという考え方を「受動的服従」という．この思想は後世，
神授権説などを正当化する根拠とされることがしばしばあった．しかし，キ
リスト教徒がいくら受動的に服従しても，国家の側がキリスト教徒の信仰と
完全に矛盾する命令を下す場合もある．ドミティアヌス帝が「皇帝崇拝」を
人々に要求して以来，歴代皇帝は自分たちを神として崇めよと人々に命令し
た．皇帝たちは，ローマ帝国の各地に皇帝の彫像を置いて，人々にその彫像
の前で香を焚かせた．しかしこの命令は，キリスト教徒にとっては信仰を試
されるものである．キリスト教徒は原則的に偶像崇拝，つまり神以外の何ら
かのものを第一に考えるような考え方を，十戒の第二戒に基づいて強く拒否
するため，多くの者が異教徒および国家権力の手によって殉教せざるを得な
かったと考えられる．紀元64年のネロ帝の迫害から紀元4世紀初頭のディ
オクレチアヌス帝（Gaius Aurelius Valerius Diocletianus, 245？-316, 在位
284-305）までの間，約80万人が殉教したと言われている．ただし近年では，
既存の国家に対して非妥協的なこうした態度は，理念化されたものであって，
現実のキリスト教は現実の国家とかなり妥協的なところもあったと指摘する
向きもあることを言い添えておく．

3. キリスト教の拡大と変化

(1) 終末意識の変化

さて，キリスト教が現在のトルコやイラク，ギリシアからイタリア，スペイン，フランスに普及・拡大していくにつれて，キリスト教を取り囲む状況に変化が見られるようになり，それにともなって，キリスト教そのものが変質せざるを得なくなる．

イエスは弟子たちの前で，彼らの誰かが生きているうちに神の国の到来を見ると予言したのだが（「マルコによる福音書」第9章1節），いつまでたってもこの世の終わりはやってこないと意識されるようになる．つまり終末の実在感が薄れてくる．キリスト教は，この世の終わりは近いということが大前提にあったから，社会や国家のことには興味を示さず無関心でいられたのだが，この世の終わりが近くないとすると，この世のことに関わらざるを得なくなる．ロドニー・スタークによれば，紀元100年に7530人だった信者数は，200年には約21万人，300年には約630万人と増え，350年には約3390万人，実にローマ帝国の全人口約6000万人の56％にまで増加したという（Rodney Stark, *The Rise of Christianity*, pp.6-7）．終末への待望が全く放棄されたわけではもちろんないが，これほどの信者の急増という状況を前にして，キリスト教界は現実に存在する社会問題に取り組まざるを得なくなったと考えられる．信者の富裕層と貧困層の格差がしばしば意識されるようになり，貧困層への施しが富裕層に対してますます奨励されるようになった．例えばカルタゴの司教キュプリアヌス（Thascius Caecilius Cyprianus, 210頃？-258）は『善行と施しについて』において，最後の審判の基準は善行の有無であることを強調し，この世で蓄財に専念するよりも貧者に施すべきことをくり返し訴えている（『善行と施しについて』特に第4章，第9章，第13章などを参照，上智大学中世思想研究所編訳・監修『中世思想原典集成4　初期ラテン教父』に所収）．

　20 世紀初頭のドイツの神学者トレルチ（Ernst Troeltsch, 1865-1923）によれば，隣人愛を道徳的行為と位置づけるキリスト教は，その実践を富裕な者に一層差し向けるようになったという．つまり財産所有は個人の生存のために必要不可欠な最低限度に制限されて，余った財産は喜捨されなければならないという考えが一層強調されるようになる．こうして財産所有は，個人の生存を可能とする範囲において認められ，隣人愛の実践の手だてとして認められるようになった．また商業は，他人の財産によって自分が富むという点で隣人愛の原理にとって常に危険なものと見なされていた．したがって商業は，農業や手仕事と比較して倫理的に劣った営業形態と位置づけられるようになり，その結果，生活に必要な利益を生産費用に上乗せしたものだけを価格として要求することが許されるようになったという（Ernst Troeltsch, *Die Soziallehren der christlichen Kirchen und Gruppen*, I. Alte Kirche, 3. Der Frühkatholizismus, S. 113-129．邦訳 578-602 頁）．

(2)　教会の組織化と制度化

　ところで隣人愛はキリスト教の中心的思想ではあるが，キリスト教が拡大するにつれ，素朴な隣人愛を実践することは次第に困難になっていったと考えられる．最初期には習慣や倫理を共有した小さな集団が共同生活を営んでおり，教会という呼称は各共同体そのものを指した（ブロックス『古代教会史』第 4 章 1 節）．ところが次第に地域の諸教会が結合してネットワークを広げていった．このネットワークの中に中心地が形成され，やがて教会は組織化・制度化されていき，聖職者の職務も細分化されるようになった．『キリスト教大事典』巻末の地図によれば，紀元 1 世紀の教会堂は，ローマを筆頭に，パレスチナ，ギリシア，アナトリア半島などの地中海沿岸を中心とした地域に 50 堂足らずが散在していたが，2 世紀には 100 堂を優に超え，コロニア・アグリッピナ（現ケルン）やルグドゥーヌム（現リヨン）などの内陸にまで広がっている．

　教会の組織化・制度化については，正典の結集，祭儀の整備，聖職者の職

制分化の３点から検討しよう．

　まず正典の結集については，四福音書やイエスの弟子たちの手紙を集めた『新約聖書』の範囲は長い間，場所によってまちまちであったが，古代におけるローマや上部イタリア，イスパニア，ガリア，ゲルマニア，北アフリカなどを含む西方教会においては397年のカルタゴの教会会議で正典が確定されたという．一般人は通常，ギリシア語やラテン語で書かれた『新約聖書』を，仮に手にすることができたとしても読解することは困難であったが，そうした信者に対しては，教会の聖職者が聖書に書かれた内容を平易に解説した．そのためには教会が組織されて地域に根付いていく必要がある．中世以降の教会堂の入り口や天井，壁などに施された彫刻やステンドグラスなどは，聖書の一節を可視化したものであるが，聖職者はこれを手がかりとして人々に信仰を説いた．また文字を読むことのできる俗人の恣意的な聖書解釈や異端的と判断された外典の使用を避けるためにも，教会堂に司祭が常駐することで正統教義を定着・維持する必要があった．

　つぎに，宗教上の儀式である祭儀が定められるようになった．カトリック教会ではこれを秘蹟（秘跡，サクラメント，sacrament）と言う．秘蹟には（幼児）洗礼，堅信，聖餐（聖体拝領），告解（改悛），終油，叙階（品級），婚姻の７つがある．キリスト教においては全ての人間はアダムの原罪を遺伝的に受け継いで生まれてくる．原罪によって神の恵み（恩寵）が失われた状態で生まれてくるので，洗礼によって新たに生まれる必要があると考える．堅信は，秘蹟の意味が十分に理解できるように成長してから（だいたい10歳代半ばくらいの年齢になってから）受け，洗礼の恩寵の完成に必要とされる．生涯に一度だけ，この儀式で霊的な印を受けたということになる．次の聖餐も映画などでよく見られるが，イエスの体としてのホスティア（聖体）を授かる祭儀である．ホスティアの意味づけに関しては，16世紀にカトリックとルター派，ツヴィングリ派，カルヴァン派の間で大きな論争が起きたことが知られている（聖餐論争）．いずれに所属するにせよ，信者はそれぞれの共同体の一員として同じ意味づけの下に食事（パン）をともにする．なお

聖餐式に赤ワインを含めるかどうかも議論になった．

　その他，告解は今では「ゆるしの秘跡」といい，洗礼後に犯した宗教上の罪を司教や司祭に告白して懺悔し，ゆるしてもらう儀式である．聴罪司祭は守秘義務がある．終油に関して，イエスは至るところで病人の癒やしを実践したと『新約聖書』に記されている．8 世紀頃から臨終の迫った人がよい死を迎えられるように準備するための祭儀として終油と呼ばれるようになった．12-13 世紀にキリスト教界で「煉獄」という世界観が広められた（石坂『どうしてルターの宗教改革は起こったか』第 2 章 1 節，2 節参照）．煉獄は地獄の上にある世界で，死者が生前に罪を償っていない場合，死後の苦しみによってその罪が贖われるとされる場所であり，浄化を済ませれば天国に行くとされていた．遺族が死者の供養をすることで，死者の苦しみやその期間を軽減・短縮するのに有効であると教えられた．煉獄は托鉢修道士によって人々に意識づけられたと言われる．そしてこの煉獄に行くために終油の秘蹟を受けることが必要とされた．終油の秘蹟自体には「ヤコブの手紙」第 5 章 13 節から 16 節などに根拠があるとカトリックは考える（プロテスタントは終油そのものを否定している）．

　ところで婚姻は，社会を構成する最小の単位である家族を形成する契機と見なすことができるが，教会は家族の現実を倫理的に基礎づけるために並々ならぬ力を尽くした．現実には既婚男性が婚姻外の性的関係を持ったり，婚姻ではなく内縁関係（共棲）を結んだり，共棲の相手方である女性やその子どもに対して財産贈与の遺言がなされたりしていた．これに対して教会は婚姻を秘蹟のひとつに定める努力を重ねた．すなわち単婚制や結婚前の男女の純潔，夫婦相互の誠実，子どもに対する倫理的・宗教的しつけ，捨て子の禁止などを，はじめは教会共同体内部に対して，キリスト教が国教化された後には社会全体に対して求めたのである（Ernst Troeltsch, *Die Soziallehren der christlichen Kirchen und Gruppen*, I. Alte Kirche, 3. Der Frühkatholizismus, S. 129-132. 邦訳 602-607 頁）．婚姻が秘蹟のひとつに組み込まれる背景には現実と理念の長い抗争があった．

　秘蹟が7つとされたのは12世紀以降であり，7つがカトリック教会全体に確認されたのは，宗教改革以後のトリエント公会議（1545年）以降においてである．したがってこれらの祭儀は，司教や司祭が執行することによって歴史的に形成されてきたものである．

　最後に，聖職者の職制が次第に整えられた点を指摘したい．最初期にはパレスチナの諸教会は「長老」たちによって（長老制的形態），またパウロと彼の伝道地の教会においては「監督」たちや「一緒に働いてきた人々」による集団指導によって（監督制的形態），それぞれ運営されていたという（N.ブロックス『古代教会史』第4章1節）．ところが，次第に指導者と助言者たちの間で職制が分化するようになった．これがしばしば批判の意味を込めて呼ばれる，いわゆる「初期カトリシズム」の展開である．

　ローマ教会における聖職者の職制は長い間，守門，読師，祓魔師（ふつまし），侍祭，副助祭，助祭，司祭の7つの品級からなるとされており，それは20世紀後半まで持続された．1962年から開かれた第二バチカン公会議や，当時の教皇パウロ6世によって発出された「自発教令」のひとつ『諸聖職（Ministeria Quaedam）』（1972年）によって副助祭や祓魔師，守門が廃止されている（EWTN「Ministeria Quaedam」）．ともかく古代において7つの品級は次第に教会の中で整えられた．そして司教によって叙階された各々の聖職者が，各々の品級に伴う権限に従って職務を執行するようになる．すなわち聖職者に役割分担が生じ，職務に軽重が生じてくる．3世紀初めに書かれたとされるヒッポリュトス（Hippolytos, 170頃–235頃）『使徒伝承』によれば，その頃には既に司教，司祭，助祭，副助祭などの呼称は存在し（B. ボット『聖ヒッポリュトスの使徒伝承』「2 司教（5-7頁）」「7 司祭（21-23頁）」「8 助祭（23-28頁）」「13 副助祭」（33頁）），それぞれの聖別・叙品の方法が確立していた．さらに3世紀末に執筆されたと考えられているエウセビオス『教会史』には，「侍者（アコルートイ）」，「祓魔師」，「読師」，「門番（ピュローロイ）」と，後世下級聖品に分類されるであろう全ての品級についての記述が見られる（『教会史』②VI巻43節，218-219頁）．

　もちろん，教会が組織化・制度化されても，教義としての隣人愛がなくな

るわけではないし，実践として隣人愛に基づく行いをする人ももちろんいた．しかし，特に聖職者の職制が整えられるに従って，聖職者同士が全く平等というわけにはいかなくなったであろうし，聖職者と俗人との間も平等の関係ではなくなったであろう．このことによって，最初期のキリスト教が説いたような素朴な隣人愛に基づく実践，およびそれに依拠した人間同士の結合は難しくなっただろうと考えられる．

　教会は，長い年月をかけて次第に組織化・制度化されていった．4 世紀にローマ帝国で公認されると，教会制度がローマ帝国の行政制度に合わせて形成され，司教区が登場してくる．司教は必ず司祭でなければならない．2001年当時の東京大司教ペトロ岡田武夫によれば，ゲルマン人によって破壊された教会堂を再建すべく有力者が私的聖堂を作って司祭を従えていくと，司教は自分の権威の及ぶ小教区を数多く設立するようになり，同時に私的聖堂での洗礼や聖餐の執行を禁止するようになる．こうして信者はやがていずれかの小教区に所属しなければならなくなったという（ペトロ岡田武夫「〈これからの教会を考えよう〉「小教区」制度のおこり」）．6 世紀末のローマ教皇グレゴリウス 1 世の頃になると，教会はローマ教皇を頂点とするひとつの巨大な階層構造に成長したという．

（3）　国教としてのキリスト教

　最初期のキリスト教が国家に対して無関心だったことはすでに述べたが，社会思想としてのキリスト教の歴史を考える場合に決定的に重要なのは，キリスト教がローマ帝国に拡大し，公認された後に国教になったことである．4 世紀は最も重要な出来事が連続している．3 世紀末にディオクレティアヌス帝が広大な帝国をより効果的に統治するため四分統治（テトラルキア）をはじめ，皇帝は 4 人の皇帝たちの一致を図ってローマの伝統的な神々を宗教的支柱としようとしてキリスト教徒の迫害を始める．ディオクレティアヌス帝自身，宗教的には保守的なローマ多神教信者であった．このとき，ローマ帝国内のキリスト教徒の数は全人口の 1 割とみられていて，地域によって弾

圧の厳しさには差があったようである．教会堂の破壊や聖書焼却，聖職者の逮捕，ローマの伝統的な神々に対する祭儀の実行の強制などがなされ，ディオクレティアヌス帝が305年に皇帝から退位した後にもキリスト教徒の迫害は断続的に続いた．ところが，コンスタンティヌス1世（Flavius Valerius Constantinus, 274-337, 在位306-336年）は312年に西方の正帝に即位したのだが，その頃から彼はキリスト教に対して寛大な態度を示すようになる．もともと母親はキリスト教徒であったこともあると思われるが，彼はキリスト教徒に対して過酷ではなかったようである．ただ彼自身が洗礼を受けるのは最晩年，死の直前であった．とにかく，コンスタンティヌスはリキニウス帝（東正帝，Valerius Licinianus Licinius, 265？-324, 在位308-324）とともに313年にミラノで会談し，キリスト教を公認した．いわゆる「ミラノ勅令」である．コンスタンティヌスは以後，キリスト教会の特権を拡大する．例えば民事訴訟は司教の管轄下に置かれるようにし，教会の遺贈が合法化され，教会での奴隷解放が法的に有効になる等の様々な寛容政策が採用された（A. H. M. ジョーンズ『ヨーロッパの改宗』第6章）．その後急速にキリスト教はローマ帝国内に広まる．やがてキリスト教内部で教義上の対立と論争，暴力による衝突をみる．教義上の対立でよく知られているのは，アタナシオス派とアレイオス派の対立である．単純化していえばイエスを人間（神に従属する被造物）としてみるか，それとも神としてみるかという違いである．この論争に決着をつけたのがテオドシウス帝によって召集されたコンスタンティノープルの公会議（380年）である．これによってニカイア信条（325年），「キリストは父から生まれた神の独り子にして，父の本質より生まれ……父と同一本質であって，万物は全て主によって創造された」が正統と認められた．

　その後392年には，異教と異端が取り締まられ，キリスト教はローマ帝国の国教になった．キリスト教が国家権力と結びつくことによって，1世紀から3世紀までの約250年間，断続的に迫害されていたキリスト教は，異教徒や異端を批判したり非難したりする側に回った．上述の通り，キリスト教に

おいては終末思想が衰えて，この世のことに関心を持たざるを得なくなった
が，この世との関わりの最も極端なところはキリスト教がローマ帝国の国教
になったということである．これによって，キリスト教は人間と国家・社会，
あるいは教会と国家の関係を理論づける必要が出てきたのである．

　なお，本書では基本的に教会といえばローマ・カトリック教会を考察の対
象としていることを付言しておく．キリスト教会はローマとコンスタンティ
ノープルの教会がローマの首位性をめぐって対立していたが，イスラーム勢
力の伸張その他の災厄に対して東ローマ帝国（ビザンチン帝国）皇帝が聖像
を禁止する措置（イコノクラスム）を取ったことや，聖職者の妻帯，酵母入
りのホスティアの是非などをめぐって対立が深まり，11 世紀半ばに両教会
は互いに破門した．

参考文献

『聖書』日本聖書協会，1974 年

アリストテレス（渡辺邦夫・立花幸司訳）『ニコマコス倫理学』（上）（下），光文社古
　典新訳文庫，2015〜16 年

エウセビオス（秦剛平訳）『教会史』1〜3，山本書店，1986〜88 年

上智大学中世思想研究所編訳・監修『中世思想原典集成 4　初期ラテン教父』平凡社，
　1999 年

スエトニウス（国原吉之助訳）『ローマ皇帝伝』（上）（下），岩波文庫，1986 年

タキトゥス（国原吉之助訳）『年代記――ティベリウス帝からネロ帝へ』（上）（下），
　岩波文庫，1981 年

プラトン（岩田靖夫訳）『パイドン――魂の不死について』岩波文庫，1998 年

B. ボット（土屋吉正訳）『聖ヒッポリュトスの使徒伝承――B. ボットの批判版による
　初訳』，燦葉出版社，1983 年

石坂尚武『どうしてルターの宗教改革は起こったか』ナカニシヤ出版，2017 年

エルンスト・H. ゴンブリッチ（中山典夫訳）『若い読者のための世界史――原始から
　現代まで』，中央公論美術出版，2004 年

古賀敬太『西洋政治思想と宗教――思想家列伝』風行社，2018 年

佐々木毅『宗教と権力の政治』講談社，2003 年

A. H. M. ジョーンズ（戸田聡訳）『ヨーロッパの改宗――コンスタンティヌス《大帝》

の生涯』教文館, 2008 年

土井健司監修 『1 冊でわかるキリスト教史——古代から現代まで』日本キリスト教団出版局, 2018 年

廣岡正久著『キリスト教の歴史 3 東方正教会・東方諸教会』山川出版社, 2013 年

N. ブロックス『古代教会史』関川泰寛訳, 教文館, 1999 年

村松剛『教養としてのキリスト教』講談社現代新書, 1965 年

松本宣郎編『キリスト教の歴史 1 初期キリスト教〜宗教改革』山川出版社, 2009 年

『キリスト教大事典』教文館, 1963 年

Rodney Stark, *The Rise of Christianity: How the Obscure, Marginal Jesus Movement Became the Dominant Religious Force in the Western World in a Few Centuries*, Harper Collins, 1997

Ernst Troeltsch, *Die Soziallehren der christlichen Kirchen und Gruppen,* Scientia Aalen, 1961 [Neudruck der im Verlag J.C.B. Mohr (Paul Siebeck), 1922 erschienenen Ausgabe] 邦訳, 東京都立大学トレルチ研究会「キリスト教会およびキリスト教諸集団の社会教説 (5)」『東京都立大学法学会雑誌』第 32 巻 1 号 (1991 年 7 月)

ペトロ岡田武夫「〈これからの教会を考えよう〉「小教区」制度のおこり」(https://tokyo.catholic.jp/library/l2/19943/)

EWTN「Ministeria Quaedam」(https://www.ewtn.com/catholicism/library/ministeria-quaedam-9006)

第5章
アウグスティヌス

1.　はじめに

（1）　マニ教徒としてのアウグスティヌス

アウグスティヌス（Aurelius Augustinus, 354-430）の生涯について，時に寄り道しながらも多少詳しく紹介するが，それは生涯における様々な経験が，彼の社会思想に非常によく反映されているからである．

早くからギリシアやローマの文化が流れ込んできていた北アフリカのヌミディア州タガステで，異教徒の父パトリキウスと敬虔なキリスト教徒の母モニカの間で生まれた．したがってアウグスティヌスは幼い頃からキリスト教に親しんでいたことになる．地元の学校で初等教育を受け，次いでマダウラという土地でギリシア・ローマの古典の読解と作文を学ぶ．さらに故郷タガステのある資産家から学費の援助を受けて，16歳でカルタゴへ遊学し，法廷弁論術を学ぶため修辞学の勉強をした．その過程において，彼は弁論家として名高かったキケローの思想に触れる．特に，今では断片しか残されていない『ホルテンシウス』によってアウグスティヌスは「知恵の愛」に目覚め，彼はこれを読んだことで哲学に非常に興味を持ったという．

アウグスティヌスは，若い頃は相当に放蕩息子だったようで，勉強が嫌で，悪友と連れだって盗みを働いたという．ただ盗みたいがために梨を盗んで豚に投げてやるのが面白かったと言っている．また酒色に耽り，自堕落な生活を送った．アウグスティヌスは397年から400年頃に執筆した『告白』に，

梨の窃盗だけでなくさまざまな自分の悪行を赤裸々に綴っているが，これは単なる自伝ではなくて，悪いことだと承知の上で，いかに悪さをしていたかを神に告白するとともに，悪いことであると認識しながらそれを行う人間の業を訴えているものと思われる．

　ところでアウグスティヌスの社会思想を理解する上で，彼の生涯について重要なポイントがいくつかある．第1に，カルタゴへ遊学していた19歳の頃に，マニ教に魅せられて，その信者になったことである．『ホルテンシウス』を読んだアウグスティヌスは，真理を求めたが，最初『聖書』を読んでもそこにキケローほどの荘重さも真理も見いだすことができなかった（『告白』第3巻5章9節，（上）73頁）．そこで彼が真理を求めたのはマニ教であった．よく知られていることだが，マニ教はペルシア人マニ（Mani, 215-275）が，世界は二元的に構成されていると考える2つの宗教すなわちゾロアスター教とグノーシス主義の影響下に始めた禁欲主義的な宗教で，ペルシアばかりでなくローマ帝国にも広く伝播した．マニ教は，世界を，善である光の原理と，悪である闇の原理との相克・戦いとして捉える．神と悪魔の戦いである．アウグスティヌスにとって，世界が善と悪の二原理からなっているというマニ教の説は，善を願いながらも欲望に囚われ悪をなす自分の人生を基に考えた世界を，うまく説明できるものと思われた．しかし彼はマニ教に，十分に納得することはできなかった．当時の代表的なマニ教の司教の説に彼は納得できなかったからである．

　その後，383年にカルタゴからローマへ渡り，またミラノへ行く．ミラノで修辞学の教師を務めた．彼の思想的営みの第2の転換点は，このミラノにおいて司教アンブロシウス（Ambrosius, 333頃-397）に出会ったことである．アウグスティヌスはアンブロシウスと交流するうちに，質素な生活に甘んずる彼の人格に惹かれ，またその説教によってキリスト教の内容に関心を高められるようになった．こうしてキリスト教に対する誤解を解き，32歳のときにマニ教を捨てて回心し，翌年アンブロシウスの洗礼を受けた．

(2)　オリゲネスとプロティノス──プラトンの流れをくむ思想との遭遇

　このように，アウグスティヌスがマニ教を脱してキリスト教徒になった
キッカケは，直接にはアンブロシウスとの交流にあると考えられているが，
アウグスティヌスが活動していたミラノには，プラトンの流れをくむ思想が
広まっており，当時のキリスト教は大いにその影響をこうむっていた．当時
ミラノには「ミラノのサークル」と呼ばれる新プラトン派の知識人グループ
が存在するほど（宮谷『アウグスティヌス』II, 6），新プラトン派の思想は受
容されていた．元来，感覚や現象を超越したイデアの世界と，視覚をはじめ
とする感覚によって捉えられる可視的世界とを区別したプラトンの思想は，
感覚を超えた神の存在を大前提とするキリスト教と親和的であり，その意味
でキリスト教徒に受け入れられやすかったといってよい．

　紀元前 2 世紀半ばのアレクサンドリアにおいて，プトレマイオス朝エウエ
ルゲテス 2 世（Ptolemaios VIII Euergetēs II, 在位前 145-116）が学者たちを追
放したことでアリストテレス哲学は衰微したが，その一方で，アレクサンド
リアのトラシュロス（Thrasyllus, ? -36）によって『プラトン著作集』が編
纂された紀元 1 世紀以降，プラトン哲学復興の気運が高まった．とりわけ紀
元 3 世紀，4 世紀にはプラトンの思想は数多くの哲学者・神学者によって多
種多様に解釈されたことが知られている（水地ほか編『新プラトン主義を学ぶ
人のために』第 1 章）．

　その代表としてオリゲネス（Origenes, 185 頃 -254 頃）やプロティノス
（Plotinus, 205-270）らの名前を挙げることができるだろう．ギリシア哲学と
キリスト教とを初めて統合したと評価されるオリゲネスは，アレクサンドリ
アの裕福な家庭に生まれ，後世，新プラトン派の創始者とみなされることに
なるアンモニオス・サッカス（Ammōnius Saccas, 175-242 頃）に指導を受け
たと言われている．その後学校を開き，後にパレスチナ西部のカイサレイ
ア・マリティマに移ってやはり学校を開いたと考えられている．数多くの聖
書注解を遺したが，それ以外にも護教論を展開したり，聖書講話を執筆した
りした．死後 400 年経った 6 世紀にはユスティニアヌス大帝（Flavius Petrus

Sabbatius Justinianus, 483 頃 -565）によって異端宣告を下される．著作として最もよく知られているのは『諸原理について（ΠΕΡΙ ΑΡΧΟΝ）』である．

　グノーシス主義やゾロアスター教の，善悪 2 柱の神の対立すなわち霊魂の善と物質の悪という二元論に対抗して，オリゲネスは，神に優れた部分と劣った部分を見るべきではなく，「万物の始原」であり「父」である神は，あくまでも「同じ一なる神」として単一の精神であり，「物理的な場所も，感覚的な大きさも，物体的形や場所も」必要としない超越的な存在であると述べる（『諸原理について』第 1 巻 1 章 6 節 56-57 頁）．オリゲネスの神概念は中期プラトン派に多くを負っているといわれるように（上智大学中世思想史研究所編『キリスト教的プラトン主義』第 1 章），オリゲネスの神はイデアの特徴を有していると考えてよいであろう．

　しかも，オリゲネスは一方でプラトンに由来するとは思われない自由意思の概念を使用することで神の正しさを論じつつ，他方で魂の不死を前提として，人間がその自由意思によって善から悪へ転落したり，悪から善へ改心しうることを主張しているのである（『諸原理について』第 3 巻 1 章 23 節，229-230 頁）．近年の研究ではアウグスティヌスにおけるオリゲネスの思想的負債が明らかにされつつあるが，こうしたオリゲネスの思想はアウグスティヌスにとって示唆に富むものであっただろうと推測される．

　これに対して，3 世紀にアレクサンドリアでギリシア哲学を学び，ローマへ渡ってプラトンやアリストテレスの哲学を講義したのがプロティノスである．オリゲネスに対して，プロティノスがアンモニオス・サッカスの教えを受けたことはしっかりとした根拠がある．プロティノスの弟子にはポルフュリオス（234-305 以前）がいて，この弟子は師匠についての伝記『プロティノス伝』を残している．彼らは後世「新プラトン派」と名付けられた．プロティノスの聴講者は多様であり，医者や詩人ばかりでなく，元老院議員や法務官などの貴族もあったという（『プロティノス伝』，中公世界の名著『プロティノス　ポルピュリオス　プロクロス』96-97 頁）．プロティノスの思想は，ポルフュリオスによって全 6 巻各 9 章からなる『エンネアデス』にまとめられた．

プロティノスは「新プラトン派」の実質的な第一人者とされるが，グノーシス主義や占星術を批判した点から，プラトンの思想を発展させ応用した哲学者と評価されている（水地宗明「プロティノス入門」『プロティノス全集』第 1巻，58-59 頁）．

　プロティノスは，あらゆるものの中で最大にして不可分の能力を持つ「一〔いっ〕者〔しゃ〕」すなわち善を想定する．これはプラトンのイデアに由来する．善とは「万物のはじめ」であるので，一切はこの善から産出されるという．また善は人間にとってあらゆる「努力の目標」であると言い（『エネアス』IV, 9, 3『プロティノス全集』第 4 巻，569-573 頁），さらにプラトンに直接言及してその権威に依拠しつつ，善の認識が「最重要の学びごと」であるという（『エネアス』VI, 7, 36『プロティノス全集』第 4 巻，484 頁および『国家』505A）．プロティノスはオリゲネスと同様に，グノーシス主義などの善悪二元論に反対して，悪は「善を全く欠いているところにあらわれる」として，善が欠如した状態と考えた（『エネアス』I, 8, 1,『プロティノス全集』第 1 巻，312 頁）．そして悪は「真実在の影」としての素材であり，この場合，素材が悪の実体として，あらゆる「他のものの基体」をなしていると断言する（『エネアス』I, 8, 3 節および 10 節，『プロティノス全集』第 1 巻，316-319 頁，336-337 頁）．唯一の神が世界を善なるものとして創造したと考えるアウグスティヌスやその800 年後のトマス・アクィナス（Thomas Aquinas, 1224/25？ -74）は，プロティノスのように悪を実体と見ることは当然できなかったのであるが，悪を善の欠如とみる見方は，彼らにも受け継がれていくことになる．

2.　アウグスティヌスと『神の国』

(1)　キリスト教の司教として

　アウグスティヌスはこのようなプラトン哲学の隆盛という状況下に，マニ教を棄てた．その理由について，彼はプラトンの流れをくむ懐疑派に言及して「アカデメイア派と呼ばれる哲学者の方が他の哲学者たちよりも賢明で

あったという考えがまた私に起こったからである．かれらはどんなことについても疑われねばならないと考えて，どんな真理も人間によってはとらえられることはできないと考えていた」と明言している（『告白』第5巻第10章19節，（上）152頁）．彼は代わりにプラトンの哲学を高く評価するようになった．その自然哲学（存在の原因）や論理学（認識の根拠），道徳哲学（生活の基準）は他のいかなる哲学よりも優れているとしたが，そのように考える理由は，プラトンがキリスト教の「信仰が支持し擁護する真の宗教に賛成」しており（『神の国』第8巻4章，（2）157頁），「神を認識することによって，世界の創造の原因，真理の認識の光，浄福を味わう源泉がどこにあるかを見いだした」点にあると断言している（『神の国』第8巻10章，（2）175-176頁）．しかしながら，アウグスティヌスにとってそもそもプラトンおよび新プラトン派の思想は多神教を前提とする上に，キリストの受肉も神に対する謙遜な態度も見られない点が不十分と考えられたために，彼はキリスト教に接近するのである．

　アウグスティヌスは，キリスト教徒になって後には，しばらくしてから北アフリカに帰り，教会の要職に就き，様々な論争に参加するようになる．特に396年からは北アフリカのヒッポの司教に叙階し，数々の訴訟において判事を務めたり，マニ教やドナトゥス派，ペラギウス派などと論争したりする．その最大の成果が，彼の代表作であり，全22巻の超大作『神の国』である．古代において地中海の海上貿易で栄えたフェニキア人が作った商業国家カルタゴはローマと戦争を繰り返したことから反ローマ的気質を受け継いでいた．このカルタゴに現れたドナトゥス派は，ディオクレティアヌス帝の大迫害に加担した人物（背教者）によるカルタゴ司教の叙任を認めなかった．独自に自分たちの司教を立てたが，その後継者がドナトゥス（Aelius Donatus, 生没年未詳）である．教会の分裂を恐れたローマの教会はそれでも元背教者の地位の正当性を認めたため，ドナトゥス派はこれを認めなかった．アウグスティヌスは，4世紀初頭の教会会議において，ドナトゥス派と論争して，説得しようとしたがかなわず，カトリック教会はこれを異端として弾圧したた

め，ドナトゥス派は急速に衰退したという．

　さて『神の国』執筆のキッカケは，ゲルマン人西ゴート王アラリック（Alaricus, 370 頃 -410）が 410 年にローマを攻略したことにある．紀元 410 年と言えば，キリスト教が国教化されてまだ 18 年しか経っていない．4 世紀から 5 世紀にかけてキリスト教徒が激増したとはいえ，ローマ帝国内には様々な宗教を信じている人々が多かった．キリスト教から見れば異教であるが，このときその異教徒たちはキリスト教を非難した．つまり西ゴート族によるローマ攻略という大きな災いが起こったのは，祖先伝来のローマの神々を捨て去って，東方から起こったキリスト教などという，いわば新興宗教を信じるようになったことの報いであるという非難である．これに対してキリスト教を弁護しようとしたのが，この『神の国』である．アウグスティヌスが護教論者とされるゆえんである．

　晩年，ヴァンダル族が北アフリカに攻め入り，ヒッポを包囲するなか，飢餓と恐怖におののく人々を助ける活動をしているうちに熱病にかかって死んだという．

(2)　アウグスティヌスの人間観

　異教徒たちによるキリスト教非難に対して，アウグスティヌスは，人間とは何か，人間の堕落とは何か，教会とは何か，教会と国家との関係，歴史はどのように営まれているかといった様々な問題を論じている．ここでは『神の国』をアウグスティヌスの人間観および教会観，国家観について検討する．

　アウグスティヌスの人間観は，霊と肉に引き裂かれて煩悶しつづけた自己の人生を反映していて，非常に二元的である．人間には霊的側面があり，かつ肉的側面があるという．また，人間は霊的存在になり得るし，肉的存在にもなりうると考える．ただし，アウグスティヌスがしばしば使うこの「肉的」という言葉の意味については，たしかにアウグスティヌスは，若い頃に肉の欲望の虜になったと告白しているが，思想的作品の中で使っている「肉的」という言葉は，精神の悪徳の意味も含んでいるとも言っている．

使徒が明白であると断言し，列挙して，それを非としたところの肉の働きの中に，私たちは淫行，汚れ，好色，泥酔，そして遊蕩というような肉の快楽に関わる事柄だけを見いだすだけでなく，肉の快楽とは関わりのない精神の悪徳が証示されるところの事柄をも見いだすのである．実際，偶像に対して差し出される礼拝，魔術，敵意，争い，嫉妬，怒り，分裂，分派，そねみのようなものを，肉の悪徳としてよりは，精神の悪徳として解さぬものがあるであろうか．（『神の国』第14巻2章，(3) 263頁）

　人間は霊と肉の二面性を持った存在としてアウグスティヌスは考えている．マニ教に魅せられていたままのアウグスティヌスであれば，この世の善と悪はともに根源的なものと考えたであろうが，キリスト教の信仰を持った彼には，もはやそのように考えることはできなかった．神が善とともに悪も作ったということになってしまうからである．そこで彼は悪は神のせいではなくて人間のせいであると考える．

　当時のローマは異民族の侵入によって混乱し，厭世的な世界観が蔓延していたが，アウグスティヌスは，この厭世観と戦わねばならないと考えた．聖書によれば，元来，神は，世界を計画するにあたって，存在するもの全てが善であるように世界を創造した．すなわち神の目からすれば，世界の本質それ自体は善である．そうであるとするならば，どうしてこの世に自然災害や疫病などの外側からの悪ばかりでなく，人間自らが悪と認識しながらもあえて悪をなすのかという問題になる．しかも人間は，他の動物とは異なって，もともと「神の似姿（Imago Dei）」として創られた高貴な存在だったはずである．それが悪をなすことがあるのはどういうわけか．

　アウグスティヌスはその理由を人間の自由意思に求める．もともと人間は神に従うことも神に従わないこともできるように創られた．ところが善を選び取るべき自由な意思はその弱さゆえに悪を選び取った．アウグスティヌスはおそらく新プラトン派に触発されたものと思われるが，悪を「善の欠如に

外ならない」と断言する（『神の国』第 11 巻 22 章，(3) 59 頁）．そして人間の
自由意思がいかに神に反逆したかを次にように述べている．これは人祖アダ
ムとエヴァが禁断の木の実を食べて，神の命令に背いたとき，自分たちの体
が裸であることに羞恥心を感じ，いちじくの葉で前を隠したという説明のあ
とに続く．

> 事実，魂はいまやそれ自身の自由によって転倒していくことを喜んだの
> であって，神に仕えることを蔑み，肉体が受け持っていたかつての従順
> な役割を捨てることになったのである．そして魂は，その自由意思を
> もって自らの上に存在する主人を見捨てたゆえに，みずからの下に仕え
> る僕をその意思のもとにしっかりと保っておくことをしなかった．魂は
> みずからの肉を，もしも自己を神のもとに従順なものとして保ち続けて
> いたならなしえたように，あらゆる意味において自らに従順なものとし
> て所有することはできなかったのである．まさにこのとき，「肉ののぞ
> むところは霊に反する」ことをはじめたのであった．私たちはうまれつ
> き，この争いと共にあるのである．（『神の国』第 13 巻 13 章，(3) 206 頁）

　このように，アウグスティヌスは，悪の存在を自由意思の濫用に帰し，人
間を両義的な存在として理解する．人間が善をなすのも悪をなすのも意思の
問題だという議論である．そうするとこの議論からは一見，人間に対して，
悪の限りをなすのではなく，自分の意思によってできるだけ善い行いをせよ，
そうすれば魂の救済が得られると示唆しているのではないかと見える．しか
しアウグスティヌスは，人間が自分だけの力で善行ができるとか，救済され
るとか考えず，そのためには神の恩寵が必要だと考える．
　アウグスティヌスは，晩年，ペラギウス（Pelagius, 354 頃？ –418 以後）お
よび彼の支持者と，自由意思の評価をめぐって論争し，いわゆる「恩寵論」
を展開した．ペラギウス派は人間性に関して非常に楽観的で，堕落は祖先か
ら受け継がれたのではなく，個人的なものであって，人間は神の恩寵によら

なくても自由意思の働きのみによって救いに至ると考えていたという．これに対してアウグスティヌスは，人間は自由意思は与えられたけれども，それを悪用した結果，罪ある状態に陥った．そして自分の意思と力だけでは到底罪ある状態から救済されない，神の恩寵なしには救済は不可能であると考えた．

> ……というのは，意思はその自然本性においては善であられる神によって善きものとして作られているのではあるが，しかし，無から作られたものであるからには，不変なる存在によって可変なるものとして作られたのだからである．したがって，この意思は善からそれて悪をなすことができるのである．このことは意思の自由な決定力によってなされる．同時にそれは，悪からそれて善をなすこともできるのである．しかしこの場合は，神の助けなくしてはあり得ない．（『神の国』第15巻21章，(4) 93頁）

このようにアウグスティヌスは，人間に自由意思を認めながら，人間はその罪深さから誤りを犯しがちであり，それを防いで善き行いをなすためには神の恩寵が必要だと主張することで，カトリック固有の人間観の基礎を築いた．

(3) 教会観と国家観

既に述べたように，キリスト教が成立してしばらく経ってから，人々は，いつまで経っても終末が来ないと思いはじめていた．これはキリスト教とキリスト教教会にとっては非常に深刻な問題である．つまり，ゲルマン人の侵入によってローマ帝国が危機に瀕したのはキリスト教を信じたからだという指摘は，基本的には外側つまり異教徒からのものであり，かつ，キリスト教の原理それ自体を否定するものではない．しかし，いつまで経っても終末が来ないという意識は，キリスト教の世界観それ自体を疑問視した根本的批判

として，深刻に考えざるを得ない．このような疑いに答えるべく，アウグスティヌスは著作『神の国』の中で，人類の歴史を論ずることでキリスト教を弁護しようとする．

アウグスティヌスによれば，人類の歴史とは，全人類の救済という神の目的に向かって進んでいく過程である．その全てのプロセスを，アウグスティヌスは『旧約聖書』の世界創造の場面から，アダムの創造，アダムとエヴァの堕落といった歴史の節目ごとに逐一解説していって，時折，論敵に反論しながら最後の審判が下された後までのことを論じている．アウグスティヌスはこのように人類史を概観することで，キリスト教の要点を異教徒に対して解説すると同時に，論敵を批判することでキリスト教を弁護した．

この全人類の救済という目的に向かって進む過程は，神の国（civitas dei）と地の国（civitas terrena）という2つの国の対立として描かれる．この神の国と地の国という2つの国のうち，神の国は神の「報償によって善き天使たちの仲間に加えられた」人々からなる国であり，これに対して，地の国は神の「罰によって悪しき天使たちの仲間に加えられた」人々からなる国である．そして最後の審判に至るときまで，互いに混じりあって存在するという．そして最後の審判に際して，地の国が全く消滅して神の国だけが残る．

このようにアウグスティヌスは，終末の到来が約束されたものであることを系統的に論じている．こうした議論が，終末の到来に対する疑問をもっている人々に対してキリスト教とキリスト教会を弁護する役割を果たしたであろうし，またそうした人々を説得しなければならないカトリック教会の聖職者たちに対して，キリスト教と教会を弁護する拠り所を与えたであろうことは容易に想像できるであろう．ただし「神の国」と「地の国」とが具体的には何を指しているか，諸説あり定説はない．少なくとも単純に「神の国」＝教会，「地の国」＝国家という図式を当てはめることはできない．

これら2つの国は，その原理を異にする．神の国は「自己を侮るまでになった神の愛」によって創られた国であり，そこでは「良心の証人であられる神において最も高いほまれ」が見いだされるという．これに対して，地の

国は「神を侮るまでになった自己愛」によって創られた国であり，「人間か
らほまれを求める」とされる（『神の国』第 14 巻 28 章，（3）362 頁）．上述の
ように人類の歴史においてはこの 2 つの国は互いに混じりあって存在してい
る．したがって，ここに示唆されているのは，この世においては教会であろ
うと国家であろうと，自己愛に対して神への愛を尊重する場合と，神への愛
をないがしろにして自己愛を優先する場合の相矛盾した人間の傾向である．
もちろん同一の人間がどちらの愛にも向かう可能性は否定されない．

　とすれば，アウグスティヌスはこの世において純粋な善，純粋な悪という
ものは存在していないと考えていることになろう．現に存在する教会も完全
に肉的側面を欠くものではなく，現に存在する国家も霊的側面が全くないわ
けではない．したがって，アウグスティヌスは，周囲にまだ異教徒が多く存
在するキリスト教が国教化されてまもない時代に，またローマが異民族に
よって攻略されるという非常に混乱した時代状況にあって，教会や国家の価
値を容認しながら批判するという非常に複雑で特異な認識を示していると思
われる．

　教会には，「神と人との間の仲保者（十字架の死によって人類の罪を贖い，
神と人の間に立って人類の救済を実現した人──引用者）」であるイエス＝キリ
ストを首長とする身体・肢体としての役割が期待されている（第 10 巻 20 章，
（2）358 頁）．また実際，教会には「この世にあって旅を続ける神の国の象徴
的な像」（第 15 巻 26 章，（4）109 頁）という形容もされている．こうしたこ
とからアウグスティヌスは，キリスト教会が「選ばれた者」と「しりぞけら
れた者」の「両者が区別されることなく網に囲まれて泳いでいる」（第 18 巻
49 章，（4）496-497 頁）と表現されているように，清い者と清くない者とを
抱えつつ，洗礼や告解の秘蹟を執行することによって，人々の救いにいたる
通路としての役割を続けていくことを期待していると思われる．

　また，実在の国家に対しては，一言でいえば必要悪として見ていると考え
られるであろう．たしかにアウグスティヌスは国家を盗賊団と同等のものと
見ている節がある．これを「国家盗賊団説」という．『神の国』第 4 巻 4 章

にそれを窺うことができる．すなわちアレクサンドロス大王が海賊に向かって海を荒らす理由を問うたとき，海賊が答えるところでは，自分は小さな船で掠奪するので海賊と呼ばれるにすぎず，大王は大艦隊で海を荒らすので皇帝と呼ばれるにすぎないという．要するにアウグスティヌスは基本的には国家を盗賊団と大して変わらないものとして否定的に見ている．

　そうであるとはいえ，アウグスティヌスは国家に消極的な存在意義をも見いだしている．まず人間は自分にとって身近な家族共同体よりも，人間社会そのものに対する配慮はしにくいと述べている（第19巻14章）．彼にとっては国家よりも家族の方が人間の自然本性に適合的であった．また彼は国家というものは，支配欲にまみれた支配者によって人々が支配されている状態と述べているが（序文），この国家には，支配が行われていない状態よりはましであるという価値判断が下されている．

　　　無節度な人間から不正をなす自由を除去する時には……人々に有益なものとなるがゆえに，これは正しいのであるというのである．また，支配されている人々はよりよい状態にあるからである．と言うのは，支配されなかった時はもっと悪い状態であったからである（第19巻21章，(5)88頁）

　このように国家はそれが存在しない場合よりも次善の，必要悪として認識されているということになる．
　アウグスティヌスはそもそも人間は神の命令に背いた堕落した存在だと見ている．そのような罪深い人間には，この世における様々な悲惨な状態が神から罰として与えられたと考える．その典型が奴隷制度であるが，それと並んで国家もまた人間の堕罪によってもたらされた罰として見ているのである．

　　　したがって，奴隷の状態の第一の原因は罪であって，その結果，人間はその境位の拘束を受けて人間に服従せられるのである．これはいかな

104

る不正もない神のさばきによってのみおこるのであって，神は罪を犯した者のその値にしたがって異なった罰を割り当てることことを（神の人ダニエルは——引用者）知っておられる．（『神の国』第 19 巻 15 章，（5）73頁）

参考文献
アウグスティヌス（服部英次郎訳）『告白』（上）（下），岩波文庫，1976 年
アウグスティヌス（服部英次郎・藤本雄三訳）『神の国』(1) 〜 (5)，岩波文庫，1982〜91 年
アウグスティヌス（中沢宣夫訳）『三位一体論』，東京大学出版会，1975 年
聖アウグスチヌス（今泉三良訳）『自由意志論』，創造社，1966 年
オリゲネス（P. ネメシェギ責任編集，小高毅訳）『諸原理について』創文社，1978 年
ポルピュリオス（水地宗明訳）『プロティノスの一生と彼の著作の順序について』，（通称『プロティノス伝』），中公世界の名著『プロティノス　ポルピュリオス　プロクロス』中央公論社，1980 年に所収
プロティノス（水地宗明，田之頭安彦ほか訳）『プロティノス全集』1〜4 巻，別巻，中央公論社，1987〜1988 年
古賀敬太『西洋政治思想と宗教——思想家列伝』風行社，2018 年
柴田平三郎『アウグスティヌスの政治思想——『神国論』研究序説』未来社，1985 年
山田晶『アウグスティヌス講話』講談社学術文庫，1995 年
宮谷宣史『アウグスティヌス』講談社学術文庫，2004 年
上智大学中世思想研究所編『キリスト教的プラトン主義』創文社，1985 年
上智大学中世思想研究所編『中世の社会思想』（創文社，1996 年）
水地宗明，山口義久，堀江聡編『新プラトン主義を学ぶ人のために』世界思想社，2014 年

第**6**章
古代から中世へ

1. はじめに

　本章では，アウグスティヌスを扱った前章と，トマス・アクィナスを扱う次章の橋渡しとして，古代から中世への思想の移り変わりについて述べる．政治思想史や社会思想史の教科書では，アウグスティヌスの次に扱う主な対象として，トマス・アクィナスを挙げる場合がしばしばある．だが，この2人の間にはおよそ 800 年の時間の開きがある．一方において既に述べたように，アウグスティヌスは新プラトン派から大いに刺激を受け，他方においてトマスはアリストテレスをキリスト教と接合する役割を果たした思想家として名高いが，ここではアリストテレスやプラトンなど古典古代の思想を受容したキリスト教思想家を中心に営まれたこの 800 年間の歴史を概観する．ただし，その前に，古代と中世の境目について簡単に見ておきたい．

　ヨーロッパの歴史のうち，古代と中世の境目を政治史の観点から見れば，それは一般に 476 年の西ローマ帝国の滅亡と見なされている．古代における最大の出来事といえばゲルマン人の大移動であるが，ゲルマン人は紀元前から小規模な移動を繰り返していた．4 世紀後半以降，特にゴート族が大移動を始め，ローマ帝国内に侵入してくる．侵入したゲルマン人は，自分たちを圧迫したフン人を撃退するため，ローマ帝国の傭兵として抱えられる．ところがこのゲルマン人がローマ帝国を内部から崩壊させる．

　すなわちローマ帝国は紀元 395 年に東西に分裂していたが，西ローマはゲ

ルマン人傭兵隊長オドアケルの反乱によって皇帝の継承者がいなくなり，東ローマ帝国に皇帝の位が返される．これが古典古代の終わりを象徴する．西ローマ帝国滅亡後の西ヨーロッパ地域には，七王国やフランク王国，東ゴート王国，ランゴバルト王国など，ゲルマン人諸部族やその他の民族によって建てられた諸王国の興亡が見られた．その後，現在のフランス，ドイツ，オランダ，ベルギーにまたがるフランク王国のカール大帝（シャルル・マーニュ Charlemagne, 742/743？ -814）は，800年のクリスマスに，ローマで教皇レオ3世（Leo III, 750？ -816）から西ローマ皇帝の冠を授かった．これによって理念上，西ローマ帝国が復興したとされる．しかしフランク王国は相続によって分割され，10世紀半ば（962年）にはザクセン朝のドイツ王オットー（Otto, 912-973）が西ローマ帝国の皇帝位を継承する．13世紀半ばにはこの帝国の国号が「神聖ローマ帝国」となる．この後，神聖ローマ帝国はナポレオンの時代まで継続される．しかし，フランク王国にせよ神聖ローマ帝国にせよ，ヨーロッパの一体性を確保できるような実体ではなかった．

　経済史的な視点から見た場合，古代と中世の境界はかつて，西ローマ帝国が滅亡した頃に起きた奴隷制から封建制への転換にあったと考えられ，封建制は中世を特徴づける言葉として頻用された．ローマ帝国の大土地所有制が奴隷からコロヌス（借地農）の労働によって支えられるようになり，それがやがて崩壊した．つまりコロヌスは元々は人格的には自由な小作人だったが，地代の滞納によって土地に緊縛され地主に従属するようになったというのである．こうして西ローマ帝国の末期には，帝国の支配が弛緩して，領域内各地には封建制が発達していったという説明である．ヨーロッパの封建制はゲルマン人の従士制（comitatus）とローマ帝国の恩貸地制度（beneficium）にその起源があると考えられてきた．従士制度というのは自由人が王または有力者から衣服や武器を与えられるかわりに主君を護衛することを誓約するという制度であり，恩貸地制度は，封建君主が家臣の騎士に軍事的義務を要求する代償として，土地の使用権を認めるという制度である．フランク王国のカロリング朝初期（8世紀頃）から頻繁に土地の貸与が行われるようになっ

たと考えられている．この「封建制」（英 feudalism，仏 féodalisme）という
言葉は，17世紀に使用されはじめ，18世紀フランスの思想家モンテスキュー
が『法の精神』第30巻の中で使用し，封建制の法制度について詳細に論じ
たことから有名になり，次第に一般的に使用されるようになった．やがてこ
の言葉が，19世紀にマルクス（Karl Heinrich Marx, 1818-83）およびマルク
ス主義によって借用され，古代奴隷制，中世封建制，近代資本主義というよ
うに歴史の発展段階の1つに組み込まれたことはあまりにもよく知られてい
る．

　しかしながら，第1に注意すべきは，「封建制」が封建君主と家臣すなわ
ち支配層内部の関係を表す制度を意味する言葉であり，近年は支配・被支配
関係を表す言葉としては，封建君主およびその家臣と，農民その他の被支配
層との関係を表す制度を意味する「領主制」が使われるようになっている．
つまり封建制と領主制が示している関係はそもそも原理的に異なっている．
さらに佐藤彰一によれば，両者は時代的にも一致しない．厳密な意味での封
建制は5世紀ではなく8世紀後半に顕著となり14世紀に実質的には衰退し
ていたという（佐藤『中世世界とは何か』第2章）．したがって，この意味に
おいては，フランス革命において国民議会が1789年8月に決議したいわゆ
る封建的特権の廃止は実質的には領主制的特権の廃止だったということにな
る．封建制と領主制を区別して考えるべきだという意見は，アナール学派第
3世代と目されるジャック・ル=ゴフ（Jacques Le Goff, 1924-2014）などにも
見られる．ル=ゴフによれば，封建制の最盛期は10世紀から13世紀までで
あり，領主制はそれ以前にもそれ以後にも存続しているので，封建制を中世
全体と同一視することはできないという（『中世とは何か』「IV ある文明が形
をなす」）．

　本書は，古代と中世の境界を，キリスト教がローマ帝国において公認され，
その後国教とされた4世紀ということにひとまずしておきたい．キリスト教
の国教化は，西洋の社会を「世俗化」によって説明しうる最初の段階として
みることができるだろう．なぜならばキリスト教は本来，あの世志向の思想

だったからである．たしかに4世紀以降，国家と教会は緊張関係を保持するのではあるが，その一方で世俗の国家が，信者の激増するキリスト教を抱き込むことで社会の安定化を図り，他方で教会の側は世俗の国家から認められることで，教義をさらに普及するための手がかりを得たとも言いうるのである．

2. 古典古代の受容と継承

(1) 古代思想の継承とボエティウス

さて，すでに見たようにプラトンの思想は，3世紀にアンモニオス・サッカスやプロティノスによって受け継がれた後，アテナイやローマ，ミラノなどにおいて隆盛を誇った．プロティノスの死後には弟子のポルフュリオス (Porphyrius, 235-305以前) がローマでプロティノスの学校を引き継いだと言われる．彼は『プロティノス伝』を著したほか，『エンネアデス』を編纂したり，プラトンおよびアリストテレスの著作に注釈を付けたり，アリストテレスの論理学を解説した『エイサゴーゲー』を著したりした．ポルフュリオスは新プラトン派の哲学者として知られているが，彼はプラトンとアリストテレスの思想的調和を想定して仕事をしたと考えられている．新プラトン派の哲学者たちはプラトンの思想を学ぶための足がかりとしてアリストテレスの思想を勉強したという．また5世紀にアテナイでアカデメイアの学頭を務めたプロクロス (Proclus, 412-485) も，『ティマイオス』や『パルメニデス』，『パイドン』，『国家』などプラトンの著作に対する注釈，またポルフュリオスの『エイサゴーゲー』や，アリストテレスの『命題論』，『分析論前書』，『分析論後書』など論理学に関係する著作に対しても注釈を付した．さらにプロクロスは自ら『プラトン神学』などの数多くの作品を残したようであるが，多くの注釈や作品は失われている．

プラトンやアリストテレスの思想をラテン世界に受け継ごうとした重要な人物として，ボエティウス (Anicius Manlius Torquatus Severinus Boethius,

485 頃 -580 頃）が挙げられる．ボエティウスは，名門の生まれであり，父は
ローマ市長や近衛長官，執政官を務めた．彼自身も 30 歳頃に執政官に任ぜ
られている．彼は入手できる限り全てのプラトンとアリストテレスの作品を，
すでにギリシア語を原典で理解することが困難になっていた同時代人のため
に，ラテン語に翻訳することを企てたようであるが，翻訳することができた
のは実はその一部であった．すなわちアリストテレス『カテゴリー論』およ
び『命題論』に対する注釈，『エイサゴーゲー』の翻訳および注釈である．
ところが，東ゴート王国テオドリック王に宰相として仕えることになり，古
典の翻訳・注釈の仕事を中断せざるを得なくなった．ただ宰相として仕える
かたわら，キリスト教の教義をアリストテレスの哲学によって基礎づけるこ
とも試み，『どうして三位一体は一神であって三神ではないか』や『カト
リックの信仰について』などの著作を残したという．

　ボエティウスは宰相として綱紀粛正と不正の摘発に努めたが，宗教政策に
対する考え方の違いから陰謀によって反逆の罪を着せられ逮捕され，やがて
処刑された．逮捕後に獄中で著した作品が『哲学の慰め』である．この書物
は西洋中世において哲学入門書として広く読まれた．ボエティウスが翻訳・
注釈した古典一覧を見ると，アリストテレスのものが目立つけれども，『哲
学の慰め』にはプラトンおよび新プラトン派の思想が頻出する．

　『哲学の慰め』は，過酷な運命に苦しむ囚人ボエティウスと，「哲学」すな
わち優れた洞察力を備えた女神との対話形式で創作されている．ボエティウ
スは「真実の幸福」すなわち最高の善のありかを，「万物の創始者」すなわ
ち神（一者）の中に見いだす．そして善を「究極目的」であると規定し，そ
れを「想起」することによって探求しなければならないという（第 3 巻 11,
128 頁）．ここに見られるのは，あらゆるものが神から発出するという新プラ
トン派的な思考である．

　ところが，ボエティウスは，一切が一者すなわち善に由来するにもかかわ
らず，この世界には悪が存在するという問題を取り上げ，たしかに悪が存在
することは認めつつ，悪は純粋かつ無条件に存在することはできないことを

明らかにする．そして，プラトン『ゴルギアス』を念頭に，悪人は自ら欲することをやり遂げることはできず，恥ずべき行いは決して幸福をもたらさないと述べている（第4巻一，140頁）．

　ボエティウスは，プラトンおよびアリストテレスの思想を中世ラテン世界に引き継ごうとしたが，529年に東ローマ帝国皇帝ユスティニアヌス大帝によってアカデメイアはすでに閉鎖されていた．皇帝は異教の思想がしばしば教義上の対立の原因となることを嫌ったのである．これに伴ってギリシア古典の学問は次第に衰退していくことになる．すなわちアリストテレスの思想を全般的に受容したイスラーム世界を別とすれば，中世ラテン世界においては，アリストテレスの思想はその宇宙観がキリスト教の時間意識と矛盾することから誤った思想と見られた．中畑正志によれば，キリスト教徒の哲学者ピロポノス（John Philoponus, 490頃-570頃）は，アリストテレスの思想は世界の永遠性（無始無終性）を前提とするため誤っており，これをプラトンの思想理解の足がかりとすることはできないと考えたという（『アリストテレス全集』1，「編者総説」参照）．さらにラテン語で読むことのできたテキストは，ボエティウスが翻訳し注釈を付した『カテゴリー論』および『命題論』，すなわち『オルガノン』の1部に限られた．実際，アリストテレスの政治思想・社会思想の中核的作品といってよい『政治学』が，ドミニコ会修道士メルベケのギョーム（Guillaume de Moerbeke, 1215-86）によって，また『ニコマコス倫理学』が，オックスフォード大学の初代総長と見なされているロバート・グロステスト（Robert Grosseteste, 1170頃-1253）によってそれぞれラテン語に翻訳されたのは，ようやく13世紀半ば以降になってからである．次にプラトンの著作でラテン語で講読できたのはキケローやカルキディウス（Calcidius, 生没年不詳，4世紀）によるラテン語部分訳『ティマイオス』やアプレイウス（Lucius Apuleius Madaurensis, 123頃-？）によるラテン語訳『パイドン』などごく少数に限られていた．そして『ティマイオス』に示された宇宙永遠論はやはりキリスト教から好ましからざるものと見られることもあった．すなわち宇宙はデミウルゴスによって創造されるとはいえ，時間と

ともに永続するとされるからである（『ティマイオス』38c）.

(2)　カロリング・ルネサンスと新プラトン派の思想

よく知られているように，一般にギリシアの学問のほとんどは西ヨーロッパでは衰退し，主に東方において受容された．したがってプラトンやアリストテレスの営んだ狭い意味での社会思想は西ヨーロッパでは6世紀以降，ほとんど知られていなかった．しかし，数は少ないながらも，8世紀末以降の西ヨーロッパで彼らの薫陶を受けながら練り上げた独自の世界観に基づいた社会思想を展開する思想家もいたのである．とりわけ新プラトン派の思想を受け継いだ主体は，カロリング・ルネサンスに見いだすことができる．

カロリング朝フランク王国のカール大帝は，キリスト教の理念に基づいて国家を統治するために官僚たちの教養を向上させる必要があると考えて，そのために正しいラテン語を復興させようとした．代表的な学者に，イングランドからアーヘンの宮廷に招聘され，カール大帝に仕えた学者にアルクイン（アルクイヌス Alcuin/Alcuinus, 730-804）がおり，またカール大帝の後継者カール2世（Charles II, 823-877）に招かれた学者として，ヨハネス・エリウゲナ（ヨハネス・スコトゥス Johannes Eriugena, Johannes Scotus, 810？-877？）がいる．アルクインやエリウゲナはラテン語教育以外にも，キリスト教と古代の思想，特に新プラトン派の思想とが接合された独自の思想を展開するという重要な役割を果たした．

ここではエリウゲナについて簡単に見ておきたい．エリウゲナは，「アイルランド生まれ」を意味する名前からして彼がアイルランド人であることは明らかである．だがその生涯はカール2世に仕えたこと以外はよくわかっていない．ただし晩年はイングランドのマームズベリー修道院で修道生活を送ったらしい．学者として残した業績には，ディオニュシオス文書（偽ディオニュシオス・アレオパギテス）のラテン語訳のほか，後述の『ペリフュセオン（自然について）』や，ザクセンまたはオルベのベネディクト会修道士ゴデスカルクス（Godescalcus, Gottschalk, 807/808？-870以前）の唱えた二重予

定説を批判した『予定論』を遺したことが知られている．ディオニュシオス文書は，非キリスト教的立場にあったと見られるプロクロスの著作から多大な影響を受けた人物によって書かれたとされる著作群である．エリウゲナはギリシア語に堪能だったと見られ，新プラトン派の思想をこのディオニュシオス文書や，ニュッサのグレゴリオス（Grēgorios〈Nyssa〉330？ -395？）などから受け継いだという．

　『ペリフュセオン』は五部構成であり，教師と弟子との対話形式で叙述されている．エリウゲナは世界をまず知性や感覚で認識可能な「存在するもの」とそれらを超越した「存在しないもの」に二分し，ついで4つの種（自然）に区分している（『ペリフュセオン』第1巻1章，邦訳483頁，以下『ペリフュセオン』の邦訳は『中世思想原典集成3　カロリング・ルネサンス』に拠る）．第1の種は「創造し創造されないもの」，第2の種は「創造され創造するもの」，第3の種は「創造され創造しないもの」，第4の種は，「創造せず創造されないもの」である．第1の種とはすなわち神であり，万物は始原としての神から発出されるという．第2の種は，あらゆる「事物の原初的諸原因」である．エリウゲナはこれを「神の意志」または「イデアイ」（ギリシア語のイデアの複数形）と言い換えている（同第2巻2章，邦訳516-517頁）．これに対して第3の種は第2の種の「原初的諸原因」によってもたらされたこの世界の万物を指す．エリウゲナによれば，神は万物を無から創造したという．この点，厳密には新プラトン派の考え方とは異なっている．最後に第4の種は全被造物が「普遍的終極」としてそこへと帰還していく神の「御言葉」である（同第5巻20章，邦訳613頁）．

　このようにエリウゲナによれば世界は神から発出し，神へと帰還するという円環的な運動を行う．実際，彼は「神は始めであり，中間であり，終わりである」と述べている（同第1巻11章，邦訳497頁）．ちなみに19世紀の唯物論哲学者フォイエルバッハ（Ludwig Andreas Feuerbach, 1804-72）は『キリスト教の本質』第1部末尾において，「人間は宗教の始めであり，中点であり，終わりである」と書いてキリスト教を批判したが（『キリスト教の本

質』（上），369 頁），これはエリウゲナのこの言葉を換骨奪胎したものであろ
う．

　こうした世界観を前提として，エリウゲナは人間存在や自由意思などにつ
いて論ずる．人間が神の似姿であるとするキリスト教に伝統的な考え方を前
提とするエリウゲナは，同時に，人間には知性や理性を用いる非動物性と，
感覚を備え身体を管理するという動物性とが認められるという（『ペリフュセ
オン』第 4 巻 5 章，邦訳 585-588 頁）．彼はアウグスティヌスにならって人間
に肉的側面と霊的側面とを見るが，自由意思のみによって人間が動物的にな
ることが可能であるのに対して，霊的になるにはやはり自由意思と神の恩寵
とが必要であると指摘する（同）．

　エリウゲナは神によって創造された全ての存在は善であると考えており，
「善が完全に除去されれば，いかなる存在も残らない」とさえ述べている（同
第 3 巻 2 章，邦訳 551 頁）．さらに，こうした楽観的な見方は人間がつくり出
したもののもたらす効果についても一貫しており，「万物は神の摂理によっ
て秩序づけられているので，悪は事物の本性には実体としては見いだされな
いし，また社会を乱すことも万物の公的秩序を乱すこともない」（同第 5 巻
39 章，邦訳 621 頁）と述べている．たしかにエリウゲナは人間が意思を不当
に活動させることで罪の状態に陥り，世界に悲惨な状態が生ずることを否定
しないが，人間は神の恩寵を支えに自らの自由意思によって神へと帰還する
可能性が開かれているという（R. L. シロニス『エリウゲナの思想と中世の新プ
ラトン主義』第 2 部 7 章，175-180 頁）．

　エリウゲナの思想は，同時代には注目されることはほとんどなかったよう
であるが，12 世紀に至って新プラトン派の流れをくむ人々に受け入れられ，
とりわけ 12 世紀ルネサンスと関係が深いと考えられている，いわゆる「シャ
ルトル学派」やサン＝ヴィクトル学派に知られたという．また 14 世紀の神秘
主義者ヨハネス・エックハルト（Meister Johannes Eckhart, 1260 頃 -1328 頃）
や 15 世紀の枢機卿ニコラウス・クザーヌス（Nicolaus Cusanus, 1401-64）な
どにもある程度の影響を与えたとされている．

3. 中世における国家と教会

（1） ソールズベリーのジョン

　ここではソールズベリーのジョン（ヨハネス，John of Salisbury. 1115/20-80）の社会思想を検討する．というのは，ジョンが「シャルトル学派」の薫陶を受けたと言われ，またプラトンに限らず多くの古典古代の著作の読書によって培われた固有の政治・社会思想を展開しているためである．ジョンは13世紀のいわゆる「アリストテレス革命」に先立って古典古代の思想を大幅に受容し，これをキリスト教と接合することで独自の思想を示した．

　ジョンは，イングランド西方のソールズベリー郊外の出身で，ソールズベリーおよびエクセター司教座聖堂参事会員として聖職禄を得た．その後パリでピエール・アベラール（Pierre Abélard. 1079-1142）の指導を受けている．アベラールの弟子エロイーズとの往復書簡が，後世ルソーによって書簡体恋愛小説『ジュリ（新エロイーズ）』として翻案されたことはよく知られているが，中世においてアベラールは第一級の知識人であり，旧論理学と呼ばれるアリストテレスのボエティウス訳『カテゴリー論』ならびに『命題論』，ポルピュリオスのボエティウス訳『エイサゴーゲー』を読み，「普遍」のほか神学上の諸問題を論ずることでスコラ学発展の先駆的役割を果たした．またジョンは，「巨人の肩に乗る矮人」の格言を残したことで知られる「シャルトル学派」総帥ベルナルドゥス（Bernardus Cartonensis. ? -1130頃），同じく「シャルトル学派」のコンシュのギョーム（Guillaume de Conches. 1080頃-1154）などから指導を受けた．1147年からはカンタベリー大司教テオバルドゥス（シオボルド Theobaldus. Theobald. 1090頃-1161）を補佐する任務に就き，教会行政に携わった．1150年代には数度，大司教の代理としてローマ教皇庁に派遣されている．しかし何らかの理由でイングランド国王ヘンリー2世（1133-89，在位1154-1189）の不興を買い，大司教補佐の任務から一時離れた．1159年，論理学書『メタロギコン』や政治思想書『ポリクラ

ティクス』を著して後者を当時カンタベリー司教座助祭長かつイングランド
王国大法官だったトマス・ベケット（Thomas Becket, 1118頃 -70）に献呈し
た．大法官を辞職すると同時にカンタベリー大司教となっていたベケット
は，聖職者裁判特権などをめぐって国王と対立したが，ジョンはその巻き添
えを回避しフランスに亡命した後，ベケット擁護論を展開した．最晩年には
パリ南西の町シャルトルにおいて司教を務めた．『メタロギコン』や『ポリ
クラティクス』などからは，ジョンが聖書はもちろんのこと，プラトン（懐
疑主義）やアリストテレス，ストア派，キケロー，ボエティウスなどの哲学
にも関心を引きつけられていたことを窺うことができる．

　上述のようにジョンの活躍した場は宮廷および教会である．それゆえ古典
古代の思想に親しんだ聖職者ジョンにとって，国家と教会との緊張関係は自
ずと強く意識された．そうした意識は，聖職の立場に基づいて，また国王に
遠ざけられた経験から展開された，宮廷に対する痛烈な批判論に窺うことが
できる．『ポリクラティクス』の副題「宮廷人の愚行と哲学者の足跡につい
て（*De nugis curialium et vestigiis Philosophorum*）」にもその批判的立場がか
いま見られる．

　ジョンのそうした批判の意識は，「君主の鑑」論やその裏返しとしての暴
君批判論に示唆されている．ここではまずジョンが国家についてどのように
考えていたか，ごく簡単に見ておこう．甚野尚志によれば，アリストテレス
『政治学』がラテン語に翻訳される以前から，国家の自然性は12世紀におい
てすでに見られるものであって，ジョン自身も宇宙を創出しかつ秩序づける
ものとして自然を擬人化している．神の意思である自然は全ての事物に存在
するのであるから，あらゆる事物はその端緒を自然に負っているという．そ
して『メタロギコン』によれば，あらゆる学芸は「自然を模倣する技術」で
あるがゆえに国家を構成・維持する技術を扱う際にもそれを人間の自然本性
に一致させなければならないという（『十二世紀ルネサンスの精神』第Ⅱ部1章，
154頁）．こうした国家観は人間の堕罪によってもたらされた罰としての国家
というアウグスティヌスのそれとは明らかに異なっている．

　またそもそもジョンは，プラトンやアリストテレスに似て国家を人体の比喩で表現した．すなわち国家の魂は「宗教を統括する」聖職者が担い，国家の頭は君主によって占められ，心臓には元老院が，眼，耳そして口には属州の判事と長官が，手には役人と兵士が，足には農民がそれぞれ対応するという（*Policraticus*（1990），V, ii, pp.66-68, 以下，『ポリクラティクス』の洋書を参照した際には，その出版年（1990年，1979年，1963年）をそれぞれカッコで括り註記した．）．しかもジョンは単に国家の各機関と人体の各器官との類似性を指摘するにとどまらず，「国家全体の健康」がもたらされるのは「上位の成員が下位を保護し，下位の者は上位の者の正当な要求」に十分忠実に答える時であるとしている（*Policraticus*（1963），VI, xx, p.244）．ここには国家は各器官が各々の役割を果たすことで健全に運営されるべきであるという思想が表されている．そしてここでジョンが重視しているのは頭すなわち君主の役割である．

　ジョンによれば君主はいわば医者であり，同胞に対する彼の愛は，「適切な薬」によって同胞の誤りを正すべきであるという．湿布や効果の弱い薬が効かないときは，より強い効果的な薬を処方しなければならないというのである．要するに君主には，国家の一部が機能不全に陥った際にはそれを回復させ，もって国家全体を健全な状態に復帰させる役割が期待されているということである．君主は国家に善をもたらすのである．西洋思想史のひとつの伝統として「君主の鑑」論があり，それはキケロー『義務論』やアウグスティヌス『神の国』から受け継がれていることが知られている．「君主の鑑」論は，伝統的には君主の道徳的人格にもっぱら期待する議論であったが，ここでジョンが描いている君主像は単に道徳的存在ではなく，国家共同体をひとつの人体として捉え，有機体としての人体の各部を適切に機能させ，全体としてうまくバランスを取る役割を果たすものとされている（柴田『中世の春』第6章，249-259頁）．

　このように国家を健全に運営すべきである君主は，神の法すなわち「衡平」に服従すべきであり，また法の拘束から解放されてもいる．つまり君主

は一方において「法の下僕」であるが，同時に他方において「公的人格」で
あって，「生来の正義感を基礎として行動すると期待されている」(E. H. カ
ントローヴィチ『王の二つの身体』第四章)，言い換えれば私的人格を超越した
「衡平の似姿」であるとされているのである (*Policraticus* (1990), IV, ii, p.31).

(2)　両剣論──中世における国家と教会をめぐるイデオロギー

　このように君主は神の法をこの世の人間に伝える仲介者たる役割を果たす
とされている．ここで君主と聖職者（教会）との関係についてのソールズベ
リーのジョンの考えを示すために，中世における国家と教会をめぐるイデオ
ロギーすなわち「両剣論」に簡単に触れておきたい．

　アウグスティヌスは，「神の国」と「地の国」の相克という形で，教会と
国家の緊張関係を意識していたが，それを受け継ぐイデオロギーが両剣論と
呼ばれる理論である．『新約聖書』のマタイによる福音書第 22 章 21 節には
「カエサルのものはカエサルに，神のものは神に返しなさい」とある．これ
は人間存在の二面性を端的に表す言葉であると言ってよい．神のものという
のはつまり，信仰心，魂のことを指している．内面の信仰心はカエサル（皇
帝，政治権力そのもの）によって支配される外面とは全く次元の異なる，政
治権力には干渉あるいは介入できない領域であることが示されている．

　5 世紀末に教皇ゲラシウス 1 世 (Pope Gelasius I, ? -496) は，西ローマ帝
国が滅亡し，政治的な支柱を失ったため，東ローマ帝国皇帝アナスタシウス
1 世 (Anastasius I, 431-518) に対して，自らの立場を弁明した．アナスタシ
ウスは世俗の支配者ではあったが，皇帝教皇主義のイデオロギーによって，
政治的にも宗教的にも権力を持っていた．皇帝教皇主義とは，皇帝や国王の
世俗の権力が教会の領域に干渉して，聖職者の任免や教義典礼にも影響力を
及ぼすことができるという考え方である．これに対して両剣論は，教皇と皇
帝は相補的関係に立つこと，つまりローマ教皇は魂の事柄を扱うが，ローマ
教皇の権威を皇帝がその実力によって異教徒や外敵から保護し，皇帝は教皇
の神的な権威を，支配下の臣民の服従のために利用するという，互いに補い

あう形で支配するというイデオロギーであり，ゲラシウスは教権の方が俗権よりも完全だと考えていた．以上のような事情から両剣論は「ゲラシウス理論」とも呼ばれる．

ジョンに話を戻せば，彼にとって聖職者は国家の魂であり，また『ポリクラティクス』第4編3章の章題「君主は聖職者の代理人であり，彼らの下位の者である．結局，支配者たちはその職務を忠実に遂行することになる（*That the Prince is the Minister of the Priests and inferior to them; And of What Amounts to Faithful Performance of the Prince's Ministry.: Quod princeps minister est sacerdotum et minor eis; et quid sit ministerium principatus fideliter gerere*)」が端的に示しているように（*Policraticus*（1963），p.9; *Policraticus*（1979），p.239），ジョンは古くからの両剣論の伝統に沿っていると考えてよいであろう．

(3)　君主と暴君

ところでジョンは君主がその理想像を裏切って，時として暴君に変わりうることを想定した．ジョンは暴君に対する厳しい処断を唱えたため，その主張は16世紀に至るまで西洋思想史における暴君放伐論を正当化する際に借用されたことで知られている．だが他方，ジョンは暴君の排除の方法として神への祈りを最善とした．これは一見すると矛盾である．

君主と暴君との違いについては，『ポリクラティクス』第8巻で詳細に論じられる．前者は「神の賜物」であり「衡平の模型」でもあり，また「正義の基準」その他である法によって支配するのに対して，後者は「力に基づいた支配によって人民を抑圧する」人物である（*Policraticus*, VIII, xvii, (1979), p.345, (777d); (1963), p.335.; (1990), p.190.）．おそらくはヘンリー2世を念頭に置いて，ジョンはこうした暴君に対して，神に祈りを捧げることで神罰を与えることが最善であると主張する．彼はそもそも暴君を恣意的に殺害することを認めているわけではなかった．それは，全ての権力が神に由来するからである．彼は旧約聖書やローマ帝国におけるさまざまな暴君を事例と

して参照する．とりわけその 21 章では，全ての暴君が結局は悲惨な最期を遂げることの証拠として，人々が神に祈ることによって，神は自身の剣や人間の剣，あるいは疫病などによって暴君を殺害する事例が挙げられている．こうした事例を見れば，人間の剣によって暴君を弑逆〔しいぎゃく〕するとき，ジョンはその人間が神の意思を体現する道具として使われていると見ていたのであろう（甚野『十二世紀ルネサンスの精神』第 II 部 2 章）．

　さてヘンリー2 世の宮廷と深い関わりを持ち，テオバルドゥスやトマス・ベケットを補佐する役割を担ったジョンは，一方において有機体としての国家における君主の役割を明らかにしつつ，あるべき君主像を説くことで国王に自覚をうながし，他方において支配者が恣意的に権力を行使した際には，神罰として暴君が排除されうることを主張することによって支配者を訓戒していると考えられる．

(4)　12 世紀ルネサンスと古典の翻訳

　中世ヨーロッパにおいては，ジョンの存命中からアリストテレスなどの著作の翻訳事業が大幅に進展した．そのことと関連して，ここではスコラ学の発展の前提条件である 12 世紀ルネサンスについて検討しよう．スコラ学はカトリック教会の教義を学問的に根拠づける営みを総称している．

　西ヨーロッパ中世の思想的な営みを支えていたのは修道院とその付属教育施設であったが，修道院は堕落の進行と揺り戻しを繰り返しながら衰退していく．例えば 10 世紀に創設されたクリュニー修道院（ベネディクト修道会）は，教皇グレゴリウス 7 世（Gregorius VII, 1025 頃 -85）らによる教会改革を推進し，聖職者が聖職売買や同棲，私生児をもうけることなどによって世俗生活と関係を深化させる傾向を批判した．しかし同修道院は教会を立て直す中心的役割を担う一方で，修道院自体の組織の拡大とそれにともなう中央集権化によって次第に華美になっていき，影響力を弱めた．修道院の衰退にともなって，一時期，司教座聖堂とその付属教育施設が知的な営みを支えたと考えられているが，11 世紀頃から 14 世紀頃にかけて，各地に創立され

た大学がヨーロッパにおける思想的な営みの重要な拠点となっていく．これは同時期に見られるヨーロッパの都市化と関係が深い．もちろん，それ以前からパリやボルドー，ケルンなどが司教座都市として知られていたが，それ以外にもボローニャ（1088 年，大学創立年．以下同）やオックスフォード（1167 年），サレルノ（1231 年），ハイデルベルク（1386 年）などの都市が大学とともに発展した．その後もヨーロッパには数多くの大学が創設され 13世紀中には 100 校を数えるほどまでになったという．

修道院における知的営みの中心は聖書の講読，またオリゲネスやアウグスティヌスなど教父たちの著作の講読だったのに対して，大学において学生は，7 自由学科すなわち文法，修辞，論理の 3 学科と，算術，幾何，天文，音楽の 4 学科を修めた後，神学や医学，法学の専門課程に進んで学んだ．また学生たちは，優れた教師を求めてヨーロッパを放浪する．中世の大学は自治的組織であるとともに，学生に対して学問的訓練を施す同業者組合でもあった（中川責任編集『哲学の歴史 3　神との対話』VIII）．

こうした都市化および大学の創設と深く関連する事柄として，12 世紀ルネサンスを見過ごすことはできない．この言葉は 20 世紀前半期にアメリカの歴史家 C. H. ハスキンズ（Charles H. Haskins, 1870-1937）が使用したことで広く知られるようになった歴史用語である．実際に起こった出来事としては，知的な意味でのいわば地殻変動であった．上述したように，古典古代の学問的業績の多くは東ローマ帝国やイスラーム世界には伝わったが，ラテン世界にはほとんど伝わっていなかった．それが 11 世紀末の再発見によってラテン世界にも知られるようになったのである．12 世紀ルネサンスとは，ヨーロッパ人が古典古代およびイスラームの書物やその注釈をラテン語に翻訳することで，それらの思想をわが物にしようとし，そこから新たな思想を生み出そうとした大規模な知的活動である．伊東俊太郎によれば，活動の中心的拠点はカタルーニャ地方を含むスペイン北東部，トレドを中心とするスペイン中央部，パレルモを中心とするシチリア島，ヴェネツィアやピサ周辺のイタリア北部の 4 箇所である（『十二世紀ルネサンス』第五講，172-185 頁）．

とりわけレコンキスタ運動（国土回復運動）によって11世紀末に北部スペインを奪回したキリスト教徒たちは，トレドにおいてイスラーム教徒たちの残した大量の文献を発見した．11世紀末から始まる十字軍の派遣に象徴されるように，キリスト教徒にとって当時の課題の1つは，先進的な文化を持つイスラームをしのぐことにあった．そこで彼らは，アラビア語訳またはアラビア語による注釈付きのギリシア・ローマやイスラームの書物をラテン語に翻訳して，そこに表された思想を理解しようとしたのである．トレドの大司教ライムンドゥス（Raimundus, ? -1152）はそのために翻訳施設を設置した．トレドでギリシア・ローマおよびイスラームの古典をアラビア語からラテン語に翻訳した人々は，「トレド翻訳学派」と呼ばれる．その主な担い手はイベリア半島外部からの知識人や，同半島在住の，あるいはイスラーム世界から移住したユダヤ知識人，またイスラームに改宗しなかったモサラベと呼ばれるキリスト教徒であった．ギリシア・ローマ古典の名高い翻訳者としてイタリア・ロンバルディア地方出身のクレモナのゲラルドゥス（Gerardo de Cremona, 1114頃-87）がいる．彼らの翻訳活動を機会に，アリストテレスやプトレマイオス（Ptolemaios, Klaudios, 生没年未詳，100頃～170頃），エウクレイデス（Eukleidēs, 生没年未詳），アルキメデス，アル＝フワーリズミー（al-Khwārizmī, Muhammad ibn Mūsā, 780頃～850頃）などの学問が体系的に知られるようになった．

　とりわけ，アリストテレスの思想全般が知られたことの衝撃は大きかった．アリストテレスはそれまで「旧論理学」を著した形式論理学者と見られていたが，『霊魂論』や『形而上学』，『自然学』，『天体論』，『ニコマコス倫理学』，『政治学』その他の作品が知られることで，彼は実は学問全般にわたって深く追究し，全く新たな世界観を示した学者として見直されるようになった．ラテン世界のヨーロッパ人たちはそれ以降，アリストテレスの哲学を大いに受容していくことになる．ルーベンスタインによれば，例えばアベラールは人間の認識について，まず五感を介して具体的な個物を認識し，そののちに抽象化のプロセスを経て一般的な類型に到達するというアリストテレス流の

説明の正しさを確信したという．またパリ大学教授でドミニコ会士のアルベルトゥス・マグヌス（Albertus Magnus, 1193 頃 -1280）は，神学への関心とは別に，アリストテレスの経験重視の学問姿勢に感化され，確実性は経験によって保証されるとの信念の下に，動植物の研究を進めたという（『中世の覚醒』第 3 章，第 5 章）．こうして「アリストテレス革命」とも呼ばれる知的運動が展開された．以後，西ヨーロッパでは，キリスト教の教義を古典古代の学問によって弁証しようとするスコラ学が，都市化の進行とともに叢生した大学を中心としてさかんに研究されるようになったのである．

参考文献

アリストテレス（中畑正志ほか訳）『アリストテレス全集 1　カテゴリー論　命題論』
　［新版］岩波書店，2013 年

上智大学中世思想研究所編訳・監修『中世思想原典集成 6　カロリング・ルネサンス』
　平凡社，1992 年，エリウゲナ（今義博訳）『ペリフュセオン（自然について）』を所
　収

上智大学中世思想研究所編訳・監修『中世思想原典集成 8　シャルトル学派』平凡社，
　2002 年，ソールズベリーのジョン（ヨハネス）『メタロギコン』を所収

フォイエルバッハ（船山信一訳）『キリスト教の本質』（上）（下）岩波文庫，1937 年

プラトン（岸見一郎訳）『ティマイオス／クリティアス』白澤社，2015 年

ボエティウス（渡辺義雄訳）『哲学の慰め』，筑摩書房，1969 年

John of Salisbury, *Policraticus*, Edited and Translated by Cary J. Nederman,
　Cambridge University Press, 1990.

Iohannis Saresberiensis, *Episcopi Carnotensis, Policratici*, Recognovit et
　Prolegomenis, Apparatu Critico. Commentario, Indicibus Instruxit Clemens
　C.I.Webb, With an Introduction by Patricia MacNulty, Vols. I & II, ARNO Press,
　1979.

The Statesman's Book of John of Salisbury, Policraticus, Translated into English
　with an Introduction by John Dickinson, Russell & Russell, 1963.

伊東俊太郎『十二世紀ルネサンス』講談社学術文庫，2006 年

神崎忠昭『ヨーロッパの中世』慶應義塾大学出版会，2015 年

E. H. カントローヴィチ（小林公訳）『王の二つの身体――中世政治神学研究』平凡社，
　1992 年

佐藤彰一『中世世界とは何か』岩波書店，2008 年

柴田平三郎『中世の春——ソールズベリのジョンの思想世界』慶應義塾大学出版会，2002 年

上智大学中世思想研究所編『キリスト教的プラトン主義』創文社，1985 年

R. L. シロニス『エリウゲナの思想と中世の新プラトン主義』創文社，1992 年

甚野尚志『十二世紀ルネサンスの精神——ソールズベリ・ジョンの思想構造』知泉書館，2009 年

中川純男責任編集『哲学の歴史 3　神との対話』中央公論新社，2008 年

C. H. ハスキンズ（別宮貞徳・朝倉文市訳）『十二世紀ルネサンス』みすず書房，1989 年

水地宗明，山口義久，堀江聡編『新プラトン主義を学ぶ人のために』世界思想社，2014 年

J. ル＝ゴフ（池田健二・菅沼潤訳）『中世とは何か』藤原書店，2005 年

R. E. ルーベンスタイン（小沢千重子訳）『中世の覚醒——アリストテレス再発見から知の革命へ』ちくま学芸文庫，2018 年

第7章
トマス・アクィナス

1. はじめに

(1) トマス・アクィナスの生涯

　トマス・アクィナスは長身でがっしりした体格で，そのくせ若いときから寡黙だったため「黙り牛」というニックネームが付けられた．師のアルベルトゥス・マグヌスはトマスの学友たちがそう呼んでいるのを耳にして，「この黙り牛の鳴き声が今に世界中に響き渡るだろう」と言ったという（R. E. ルーベンスタイン『中世の覚醒』第5章，332頁）．

　ローマとナポリの中間にアクィノという町があり，その近くのロッカ・セッカの城でアクィノ伯爵の息子として生まれた．父親のランドルフォはローマ教皇領とシチリア王国領の狭間に位置する所領を，王国側に立ちつつ守っていたという．トマスは9人兄弟姉妹の末息子だったが，当時，末の息子は聖職者か修道士にするという貴族の習わしがあり，それに従って，トマスは5歳の時にベネディクト修道会のモンテ・カッシーノ修道院に送られる．息子を修道士にする親の動機は，宗教的敬虔さという殊勝なものではなく，きわめて世俗的な動機に基づいていた．つまり，この末子がやがて大修道院長になって，一族の繁栄に役立つ人物になってほしいというものであった．ところが当時，神聖ローマ皇帝を兼任していたシチリア国王フリードリヒ2世（Friedrich II, 1194-1250）とローマ教皇グレゴリウス9世（Gregorius IX, 1148頃？/1165頃？-1241）との対立の影響により修道院にいることが困難に

なったので，両親はトマスを，フリードリヒの勅許の下に創設されたナポリ大学に留学させる．トマスはこののち約5年間ナポリで生活するが，2つの意味において，この期間が彼の思想形成にとっては非常に重要な時期になる．1つがアリストテレス哲学との出会い，もう1つは創設されて間もないドミニコ会の修道士たちとの交流である．

　12世紀初めからアリストテレスの著作がトレドその他の地域でラテン語に翻訳されはじめたことは前章で述べたが，フリードリヒ2世は，トレドにおいてアリストテレス作品の翻訳に携わっていたミカエル・スコトゥス（マイケル・スコット，Michael Scot，? -1235頃）を宮廷に招くなど，アリストテレスの著作およびアヴェロエス（Averroës（ラテン語名），Ibn Rushd（アラビア語名），1126-98）やアヴィセンナ（Avicenna（ラテン語名），Ibn Sīnā（アラビア語名），980-1037）らによる注解の翻訳活動を大いに奨励していた．したがってアリストテレス哲学は，ナポリ大学を中心に盛んに研究されるようになっていた．ところが，キリスト教会はこの異教の哲学の受容を怪しからぬことと考えており，特にアリストテレスの『自然学』や『形而上学』に関しては公的にも私的にも教授することを禁止し，違反者に対して破門という厳罰で臨んだ．アリストテレスの思想には人格神は存在せず，神に背き原罪を負った祖先の子孫という人間観はなく，世界の始まりおよび終末という考え方もないが，これはキリスト教会にとって決して認められるものではなかった．だがローマ教皇と対立していたフリードリヒにとって，むしろアリストテレスは教会の思想を相対化するのに好都合であった．トマスはそうした状況においてアリストテレスを知ったのである．

　さてトマス自身は，ナポリ大学で数多くのドミニコ会修道士と交際するうちに感化を受け，ドミニコ修道会への入会を決意する．この修道会はフランチェスコ会と同様に，修道士たちが都市をめぐって説教しながら物乞いをして歩く托鉢修道会であり，これらは組織としての蓄財を認めていた従来の修道会とは大きく異なっていた．ドミニコ会は1216年に南仏トゥールーズに創設されたばかりであったが，1227年にはナポリに進出していた．このよ

うな清貧を旨とする修道会への入会を，一族の権勢伸張の望みを抱く両親が認めるはずもなく，両親はトマスの志を挫こうとして，美女による誘惑などさまざまな働きかけを試みた．しかし息子を翻意させることはできなかったので，両親は入会を認めざるを得なかった．

　トマスはその後パリに至り，アリストテレス研究の第一人者アルベルトゥス・マグヌスの下で神学研究に打ち込む．その後，パリ大学とヨーロッパ各地を往復するうちに，第一級の神学者として知れ渡るようになる．そして1259 年から 9 年間イタリアへ戻るが，このとき活発な著作活動を行った．特に『神学大全』の第一部をこの時期に執筆している．さらに 1268 年 11 月，再びパリ大学に赴いた．パリ大学学芸学部は 1255 年にはアリストテレスのほとんどの作品を学ぶべきものとしていたが，そうであるがゆえにアリストテレスを独特に解釈する者も現れていた．その中には「二重真理説」と呼ばれる異端的なアリストテレス解釈すなわち啓示による真理と理性による真理を唱え，またアウグスティヌス以来の自由意思説を否定し，さらに世界の永遠性を訴える思想を展開した者がいたため，トマスにはこれを批判する役割が期待されたのである．世界の永遠性という考えは，アリストテレス『自然学』（250b10 以下）に見られるが，一歩間違えれば，神が世界に積極的に関与しないという意味での反キリスト教的な思想につながる．こうした思想を展開したのは急進的アリストテレス主義者（ラテン・アヴェロエス主義者）であると目されていたが，トマス自身がアリストテレスに多くを負っていたため，トマスは保守的な人々から危険視されることもあった．

　パリ時代のトマスは多産で，人間の知性は万人において 1 つであるとする考えを批判する『知性の単一性について』を書いたり，アリストテレスの著作の注解を数多く書いた．また『神学大全』第二部を 1273 年までに書き上げた．1272 年からはまたイタリアに戻ることを命じられ，ナポリに神学校を創設する事業を展開するかたわら，『神学大全』などの著作も書きつづける．ところが，1273 年 12 月 6 日，ミサを捧げていたトマスに心境の大変化が襲いかかる．『神学大全』の第三部は未完であったが，著作活動をもう続

けることはできないと自覚した．そのときの心境については同僚のレギナル
ドゥスに次のように言ったと伝わっている．

> 兄弟よ，私はもうできない．大変なものを見てしまった．それに比べれ
> ば，これまで私のやってきた仕事は藁くずのように思われる．私は自分
> の仕事を終えて，ただ終わりの日を待つばかりだ．（山田晶「聖トマス・
> アクィナスと『神学大全』」，中公世界の名著『トマス・アクィナス』20 頁）

トマスはこの言葉を残した後，精神的にも肉体的にも衰弱して，翌年春に
リヨンの公会議に出席するための旅の途中で亡くなる．

(2) 『神学大全』という作品

　ここではトマスの社会思想を知るために『神学大全（Summa Theologiae）』
を中心に考察したい．そこでまずこの作品の構成や性格について簡単に紹介
しておく．原題の Summa とは英語で言えば essens とか chief point という意
味で，Theologiae は「神学の」という意味である．したがって Summa
Thologiae は，「神学の精髄」あるいは「神学の要点」と訳すこともできるが，
ここでは習慣に従って『神学大全』と呼ぶことにする．日本語訳にして 45
冊という大部な本であるが，神学の入門者のために書かれた．そのため，当
時さかんに研究されていたアリストテレス哲学とキリスト教との関係につい
ての誤った解釈をできるだけ回避しようとする意図が込められていたと考え
られる．

　この作品は全部で三部から構成されている．第一部は「神について」，第
二部は「人間の神への運動」，第三部が「神に向かう道としてのキリスト」
で，このうち狭い意味での社会思想がよく表れているのが第二部である．

　トマスは神学者・修道士の立場からアリストテレスの思想を受容すること
で独自の思想を構築したので，「哲学は神学の婢」という言葉に象徴される
ように，あらゆる学問を神学の指導のもとに置いた．それゆえ『神学大全』

は，神学および神についての考察から始められている．その議論は一定の討論の形式に従って書かれている．まず例えば「知性的諸能力について」という大問を挙げ，それから派生する問題点を小分けにして「〜であるか」という質問形式で論ずる（I, 79 問題）．次にその問題点，例えば「知性は魂の能力であるか，それともその本質であるか」という派生する小さな問題（1項）に関して，「知性は魂の能力ではなく，その本質であるとも考えられる」という意見（異論）とそれに対するいくつかの根拠とを紹介し，「他面，その反対の論にいう」としてそれに対する反論を紹介する（反対異論）．そして最後にトマス自身の反論（主文）と異論に対する解答（異論解答）を加えていくという形式である．

2.　『神学大全』の特徴

(1)　世界の構造と人間の位置

　中世は都市化の進行とともに人口の増加や商業の発展も著しく，現実は大きく変化していた．だが，変化する現実は単なるカオスではなく秩序（コスモス）をなしている，言い換えると世界は無意味に存在しているわけではない．このことをトマスは独自に明らかにしようとしている．そこで，まずトマスが世界の構造をどのように考えているかをみておこう．佐々木毅によれば，古い時代の思想の特色は，世界はどのように秩序づけられていて，それを明らかにした後，人間がどのあたりに位置づけられるのかという発想で考える点にあるという（『宗教と権力の政治』第2章，65頁）．トマスはまさに，神がこの世界をどのように創造したか，そしてその世界はどんな構造をなしているかを明らかにしようとする．

　世界の構造を明らかにしようとする際にヒントとなったのが，アリストテレスの目的論である．ただアリストテレスにとっての究極の目的は善であったのに対して，トマスにとってのそれは神である．神はトマスにとって，いわば究極の理想であった．

130

　トマスによれば，世界には霊的被造物と物体的被造物とがある．霊的被造物というのは非物質的で知的な存在すなわち天使のことで，物体的被造物は人間や動物，植物，鉱物などである．トマスはまず天使についてかなり長く考察した後に，物体的被造物の創造を『創世記』の記述に沿って考察する．すなわち天と水と陸が区別され，やがて植物，鳥，魚，その他動物が産出されたとする．『創世記』には第六日に人間が創造されたことについて書かれているが，トマスは創造に関して，植物や鳥，魚，地上の動物たちの完成度について言及し，植物は最も不完全で，地上の動物たちが鳥や魚よりも完全な動物で，人間があらゆる生命の「最も完全な段階」にあると述べている（『神学大全』5, I, 72 問題，112-117 頁．以下『神学大全』の表記は省略し，5, I, 72問題などと表記し，邦訳の巻数をアラビア数字で，部をローマ数字で，大問・項目をそれぞれアラビア数字で示すことにする）．

　トマスによれば，地上のあらゆる事物の存在は段階的構造をなしている．神は地上に多数の事物を，それぞれ区別をもって産出した．しかもこの区別は不均等性をもって産出された．つまりある事物は完全により近く，別の事物は不完全の度合いが大きいというようにである．そしてあらゆる存在が究極的には神という完全な目的に向かっている．

　　万物の究極目的は神にほかならない．こうした目的のもとに，しかし，他の目的もやはり多々存在するのであって，事実，ある被造物は他のある被造物を目的としてこのものにまで秩序づけられている．つまり，「より不完全なるもの」が「より完全なるもの」を目的としてこれにまで秩序づけられている訳なのであって，たとえば，質料は形相にまで，諸元素は混合体にまで，そしてまた，植物は動物にまで，動物はさらに人間にまでそれぞれ秩序づけられているものなること，『創世記』第1章に言うごとくである．（4, I, 47 問題補遺，426 頁）

　万物は整然と秩序をなして，個々別々に目的をもって存在していることに

なる．したがって，この段階的な秩序の中で，個物はそれぞれ特殊の位置を占め，それぞれ特殊の課題を持ち，その中に自己を実現していく．低いものは高いものに奉仕することによって，自分の本質を完成する．この段階的構造の最上位には神が位置する．神はそれ自体究極の目的であるから，他のものの手段になることはない．神の直下には，霊的被造物で肉体を持たない天使が位置づけられている．そして動物が人間の直下に位置する．人間は天使の霊的側面と，動物の肉的側面双方の性質を持っているので，天使の下，動物の上という位置に秩序づけられている．

　このようにトマスは，世界の構造を段階的構造として規定し，それぞれの段階に存在理由を与えた．どんなにツマラナイもの，不完全なものでもこの世界において意味を持っている．そしてこの段階的構造の頂点には神が存在する．あらゆる存在は神の被造物であるので，世界に存在するものは非常に多様でありながら，この世界を創造した原理は唯一神である．こうした世界像は，多様性の中の統一という，中世のローマ・カトリック教会が果たした役割の思想的背景にある考え方である．ちなみに現代において多様性の中の統一とは EU（ヨーロッパ連合）のスローガンであり，また4つの国語を持つ多様な文化によって構成されたスイス連邦（スイス盟約者団）のスローガンでもある．ともかくトマスは，この段階的構造によって自然現象でも社会現象でも全ての現象が説明可能だと考えた．実際，現代においては社会思想で扱う項目，例えば法や倫理も，神という唯一の原理から演繹されてくるとトマスは考えていた．

(2)　信仰と理性

　それでは神を頂点として段階的構造をなすこの世界を人間はどのようにして認識するか．この問題を次におおまかに検討しよう．トマスにとって人間が世界を認識するとき重要なのは信仰と理性である．上述の通り，当時，二重真理説を唱える者があった．理性に基づいて得られる真理と，信仰に基づいて恩寵によって得られた真理とは別々に存在するという考え方である．し

かしながらキリスト教会にとってこの考え方は，信仰および恩寵に基礎を置いた神学的真理と，理性に基礎を置いた哲学的真理とが対立することを示唆しうると見なされた．しかし教会にとっては真理はただ 1 つでなければならない．パリ大学においていわゆるラテン・アヴェロエス主義がさかんになるのは 1260 年代であった一方で，トマスが『神学大全』第一部を執筆したのは 1266 年であり，当時，理性と信仰との関係をどのように意味づけるかは，キリスト教思想家にとって極めて重要であった．トマスにとって，ここでも手がかりとなるのはアリストテレスである．

それまで単なる形式論理という，いわば思想の伝達手段（メディア）を教えるにすぎなかったアリストテレスが，12 世紀以降，自然や人間について異彩を放った思想内容（メッセージ）を豊かに展開する哲学者としての姿を現している（山内志朗「XI ラテン・アヴェロエス主義」『哲学の歴史 3　神との対話』）．アリストテレスは超自然的な世界や，始まりと終わりのある世界という世界観は持たない．たしかに神の観念は持っていてもその神が無から世界を創造したとは考えないし，神が人間の罪を贖うためにキリスト（救い主）をこの世界に送り込んだとも考えない．アリストテレスの神は世界に対して超然としていると言える．アリストテレスにとって，人間が世界すなわち自然を認識するためには理性があれば十分である．だが世界に対して神が関わると考えるトマスにとってそれでは済まされなかった．

11 世紀末以来ヨーロッパ人に知られたアリストテレス『霊魂論』には，全てのものの質料となりうる知性と，全てのものを生み出す作出的原因としての知性とについての記述がある（『霊魂論』430a10-a25）．この 2 つの知性はアリストテレスに創立されたリュケイオンやイスラーム世界においてさまざまに解釈されたが，トマスはこれら 2 つの知性（理性）を人間による世界認識に応用した．すなわち事物の形相を認識する能動的理性（知性）と，事物の質料を認識する受動的理性（知性）とである（6, I, 79 問題）．アリストテレスは『霊魂論』において理性についての考察に先立って感覚を論じたが（『霊魂論』417b30-429a10），トマスも「人間は「可感的なるもの」を通じて，

超感覚的な「可知的なるもの」に至るのが本性的なのである．われわれの認
識は全て感覚にその始まりを持つのだからである」と述べて，あらゆる認識
の基礎には感覚があると考える（1, I, 1 問題 9 項，27 頁）．それゆえ受動的理
性とは，感覚を通じて得られた経験を整理する能力と見ることができる．つ
まり受動的理性は，現代において考えられている理性と見て差し支えないで
あろう．これに対して能動的理性は，現代に生きる私たちはもはや想定する
ことない能力，すなわち有限の個物を観察することでそのものに備わった本
質（形相）を認識する能力である．その際，人間は個物をその質料的諸条件
から切り離して抽象することでその個物の形相を取り出すのであるとトマス
は考える（6, I, 79 問題 3 項，150-151 頁）．

　人間はこの 2 つの理性を通じて世界を認識するが，神すなわち真理を認識
するためには人間の側からの働きかけである信仰と，神の側からの働きかけ
である恩寵を必要とする．トマスは次のように述べている．

　　人間の認識以上の高次のことがらは，人間は理性によってこれを探求す
　　べきではない．我々はかえって，それらが神によって啓示されていると
　　ころを信仰によって受容するのでなくてはならない．（1, I, 1 問題 1 項，6
　　頁）

　さらに，

　　神についての自然本性的な理性による以上の完全な認識が，恩寵によっ
　　て得られるのである．（同 12 問題 13 項，255 頁）

　このようにしてトマスは，相互に対立しうると考えられていた理性と信仰
とがむしろ両立し相補うと主張する．このことを裏付けるトマスの有名な一
節に「恩寵は自然的本性を廃棄するものではなくかえってそれを完成するも
のなるがゆえに，自然的理性はこうした信仰のためにその任を果たす」があ

る（1, I, 1 問題 8 項，25 頁）．トマスにとって神への愛と神が創造した世界を
理解することとの間には何ら矛盾は存在しない．こうして神を頂点とする世
界は理性，信仰，恩寵の 3 つの契機を経て認識することが可能となる．ただ
しキリストではない通常の人間にとってその完全な認識は死後でなければな
らないと述べている．要するに，トマスはこの世に生きる人間が 3 つの契機
によって神を完全ではないにせよ，神の蓋然的認識に達成しうると考えてい
るのである．

(3)　悪の問題

『神学大全』には神が完全であり最高善であること，そしてすべての存在
が善であるという記述がある．にもかかわらずこの世界に悪が存在すると主
張される場合がしばしばあった．この問題をトマスはどのように考えている
だろうか．

　都市化の進行とともに人口増加や商業の発展にともなって，道徳的な退廃
も目立つようになった．そうした傾向を修道院が中心となって改革する試み
もなされたが，この世界を悪そのものと考える人々も現れた．その代表は，
12 世紀から 13 世紀初頭にかけて南フランスや北イタリアで隆盛を誇り，そ
の異端的思想のために教皇インノケンティウス 3 世（Innocentius III，在位
1198-1216）の呼びかけによって弾圧・討伐（アルビジョワ十字軍）された
カタリ派である．カタリ派にはさまざまな分派があるが，その主張の要点は，
世界には善と悪とが存在するというマニ教的な二元論に基づいて，現世は悪
そのものであるがために肉食も生殖行為も結婚も否定されねばならないと考
えることにある．また肉体は魂を閉じ込める牢獄に外ならず魂の救済を遅ら
せる単なる器にすぎない．ロクベールによれば，悪の根拠を人間の自由意思
に求めたカトリックに対して，カタリ派は，完全である神が悪をなす不完全
な存在を創造したはずはなく，自ら進んで罪を犯しうる自由意思はそれ自体
が不完全であり，そうだとすれば自由意思など存在しない．人間が悪に陥る
のはそうせざるを得なかったからであり，したがって悪は人間に先立って存

在していたはずであると主張する（『異端カタリ派の歴史』序，53-60頁）．カ
タリ派は1244年に南仏の拠点モンセギュール要塞の陥落以降ほぼ壊滅状態
にあったと言ってよいが，カタリ派の原イメージともいうべきマニ教などに
見られる，悪の存在を強調したり，善と悪を根源的存在と見なしたりする考
え方があることをトマスはもちろん知っていた．以下のようにトマスが善悪
を二元的に見る立場を批判しているところを見れば，善悪についての同時代
的な見方を非常に意識していたと言えるであろう．

　トマスは『神学大全』の至るところで，存在するものは存在する限り全て
善であるという考えを示している．しかしもしもそうであるならば，自然災
害や疫病の流行などによる苦しみや絶望のほか，憎悪とか裏切りとか，果て
は強盗や殺人に至るまであらゆる悪にも積極的な意味があることになりはし
ないか，という問題をトマスに投げかけることができるだろう．これに対し
てトマスは，プロティノスやアウグスティヌスと同様に，悪は「善の欠如」
であると考え，悪に積極的な意味を認めない．

　トマスは神が悪の根源であるかというラディカルな問いを立ててこれに答
えている（4, I, 49問題2項）．これに対しては，たしかに神は世界の秩序とい
う善をさまざまな事物のうちに生み出すが，結果的にまた付帯的に事物の滅
びをも生み出しながらも，神は至高の完全性を持つので，神にはいかなる欠
落も存在しないという．さらに，最高悪である何ものかが存在し，それが悪
の第一原因なのかという問題も立てている（同49問題3項）．これに対して
は第1に全ての善の第一の根源は本質的に善であるので，何ものも自らの本
質によって悪ではありえない．第2に悪は善を減らすことはできてもこれを
絶滅することはできないのであるから最高悪は存在し得ない．そして第3に，
悪は付帯的にしか原因となることはできないので，第一原因となることはな
い．トマスによれば，二元論は個々の特殊的な結果の特殊的な原因を検討す
ることで善悪を判断したにすぎず，そのように対立する2つの原因を，両者
に共通の1つの普遍的原因にまで還元することができなかったと批判する
（同49問題3項，以上111-124頁）．

　悪の原因について，トマスはやはりこれを自由意思に求める．稲垣良典に
よれば，人は通常，自由意思とは善も悪もなし得る能力であると考え，自由
意思を持つことによって人間は自分自身の行為の主体であると考えるが，厳
密に言えば人間が悪を行う時，彼は自由意思を使用し損なっている．人間は
自らの行為の主体であるとは言いうるが，行為の第一原因ではない．しかし
人間は自由を絶対化する誤謬を犯しがちで，自由であることで自分の行為の
第一原因だと思い込みがちであるという（『トマス・アクィナス『神学大全』』
第 5 章，108-109 頁）．

　トマスは人間の自由意思に欠陥があると考える．完全な状態では全ては善
であるのだが，人間がそれを完全なものたらしめるのに，その能力を欠くこ
とから悪が生ずると考える．つまり，悪とはトマスにとっては誤謬とか錯誤
とかいうものである．トマスはしばしば人間の視力を例に挙げる．悪は視力
を欠如させたときに生まれると考える．上述したように，トマスは認識の第
一原因を感覚に求めたが，感覚の中でも視覚は最も重要なものとして位置づ
けられている．そもそも眼は人間の全ての器官の中で最も高貴で，完成度の
高い器官であって（6, I, 78 問題 3 項，128-129 頁），その器官がもたらす視覚
が重視されてもなんら不思議ではない．その重要な視覚を欠如させたときに
悪が生ずると説明する．悪はいわば見せかけの善だということになる．

　したがって，悪は実在というよりも，人間の理性が教育によって矯正され
れば悪はなくなるという楽観的な帰結が導かれる．人間が原罪を負うている
ことは認めるが，悪は糾弾すべきものではなくて，啓蒙・矯正すべきもの，
つまり教育の対象としてトマスは考える．

3. トマスの国家論と都市化

(1) トマスの法概念

　世界の段階的構造を前提として，それを認識する方法を論じ，さらに人間
の悪を考察したトマスは，複数の人間によって構成される社会の規範につい

てどのように考えているだろうか．この問題を検討するために，トマスが考える法とは何かという問題にまず焦点を当てて検討しよう（II-1, 90問題～100問題）．私たちは「法」というと，国の基本法であるところの「憲法」とか，犯罪者を処罰するために使われる「刑法」とか，法典に記されたもの（法律など）を思い浮かべがちだが，トマスの法は，もっと広い意味を持っていて，神と人間との関係全体を意味するので，私たちがイメージする法律は，その法の一部ということになる．

　トマスの考える法とは，もっとも広い視野から見た場合，万物がそれぞれの目的に向かって運動するときに従うべき規則のことである．トマスの法概念には4種類ある．すなわち永遠法（lex aeterna），自然法（lex naturalis），人定法（lex humana），神法（lex divina）である．これらのうち，他の全ての法がそこから導き出されるという意味において最も重要なのは，永遠法である．トマスはこれを「万物を正しい目的へ向かって動かすものとしての神的知恵の理念」と言っている．永遠法とは万物が神に向かって行う運動，つまり神によって与えられた万物の本来的なあり方を秩序づける法である．言い換えれば，神自身が創造した万物のそれぞれがどのように動き，どのように位置づけられるべきであるかを示した理念であり，それに基づいて事物が配置される設計図とでも言うべきものである．したがって，永遠法はあらゆる秩序の源になる（13, II-1, 93問題）．

　これに対して，自然の理性によって認識された永遠法のことを自然法という．自然の理性によって何を認識するかを一言でいうと，「善をなすべく，追求すべきであり，悪は避けるべきである」という規範である．トマスによると人間はこの規範を誰に教えられなくとも知っている．ここにトマスの楽観的な人間観が表れている．トマスは，人間には「善への傾向性」があると考える．もともと神へと向かって運動する存在であるから，自然に，善の方向に人間は傾くのだという．自然法は不変の部分と可変の部分という2つの部分からなる．不変の部分というのは時代を超えて妥当する法である．不変の部分の具体的内容は3つあって，第1に自己保存の欲求，つまり人間の生

命が保持される事柄，また逆に生命維持に対立する事柄が阻止される事柄が
自然法に属するとされる．要するに死にたくない滅びたくないという欲求で
あり，この欲求を満足させる事柄である．人間の生命が神によって授けられ
た賜物であるがゆえに自殺は神に対する罪であり，また誰しもが所属する共
同体の部分であるがゆえに自殺は共同体に対する害悪であるという理由以外
に，自己愛は自然本性的な傾向であるがゆえに自殺は自然法および愛徳
(caritas) に反するという理由から，トマスは自殺を決して許されないもの
とする（18, II-2, 64 問題 5 項，172 頁）．

　第 2 に種族保存の欲求，具体的には雌雄のセックスと子どもの教育である．
これは全ての動物と共通する善への傾向だとされている．最後に神について
真理を認識すること，そして社会のうちに生活すること，つまり無知を避け
て，親しく交わっていくべき人々と事を構えないことなどである（13, II-1,
94 問題 1〜5 項，66-85 頁）．そういう規範が自然に与えられているという．
ここにはアリストテレスの哲学の影が見える．アリストテレスは人間が生ま
れながらにして国家生活をするように生まれついたポリス的動物だと考えた．
トマスもこの点同様であり，人間は国家ならびに社会の中で共通善という目
的を実現するために生きている．ただし公共善と共通善には概念的な違いが
あり，アリストテレスの場合，公共善はポリスの目的としての善を意味する
のに対して，トマスの場合は共通善は神学的な概念であって，あらゆる特殊
的なことがらも含めた宇宙全体にとっての善すなわち神という意味である．

　第 3 の人定法は，自然法の可変の部分に相当する．これは人間によって作
られる法のことである．人間によって作られた法といっても，トマスはこれ
を自然法から導出されたものと考えている．いずれにしても人間によって作
られるのであるから，しばしばこれは改変される（13, II-1, 97 問題）．つまり
可変的ということになる．ただし自然法から外れた場合は，それはもはや法
ではなく「法の歪曲」とされる．人定法はより小さく区別されて，万民法
(jus gentium) と国法 (jus civile) とに分けられる．万民法は，自然法の原理
から結論が導き出される法であり，たとえば公正な売買やそれなしには共同

生活を営むことができないような事柄に相当するのに対して，国法は，特殊的確定という仕方で自然法から導出される事柄である（13, II-1, 95 問題 1〜4項，88-103 頁）.

　最後に神法は，人間が永遠の至福の目的に秩序づけられているがゆえにその目的に人間を導き，また同一の事柄に対しても異なる人々が異なる判断を下すというように人間の判断は不確かなものであるので，誰の目にも疑いのない確固とした判断を下せるように導くための法である（13, II-1, 91 問題 4 項，24-27 頁）. 神法は，神の啓示のことであり，具体的には，『旧約聖書』（旧法）と『新約聖書』（新法）のことを指す（13, II-1, 91 問題 5 項，28-29 頁）. トマスはこの 2 つの法に価値的な序列を与えている. トマスによれば，旧法の不完全なところを新法が補って完成する. 特に新法によって万人が完全に救いへと導かれると述べている（13, II-1, 91 問題 5 項，30 頁）.

（2）　国家とその統治形態について

　それでは自然法に基礎づけられた国家そのものに対してトマスはどのように考えたか. 比較のために想起すべきはアウグスティヌスの国家観であるが，アウグスティヌスの考えでは，国家は人間の堕罪によってもたらされた罰であるという. ところがトマスは，国家を積極的に評価する. トマスはまず，アリストテレスにしたがって国家は完全な社会，完全な共同体であると述べている.

> 人間が家の部分であるように，家は国家の部分である. しかるに『政治学』第 1 巻に言われているごとく，国家は完全なる共同体である. それゆえに一個の人間の善は究極の目的ではなく，共通善へと秩序づけられているごとく，一個の家の善も，完全な共同体である一個の国家の善へと秩序づけられている（13, II-1, 90 問題 3 項，10 頁）

　重要なのは，トマスが国家と他の社会を区別し，国家にのみ生殺与奪に関

わる力を認めている点である．トマスは「家族社会」の長には「回復不可能な傷害を加えること」のできない「不完全な強制権力」しか認めない一方で，国家は「完全な強制権力」を独占していると論ずる（18, II-2, 65 問題 2 項）．そして国家にそうした究極的な暴力を認める理由を次のように明確に述べている．

> 君主たちに対して公的権力が委託されているのは，彼らが正義の護持者となるためである．したがって，彼らは正義の原則に基づいて暴力および強制力を行使することが許されるのであって，それは外敵に対して戦うことによってであるか，あるいは悪事をなす市民たちに対して刑罰を科することによってである．（18, II-2, 66 問題 8 項，225-226 頁）

それではトマスは，国家の統治形態についてどのように考えていただろうか．この問題を考えるために，まずトマスの別の作品『君主の統治について』（1267 年擱筆・未完）を参考にすれば，これは当時のキプロス王リュジニャン朝フーゴー2世（Hugo II, 1252/53-67, 在位 1253-67）に献げられた書物であるが，この中で，トマスはあらゆる統治形態の中では王政が最善であり，僭主政が最悪だとくり返し述べている（『君主の統治について』16-17, 22-33, 34-41 頁など）．王政が最善と考えるのは，善が集中するからであり，僭主政が最悪なのは逆に悪が集中するからである．トマスは王政を最善と考えているとはいえ，それが常に僭主政に陥りやすいことを警戒している．その意味において，彼は王政が何らかの条件によって制限されるべきだと考えているであろう．実際，『神学大全』においては（13, II-1, 105 問題 1 項，377 頁），混合政体的なものを「善き秩序づけ」であると明言している．すなわち「善き秩序づけ」に関する 2 つの注意点として，第 1 に「全ての者が統治に何らかの仕方で参与」している状態と，第 2 に王政と貴族政と民主政とが「うまく組み合わせられている」状態を挙げているのである．こうした混合政体の中味に関しては，君主としての一人の統治者を中心に，それを支える

「補佐役」としての貴族によって統治の主体が構成されており，その首長た
ちは人民のなかから卓越さに基づいて人民によって選出されるという（柴田
『トマス・アクィナスの政治思想』第6章，223-226頁）．

(3)　暴君に対する抵抗

　このように僭主政を最悪の統治形態と考えるトマスは，さらに暴君に対す
る抵抗についても論じている．まずトマスは暴君概念を刷新することで，後
世にも通じる概念を提起したことを指摘しておかなければならない．ダント
レーヴによれば，トマスは『ペトルス・ロンバルドゥス命題集注解』におい
て，権利を行使する際の暴政つまり越権的な権力行使を伴う支配と，本来資
格を欠く人物による暴政を区別している．この区別は 14, 15 世紀のイタリア
においてローマ法学者バルトルス（Bartolus de Sassoferrato, 1314-1357）や人
文主義者サルターティ（Lino Coluccio Salutati, 1331-1406）らに受け継がれ，
その後 17 世紀のジョン・ロックに受け継がれている（『政治思想への中世の
貢献』第2章）．よく知られているように，ロックは『統治二論』第2編18
章において，越権的に権力を行使する支配を「暴政（tyranny）」と呼び，こ
れに対して元々権利がないのにそれを奪い取った支配者による支配を「簒奪
（usurpation）」と呼んで区別した．

　『神学大全』においてはトマスは，しかしながら，越権行為を行う暴君で
あろうと権力を簒奪した暴君であろうとその区別は等閑に付して，共通善を
無視して私的な利益を追求する支配者を総じて暴君と見ているように思われ
る．ではそうした暴君に対して臣民はどのように振る舞うべきとトマスは考
えているだろうか．

　トマスは下位の者が上位の者に服従することが正義であると考えている．
そうでなければ安定した秩序を維持することができないからである．しかし
支配者の権力が簒奪したものであったり，その命令が不正であったりした場
合には，服従する義務はないと主張する（20, II-2, 104 問題 6 項，68-69 頁）．
臣民は暴君に対して服従する義務を負わない．むしろ暴君に対する抵抗を，

それが内乱とは異なることを踏まえつつ，アリストテレスに依拠して次のように認めているのである．

　　暴君の支配は正しくない．なぜなら，それはアリストテレスによって『政治学』第3巻および『ニコマコス倫理学』第8巻において，明らかなごとく，共通善へ向けて整えられておらず，支配者の私的な善に向けて整えられているのだからである．だから，こうした体制を揺るがすことは，内乱の特質にはあたらない．ただし，暴君の支配が節度を超えて揺るがされて，それから生じた混乱からして，従属している多数者集団が，暴君の支配からよりも大きな被害を被るほどの場合には，恐らく別であるが，しかしむしろ暴君の方が内乱性向を持つ者なのであって，彼はより安全に支配できるように，自らに従属する人のうちに不和と内乱を培養するのである．（17, II-2, 42 問題 2 項，105 頁）

　このようにトマスは暴君支配の体制を揺るがしこれに抵抗することを認め，それは内乱を扇動しているのではないと主張している．

（4）　商取引および利子について

　ところでトマスの生きた 13 世紀には都市化の進展とともにさまざまな商業が営まれるようになった．とりわけフランスのシャンパーニュ地方やブールジュその他の地方・都市で開かれていた定期市が最盛期を迎えていたことはよく知られており，それにともなってさまざまな商業も営まれた．絹・毛織物や皮革製品，香辛料，武具その他の商品が扱われ，商行為を円滑にすべく金融業も営まれるようになった．商業とそれに伴う金融が行われれば利害・損得を伴う交渉がなされる以上，私人同士の争いは避け得ない．このような都市化の進展した時代に托鉢修道士として生きたトマスが，商取引やそれと不可分の利子についてどのように考えているかみておきたい．

　まず商取引の前提としての私有財産について，トマスは「外的物財」の自

然本性は「神的権能」のもとにあるが，その使用に関しては人間の「自然本性的な支配権」のもとにあり，自分のために造られた物として自分の利益のために使用することができると考える（18, II-2, 66 問題 1 項，203 頁）．トマスはさらに，外的物財を自分の固有のものとすることが可能かという問題について，外的物財を取得（入手）しそれを分配する権能と，使用の権能とに分けて考える．まず取得・分配に際しては自分固有の物として所有することが正当であるばかりでなく必要不可欠だと述べている．というのは，外的物財の所有を認めた方が，所有者はより大きな配慮を払い，外的物財に関わる業務はより秩序正しく処理され，人々の間に平和な状態がもたらされるからであるという．これに対して外的物財の使用に関しては，固有の物としてではなく共有的な扱いにすべきであると述べている（18, II-2, 66 問題 2 項，206-207 頁）．

　商取引に関しては，売買において犯される罪すなわち詐欺の文脈で論じられているが，そこで仕入れ価格よりも販売価格を高くすることの是非として論じている点が興味深い．トマスはある程度の利得を容認するが，そこで問題となるのがその程度であろう．これは経済学史の分野において公正価格論としてしばしば検討される．だが，トマスは事物の公正な価格を厳密に確定することはできないので，わずかな付加であれば神法（聖書）もこれを認めると述べている（18, II-2, 77 問題 1 項，370-371 頁）．

　さらにトマスは利得の目的も問題にする．トマスによれば，事物同士の交換または事物と貨幣との交換には，生活の必要性のゆえに交換される場合と，生活に必要な物を確保するためではなく利得を追求してなされる場合があるが，前者の場合は「自然的な必要性に奉仕する」ため賞賛に値するという．これに対して後者の場合，利得への欲望は限界を知らず，商取引には卑しさが伴うため非難されるべきであるが，利得それ自体は悪徳的であったり徳に対立的な要素を含んでいたりしないので，利得が何らかの必要不可欠な目的や高潔な目的に秩序づけられている場合は，これを容認しうると論じている（18, II-2, 77 問題 4 項，383 頁）．

　ところでル=ゴフによれば，すでに中世初期には宿屋や肉屋，旅芸人，魔術師，医師などさまざまな職業が軽蔑または非難の対象となっていたが，その中にはもっとも悪質な商人として高利貸が含まれていた（『中世の高利貸』「高利貸と死」）．それではトマスは利子についてどのように考えたか．彼は貸した金のために利子を取ることは端的に不正と考えている．その際，トマスは金銭の貸借を酒や麦の貸借と比較して論ずる．すなわち酒や麦は借りたそのものが消費されるため，当の事物とその使用を別々に考えないのと同様に，金銭の貸借に際しても，等しい物の返還（つまり返済）とその使用の代金（利子）を別々に考えることはできないと主張する（18, II-2, 78 問題 1 項，387-388 頁）．ただし，利子を取る条件で金を貸すことは許されないが，自分や他人の窮境を救うという何らかの善のために利子を支払うことを条件に金を借りることは許されると述べているのである（18, II-2, 78 問題 4 項，404 頁）．

（5）　トマスの批判と評価

　キリスト教とアリストテレスの思想とを接合したトマス・アクィナスの思想は，折からのアリストテレスに対する熱狂的流行に眉をひそめるフランチェスコ会や教会当局，また一部のドミニコ会士からさえも危険視されることがあった（稲垣『トマス・アクィナス　人類の知的遺産 20』IV-1）．アリストテレスは人間の徳（アレテー）を人柄の徳と知的な徳に区別し，人間にとっての最高の幸福は知的な徳を発揮する観想的生活を営むことにあると述べた（『ニコマコス倫理学』1103a5-a10, 1177a11-1178a）．13 世紀の保守的な神学者にとってみれば，この世における観想的生活を完全な幸福とみなすアリストテレスはあまりにも現世肯定的であった．そしてそれを受けたトマスもまた，上述のように世俗の国家を完全な共同体と見ていた．保守的な神学者にとって，ここには原罪に対する罰としてのこの世の生というアウグスティヌス的な視点が欠如しているように思われたのである．もちろんトマスは異教徒アリストテレスの思想に完全に満足したわけでは決してなかった．彼はアリストテレスとは異なって，人間を幸福たらしめるのは「本質によって真理た

る」「神を観照（観想）する働き」にあると明言しているからである（9, II-1, 3 問題 7 項，85 頁）．

　とはいえ，トマスの思想に対してはそれ以後も修道会の対立問題もからんで批判が試みられたことは事実である．そして教皇自身が世俗権力の伸張という時代背景の下，14 世紀初頭には南仏アヴィニョンに移るという出来事もあった．こうした数多くの問題を抱えつつも，アヴィニョンの教皇ヨハネス 22 世（Johannes XXII, 1245 頃-1334）は，1290 年代半ばからのトマス列聖化の運動の高まりを受けて，トマスが没して 50 年後の 1323 年にトマスを聖人の列に加えたのである．

参考文献

アリストテレス（渡辺邦夫・立花幸司訳）『ニコマコス倫理学』（上）（下），光文社古典新訳文庫，2015〜16 年

出隆監修・山本光雄編『アリストテレス全集 6　霊魂論・自然学小論集・気息について』[旧版] 岩波書店，1968 年，山本光雄訳『霊魂論』を所収

上智大学中世思想研究所編訳・監修『中世思想原典集成 14　トマス・アクィナス』平凡社，1993 年

トマス・アクィナス（高田三郎ほか訳）『神学大全』全 45 巻（創文社，1960〜2012 年）

トマス・アクィナス（柴田平三郎訳）『君主の統治について ── 謹んでキプロス王に捧げる』慶應義塾大学出版会，2005 年

中公世界の名著（山田晶責任編集・訳）『トマス・アクィナス』中央公論社，1975 年

ジョン・ロック（加藤節訳）『統治二論』岩波文庫，2010 年

稲垣良典『トマス・アクィナス　人類の知的遺産 20』講談社，1979 年

稲垣良典『トマス・アクィナス『神学大全』』講談社，2009 年

佐々木毅『宗教と権力の政治』講談社，2003 年

柴田平三郎『トマス・アクィナスの政治思想』岩波書店，2014 年

ダントレーヴ（友岡敏明・柴田平三郎訳）『政治思想への中世の貢献』未来社，1979 年

中川純男責任編集『哲学の歴史 3　中世　神との対話』中央公論新社，2008 年

ジャック・ル・ゴッフ（渡辺香根男訳）『中世の高利貸 ── 金も命も』法政大学出版局，1989 年

R. E. ルーベンスタイン（小沢千重子訳）『中世の覚醒 ── アリストテレス再発見から

　知の革命へ』ちくま学芸文庫，2018 年

ミシェル・ロクベール（武藤剛史訳）『異端カタリ派の歴史——十一世紀から十四世
　紀にいたる信仰，十字軍，審問』講談社，2016 年

第8章
ルネサンスと宗教改革を再考する

1. はじめに

(1) 中世とルネサンス

　この章ではいわゆる「ルネサンスと宗教改革」の時代を扱う．近年，歴史上の概念としての「ルネサンス」が見直されつつある．歴史上ルネサンスと呼ばれる事象はさまざまであることから，まず概念それ自体が多義的であることを指摘しうる．ルネサンスはひと口に「文芸復興」と呼ばれるが，前述したように，ヨーロッパの歴史において，ギリシア・ローマの古典を復興させたのは，15世紀前後だけでなく，8, 9世紀のカロリング朝ルネサンスや12世紀ルネサンスがあった．

　また闇の時代，暗黒時代としての中世と対比されたルネサンスは，中世の諸価値を退けた合理性にあふれた時代，人間を教会の束縛から解放した時代，そして個人主義の価値を称揚した1つの時代として従来考えられてきた．言い換えれば西洋はルネサンス時代を迎えることによって近代（または近世もしくは初期近代）が始まったという理解である．こうした理解は教科書レベルにおいては20世紀を通じて採用される説明枠組みであったといってよい．

　ルネサンスという言葉は，フランス語の renaissance（再生）に由来する．これを歴史の一時代を示す言葉として頭文字を大文字にしたのは19世紀フランスの歴史家ジュール・ミシュレ（Jules Michelet, 1798-1874）であると考えられている．アナール学派のリュシアン・フェーヴル（Lucien Paul Victor

Febvre, 1878-1956）によれば，ミシュレは 1840 年のコレージュ・ド・フランス（公開講座制の高等教育機関）における講義で，中世を 16 世紀に「息絶える老人」と表現する一方で，ルネサンスを気品と若さと優美さにあふれた魅力的な若者の時代と規定した（『ミシュレとルネサンス』12 課／13 課，220 頁）．とすれば明らかにミシュレは中世とルネサンスの間に断絶を見ていることになる．

　ミシュレと同様にルネサンスを中世と対比して評価したことで非常によく知られているのは 19 世紀スイスの歴史家ヤーコプ・ブルクハルト（Carl Jacob Christoph Burckhardt, 1818-97）である．ブルクハルトはイタリア・ルネサンスの文化について考察し，ルネサンスを歴史の一画期として，より積極的に評価した．すなわち中世において人間の意識は，「信仰と小児の偏執と妄想から織りなされた」ヴェールに覆われ，人間は「自己を，種族，国民，党派，団体，家族として」だけ認識していたのに対して，イタリア・ルネサンスにおいてこのヴェールは取り払われて，「人間が精神的な個人となり，自己を個人として認識」したという．こうしてブルクハルトは，ルネサンスにおいて人間の個性が高く評価され，個人主義は強力に発展し，信仰の動揺が見られるとする．（ブルクハルト『イタリア・ルネサンスの文化』「II 個人の発展」，中公世界の名著『ブルクハルト』194 頁）．

　しかしながらヨーロッパ中世を暗黒時代と規定し，ヨーロッパ「近代」を明るい積極的な個人主義思想に基礎づけられた時代と見て両者を峻別する考え方に対しては，早くから疑いの視線が注がれてきた．オランダの歴史学者ホイジンガ（Johan Huizinga, 1872-1945）は今から百年以上も前に，14, 15 世紀にルネサンスの告知ではなく，中世の終末すなわち「中世の秋」を見ようとしていた．彼によれば中世とルネサンスの違いを厳密に区別することはほとんど不可能であり，ルネサンス概念は限られた一定の期間をさすものではないという（『中世の秋』（上）第 1 版緒言および（下）「XX 絵と言葉」，原典初版は 1919 年）．

　ホイジンガと同様に，中世とルネサンスの間に断層を認めず，両者を連続

した時代と見る歴史観にたった議論が近年さかんに論じられるようになって
きた．そうした歴史観に立つ歴史家の代表として，ジャック・ル=ゴフを挙
げることができる．ル=ゴフは「長い中世」という歴史概念を提起して，中
世の終わりを 15 世紀や 16 世紀でなく 18 世紀末に見ている．ル=ゴフによれ
ば，中世の大部分の聖職者でさえも「ほぼつねに理性（raison）に従って」
いたがゆえに「理性の優位」を認めており，中世の「合理性は，動物性に対
して人間の本性を特徴づけるもの」であった（「中世は闇の時代か？」『時代区
分は本当に必要か？』106, 134 頁）．つまりル=ゴフの見方では合理性は 15, 16
世紀のルネサンスに始まる「近代」の専売特許ではなく，中世にも充分に認
められる価値観であった．それは個人主義的な考え方にもあてはまる．上述
のリュシアン・フェーヴルは「いつの世にも反抗的精神や批判的精神をもっ
た人間は」おり，中世にもアッシジのフランチェスコ（Francesco di Assisi,
1181/82？–1226）やローマ教皇グレゴリウス 7 世，またジャンヌ・ダルク
（Jeanne d'Arc, 1412-31）のような「強い個性」の存在を見ることができると
指摘している（『ミシュレとルネサンス』第 1 課／第 2 課，19 頁）．したがって
ル=ゴフやフェーヴルにしたがえば，15, 16 世紀のルネサンスに中世と近代
のハッキリとした境目を見ることは難しいということになるだろう．

　逆に，ルネサンス期以降にも現代の目からすれば非合理的な考え方は顕著
であった．ルネサンス期前後の時代，具体的には 14 世紀から 17 世紀を「合
理的」あるいは「近代的」と形容するのには無理がある．というのもこの時
代は中世よりも，魔術や魔女狩りが頻繁に行われた時代であって，これは
「占星術」や「錬金術」とともに 17 世紀くらいまでヨーロッパではさかんに
行われたからである．つまり今から見れば，この時代には宗教的な観念の束
縛を強く受けた特徴がある．主権論を展開したことでしばしば近代的な思想
家と評される 16 世紀フランスの法実務家・法学者ジャン・ボダン（Jean
Bodin, 1531？–96）が，熱狂的に魔女を迫害した裁判官でもあったことはよ
く知られている．ボダンの生きたフランスの 16 世紀後半は，カトリックと
カルヴァン派が争うユグノー戦争の時代であったが，清末尊大によれば，ボ

ダンはユグノー戦争を，国家が魔女を放置し，宮廷魔術師を保護していることに対する神の懲罰と見なすことで魔女を徹底的な排除の対象としようとしたのである（『ジャン・ボダンと危機の時代のフランス』第 3 部 3 章）.

(2) 宗教改革とウィッグ史観

ところで一般的にはルネサンスと時代的に重なると見られている宗教改革は，カトリック教会の既存の教義や制度に異論を唱えた人々による改革運動である．それはユダヤ教に起源を持つキリスト教という，ギリシア・ローマ時代の文化とは根本的に異質な文化（ヘブライズム）に根ざしている．ところが，宗教改革はカトリック教会の束縛から人々を解き放ったという意味において，これ以降の時代もルネサンスと同じように，近代的な性格を持つ時代だと認識されてきた．だがここで注意したいのは，宗教改革の果たした歴史的役割を評価するときのバイアスである．

宗教改革を擁護する立場に立てば，当然，それ以前の時代は否定的に評価されることになる．そうした立場からは，中世は暗黒時代であって，人々はカトリック教会や聖職者に支配されていたがゆえに自由で知的な営みが困難であったと見えてもなんら不思議はない．中世を否定的に見るこうした歴史観の代表としてウィッグ史観がある．ウィッグ史観は例えば英国史を王権に対して議会が勝利したというように，歴史を単線的に見る一種の進歩史観であり勝利者史観である．

ウィッグ史観の「ウィッグ（Whig）」というのは，もちろん，イギリスのウィッグ党の「ウィッグ」である．17 世紀後半にウィッグ党（その前身のグリーン・リボンクラブ）を創設した初代シャフツベリ伯爵（Anthony Ashley Cooper, 1st Earl of Shaftesbury, 1621-83）は，当時国王に次ぐ大法官の地位にあったが，彼は急進的なカルヴァン派であって，チャールズ 2 世が自分の弟でカトリックのヨーク公（後のジェームズ 2 世）に王位を継承しようとしたことに猛反対したことで知られている．このウィッグ党の歴史観をウィッグ史観というが，その後，ヨーロッパの歴史はこのウィッグ史観に基

づいて書かれることがしばしばあった．プロテスタントの立場に立てば，人類は中世の束縛を乗り越え，振り切って，近代へと前進・進歩したと歴史を見ることに不自然さはない．ここに中世とルネサンスおよび宗教改革の時代との間の深い断絶が意識される理由が存在する．

(3)　中世的世界観の動揺

だが，近年は中世と，ルネサンスおよび宗教改革の時代とをひとつづきとして見る向きも有力になってきた．断絶よりも連続の見方が説得的と考える立場からすると，15, 16 世紀を中心としたルネサンスと宗教改革期は，それまで人々が抱いていたいわば中世的世界観が動揺していく過渡的な混乱の時代としてみるべきだという．12 世紀に起こったアリストテレス革命によって，ヨーロッパの思想状況は一変したといってよく，その革命はトマス・アクィナスがアリストテレス哲学をキリスト教と接合することによる体系的思想の構築をもっていわば頂点に達した．トマスは一時期，パリの司教エティエンヌ・タンピエ（Étienne Tempier, 1210 頃 -79）から異端視されたこともあったが，カトリック教会は 1323 年になってトマスを聖人とした．だが時代の流れとともに，トマスに代表される中世的世界観は大きく動揺することになっていく．

15, 16 世紀の思想状況を大きく変化させたいくつかの条件を指摘することができる．それは商業の発展による人的・物的移動また情報の伝達の活発化，ペスト（黒死病）の流行，活版印刷術の普及などである．これらは相互に関連している．人的・物的移動が活発になることで，感染症はより早く，より広範囲に蔓延したであろうし，印刷術の革新は新しい価値観の伝播を容易にするであろう．その結果，人々の思想が根底的に動揺したことは容易に想像できる．

11 世紀頃からの北海・バルト海での交易や，12 世紀頃からシャンパーニュ地方および司教座都市などで開催された定期市によって商業が目覚ましく発達した．前章においてトマスが商取引を限定的に容認していたことを指

摘したが，聖職者は商業をますます正当化するようになった．ル=ゴフによれば，聖職者を含む誰もが商業の成功によって恩恵をこうむるようになり，そのことによって富が正当化された．それまで食料品や衣類，生活用具などの日用品の購買に役立てるためにユダヤ人たちが少額の貸し付けをおこなっていたが，キリスト教徒の商人たちは高額の取引に応じるようになったため銀行家として成長していった．聖職者たちは彼らを労働の実践および財の有用性の2点から正当化するようになったという（「Ⅲ商人，銀行家，知識人」『中世とは何か』）．もちろん商業・富に対して批判的な態度を取る向きもあった．

　その一方でキリスト教界にとっては古くから堕落・腐敗が大きな問題とされたため，しばしば教会の改革運動が展開された．12世紀前半期の第一および第二ラテラノ公会議においては，聖職売買や聖職者の妻帯生活が相次いで禁じられたが，実際には聖職禄の集積などとともに，人々を導く立場にある者による堕落・腐敗が見られた．14世紀半ばから世紀末まで北イタリアでは少なくとも7波まであったといわれるペストの流行は，クマネズミの大量死がその前兆であることは当時の人々にもわかっていたが，その原因は当時の人々にはもちろんわからなかった．これも原因はわからなかったがとにかく脇の下や鼠径部が腫れ上がって皮膚が真っ黒になった人がバタバタと倒れていく．しかもル=ロワ=ラデュリが示したイギリスの例では14世紀当時の小麦収穫率は播種した1粒に対して収穫が2〜4粒ほどであり，天候不順の度合いが大きければたちまち人々は栄養不足に直面したと考えられる（『気候の歴史』第2章）．

　いわばウィズ・ペストとも呼ぶべきこの時，人々が神の怒りでこの現象に説明をつけようとしたとしても不思議ではない．神の怒りの条件は堕落・腐敗の進行によって満たされていた．ペストはそうした堕落・腐敗に対して，神が怒って人間に与えた罰と考えられるようになった．石坂尚武によれば，非常に峻厳な神観が成長してきたのではないかという（『どうしてルターの宗教改革は起こったか』第3章）．これは見方を変えれば悲観的な世界観の成長

とも言える．このように中世は商業が発展し正当化されることで，現世的享楽を追求する一方で，峻厳な神観が成長した時代になっていった．中世の価値観は錯綜してきている．

　また，よく知られていることではあるが，15世紀半ばには活版印刷術の発達によってさまざまな情報へのアクセスが容易になった．それまでの書物は3, 4世紀頃から普及した獣皮紙製の冊子（コデックス）であった．コデックスは神学生や修道士などの写字生たちによって複製され写本として遺された．だが写本はおおむね高価であった．これに対して，古着から採れる亜麻布から作られた紙が14世紀から15世紀にかけて急速に生産されていたが，15世紀半ばには，この紙に，煤とニスと卵白を原料としたインクが塗られた金属活字によって連続的に印字する印刷術が開発された．この印刷術を高めるのに大きな役割を果たしたのがマインツの商人ヨハネス・グーテンベルク（Johannes Gensfleish Gutenberg, 1400頃-68頃）であった．紙製の印刷本は写本に比して廉価であった．ペディグリーによれば，15世紀末までにドイツを中心とするヨーロッパ一円に64箇所余りの印刷所が設立されたという（『印刷という革命』第2章）．印刷術の開発・普及は人々に書物というメディアの利用の機会を提供した．人々は従来の考え方を批判的に検討し，それとは異なる固有の意見を考えだして，それを伝える機会に恵まれたのである．

2.　中世的世界観の変化

(1)　トマスの思想に対する懐疑

　このようなさまざまな経済史的・社会史的条件のもとで中世の世界観がどのように動揺していったかを次に検討したい．

　非常に大まかにいえば，トマスの思想そのものと，スコラ学を根本的に支えていたアリストテレスの哲学とがさまざまな点から疑問視され批判される傾向が高まり，その一方でプラトンの哲学が再評価されるという傾向が著し

くなった点である．もちろんそれは二者択一的な傾向というわけでは決して
ない．実際，プラトンの再評価がアリストテレスへの評価に取って代わった
わけでは全くない．したがってアリストテレスの再検討とプラトンの再評価
がおおむね顕著に見られるということに過ぎない．

　前章で見たように，トマスはラテン・アヴェロエス主義に対抗すべく信仰
と理性の関係について独自の境地を切り開いた．これに対しては，トマスの
同時代からフランチェスコ会士ボナヴェントゥラ（Bonaventura, 1221-74）
やジョン・ペッカム（John Peckham（Pecham），1240 頃 -92），また彼らよ
りもやや後の時代を生きたドゥンス・スコトゥス（Johannes Duns Scotus,
1265/66-1308）やその弟子オッカムのウィリアム（William of Occam, 1285 頃 -
1349 頃）などからその限界が指摘されてはいた．そこで，ここではルーベン
スタインの所説にしたがって，オッカムのトマス批判についてごく簡単に触
れておこう．

　トマスはアリストテレスに触発されつつ，神的な事柄と自然の事物とを統
一的に理解しようとしたが，オッカムにとってみれば，これはトマスが両者
を混同したために，自然を神秘化する一方で，それとは逆に神から神秘性を
剥奪したことを意味する．本来，自然に関する考察と神学とは別個の道を歩
むべきであったという．すなわち神を万物の目的因として，人間や動物など
宇宙に存在するあらゆる実体の目的因をそれぞれ別個に想定するトマスの考
え方は，自然の世界を不必要に複雑化することによって，それをより理解し
にくくしている（オッカムの剃刀）．むしろ自然の世界と人間の社会は「経
験に導かれ理性によって処理される概念と方法」に基づいて理解すべきであ
り，神および神が人間に求めている事柄は，聖書や教会の教義によって知ろ
うとすべきであるという．したがってオッカムはむしろ，神秘性は自然に残
すべきではなく，それは神に残しておくことが神学者および哲学者にとって
重要な課題であると考えた．神は理性によってではなく信仰によって理解す
べきだという着眼点は，神学と自然の研究は別個に行われるべきだという考
え方に道を開き（『中世の覚醒』第 7 章），その道はやがて 18 世紀啓蒙思想の

時代に分岐点に到達するであろう．いずれにせよ，このようにトマス以降の
ドゥンス・スコトゥスやオッカムのウィリアムの思想営為によって，神は神
学の領域に閉じ込められ，逆に理性によるさまざまな哲学的営みは神学から
離れその領域を広げていくべきことが示唆されたのである．人格神としての
神から抽象的な存在としての神への変化の端緒が見られる．

　トマスの説に対する疑問は，その社会思想に対しても及ぶ．本書の第 6 章
で取り上げた両剣論すなわち霊的事項と世俗的事項との関係についてのトマ
スの思想に関しては，さまざまな学説があり決着に至っていないが，おおむ
ねゲラシウス的二元論，つまり世俗的事項に対しては教皇の間接的権力が及
ぶと主張していると見てよいであろう（柴田『トマス・アクィナスの政治思
想』第 9 章）．ところが 14 世紀の「教皇のアヴィニョン幽囚」やその後の
「教会大分裂」に象徴される教皇の権威失墜と並行して，世俗権力が伸張し，
世俗の君主たちは優秀な思想家たちを自らの権威づけに利用しようとする傾
向が見られるようになった．

　トマスの社会思想に対する疑問を示した思想家として，ここではオッカム
とパドヴァのマルシリウス（マルシリオ，Marsiglio da Padova, 1275/80 ？-
1342/43 ？）を挙げておく．オッカムは聖餐（聖体拝領）をめぐる独自の見
解によって教皇からアヴィニョンに召喚され異端審問にかけられたが，教皇
の誤りを確信したためこれを逃れて，神聖ローマ皇帝バイエルン公ルート
ヴィヒ 4 世（1281/82-1347）のもとに身を寄せた．オッカムの『教皇権力に
関する八提題』「第二提題」によれば，まず皇帝は教皇よりも先に存在して
いたのであるし，またキリストおよびキリスト教の成立以前から皇帝は存在
していたのであるから，その世俗的権利を教皇から得ることはなかった．さ
らにたとえ教皇が信者から世俗的事物の支配権・所有権を授与されたり委譲
されたりしたとしても世俗的事物の支配権・所有権は実質的に神のみに帰属
するのであるから，「皇帝は最高世俗権力に備わっている固有の権利を……
神から直接得ている」と述べている（『宗教改革著作集 1』に所収のオッカム・
ウィリアム（池谷文夫訳）『教皇権力に関する八提題』，75 頁およびその池谷文夫

「解題」226-245 頁を参照）．

　このような皇帝の権力が教皇ではなく直接神に由来するという考えは，オッカムよりもやや年長で，『神曲』を著したことで名高いダンテ・アリギエーリ（Dante Alighieri, 1265-1321）の『帝政論』においてもうかがうことができる．ダンテは『帝政論』第3巻のとりわけ15章および16章において，この世の王国に権威を授与する力は教会の本性に反しており，君主の権威は神に直接由来していると主張している．言うまでもなく，こうした思想が展開される背景として，当時のイタリアにおいては，とりわけグェルフィ（教皇党）とギベッリーニ（皇帝党）の対立があったことは押さえておくべきである．

　さてトマスの社会思想に対する異論はまた，パドヴァのマルシリウスの特に国家についての考え方に見られる．マルシリウスは当初はパリ大学学長やパドヴァの司教座聖堂の参事会員を務めるなど教皇に近い立場に立ったが，後には教皇に対して，オッカムと同様にルートヴィヒ4世を支持する側に回った．興味深いことに，マルシリウスはアリストテレスの政治学・倫理学に依拠しながら国家について考察を進めることで，国家を神学の指導の下から解放している．マルシリウスにとって国家はトマスと同様に「完全な共同体」であるが，国家を基礎づける法の考え方がトマスとは著しく異なっている．すなわちトマスは全ての人定法（自然法の可変的部分）が永遠法および自然法（の不変的部分）から導き出されると述べていた．ところがマルシリウスは法の起源を人間の意思に求めている．そもそも国家の最高権力の設立はいかなる仲介もなしに人間の意思によるのであるが（Marsilius of Padua, *The Defender of the Peace*, I, 9, 3, p.52），国家の最高権力を規制する規範である法には，「固有の作用因」がある．その作用因は，市民によって構成される普遍的団体であり，そこで行われる選挙か，国民の一般的集会で表明された意思によってある事柄がなされるべきかそうでないかが決定されるという（Marsilius of Padua, *The Defender of the Peace*, I, 12, 3, pp.66-67）．言い換えれば人間の理性に基づいた法によって国家が基礎づけられているということが

できる．もとよりマルシリウスにはオッカムと同様に，教皇に対抗して神聖ローマ皇帝を弁護するという高度に政治的な課題があった．1310 年代後半からはギベッリーニに接近したマルシリウスは，ダンテのパトロンであったことでも知られるイタリア・ヴェローナの支配者カングランデ・デッラ・スカーラ（Cangrade della Scala, 1291-1319）の密使を務めたことさえあったのである（Marsilius of Padua, *The Defender of the Peace*, Introduction, xii）．

(2)　アリストテレス批判とプラトン受容

トマスの説に対する批判的視線は，その根底にあるアリストテレスの思想にも注がれる傾向が著しくなった．その反面，プラトンの思想に注目する傾向が高まっていく．

すでに述べてきたように，西洋思想史にはプロティノスやポルフュリオスに代表される新プラトン派の伝統が細々とではあるが継続していた．14 世紀におけるプラトン評価の先駆けとして「ユマニスムの父」として知られるフランチェスコ・ペトラルカ（Francesco Petrarca, 1304-74）の名をまず挙げることができる．彼は，プラトンの作品を翻訳したことで名高いマルシリオ・フィチーノ（Marsilio Ficino, 1433-99）以前にプロティノスを知っていた．そもそもペトラルカは，アリストテレス自体は高く評価していたが，スコラ学者に対しては「愚かなアリストテレス主義者ども」と厳しく批判した．対照的にペトラルカはプラトンを非常に高く評価する．彼がプラトンに興味を持ったのはキケローやアウグスティヌスの作品を読んだことによると考えられている（近藤『新版ペトラルカ研究』第 1 部 5 章，144-145 頁）．ペトラルカは『無知について』（1371 年）において，プラトンを「哲学の第一人者」として次のように述べている．

> 彼ら［わが裁判官］は尋ねるでしょう．「では誰が，このような首座をプラトンにあたえたのか」．私ならこう答えましょう．私ではなく，言うなれば真理そのものがあたえたのだと．プラトンは真理そのものを把

握するにはいたらなかったとはいえ，それを観たのです．そして他のだれよりもそれに近づいたのです．……気違いじみた騒々しいスコラ学者の群れはいざ知らず，だれがプラトンに首座を与えないでしょうか．……もしほんとうにプラトンとアリストテレスについて，どちらがより偉大で優れた人物だったかと訊かれるなら，これほど大きな問題に性急な判断をくだそうとするほどそれほど私も無知ではありません．……ふたりのうち一方は王公貴顕によって賞賛され，他方は一般民衆によって賞賛されています．プラトン賛美者はより偉大な人たち，アリストテレス賛美者はより多数の人たちです．……まことにふたりとも，自然や人間のことについては，人間の知能や研鑽によって到達しうる極限にまで達したのです．だが神的なことについては，プラトンやプラトン主義者のほうが，より高く昇っています．（『無知について』第4章5および6，120-125頁）

　その後もプラトンはとりわけイタリアで高く評価されるようになる．フィレンツェの司祭フィチーノは，メディチ家の庇護を受けていた文人で，プラトンの全ての作品（1463-73年）やプロティノスの作品（1484-92年）などをラテン語に翻訳した．また主著『プラトン神学』（1482年）を著して魂の不滅を論じ，プラトンの思想とキリスト教とが相補うと主張したという（『新プラトン主義を学ぶ人のために』第9章）．さらにウォーカーが早くから指摘したとおり，フィチーノはプラトンはじめさまざまな思想を習合させ，ヘレニズム期のエジプトに成立したヘルメス文書も翻訳している．これはこの時代の太陽崇拝の思想や魔術の興隆と密接に関わっている（『ルネサンスの魔術思想』第1章（二）「フィチーノ魔術の典拠」46-47頁）．

　メディチ家の当主コジモ・デ・メディチ（イル=ヴェッキオ Cosimo de' Medici, detto il Vecchio, 1389-1464）は，プラトンへの強い関心から，「プラトン・アカデミー」という人文主義者を集めた私的サークルを主宰したと考えられている．コジモがそもそもプラトンに興味を持ったのは，東ローマ帝国

から来たプラトン学者ゲオルギオス・ゲミストス・プレトン（Georgios Gemistos, Plethōn, 1360？-1452）がフィレンツェ公会議（1439 年）においてプラトン哲学について講演を行ったことによるという．コジモは講演を聴いて「プラトン・アカデミー」の創設を思い立ち，後にそれを実行に移してフィチーノにその指導的立場を任せたといわれている．フィチーノの他，ボッカチオ（Giovanni Boccaccio, 1313-75），ベルナルディーノ・テレジオ（Bernardino Telesio, 1508-88），ジョルダーノ・ブルーノ（Giordano Bruno, 1548-1600），カンパネッラ（Tommaso Campanella, 1568-1639），そしてイングランドのトマス・モア（Thomas More, 1478-1535）などがプラトンを高く評価した代表して挙げられる．なお，こうしたプラトンに対する評価は，後世とりわけイギリスにおいて高まり，キリスト教とプラトン哲学とを総合して信仰と理性の調和を図ったケンブリッジ・プラトン学派が形成された．

　これに対して，既に述べたようにアリストテレスに多くを負ったスコラ学者たちが批判されるようになっていたが，スコラ学批判とともに，次第にアリストテレスの思想それ自体がさまざまな角度から批判されるようになる．この傾向は 17 世紀以降まで長く続くことになる．例えば，まずローマの人文主義者ロレンツォ・ヴァッラ（Lorenzo Valla, 1405？/07？-1457）は『快楽について』（1431 年）において，アリストテレス『ニコマコス倫理学』の最も重要な概念の一つである中間性（中庸）を批判し，アリストテレスの言うように徳は超過と不足の中間にのみあるのではなく，中間以外にもあり得ると主張した（『快楽について』第 3 巻二「アリストテレス批判」）．

　またガリレオ・ガリレイ（Galileo Galilei, 1564-1642）には，ピサの斜塔から重さの異なる 2 つの球を同時に落としたという伝説が残っているが，それ以外にも，ガリレオは，それまでの天体望遠鏡を改造して木星に衛星があることや金星に満ち欠けがあることなどを発見したこともよく知られていて，それらのことをキッカケとして，アリストテレスなどが唱え（『天体論』296a20 以下），トマスに受け継がれていた天動説よりも（『神学大全』I, 68 問題 4 項），コペルニクス（Nicolaus Copernicus, 1473-1543）の地動説の方が正

しいと考えるようになったと言われている．そしてその望遠鏡を使って，ア
リストテレスの説とは異なって月の表面が平坦でないことも突き止めた（ガ
リレオ『星界の報告』，18-19頁）．さらに付け加えれば，ガリレオが自作の望
遠鏡を使って夜空を眺めたことの思想史的意義は大きく，ハンナ・アレント
によれば，思弁によって真理が自ずと現れるという観想的生活優位の思想は，
アリストテレスからトマスへと受け継がれたものだが，ガリレオが望遠鏡を
使って世界に対して積極的に働きかけて真理が得られることが確証されたこ
となどを契機として大きく揺らぎ，やがて衰退していったという（『人間の
条件』第6章）．

　またフランシス・ベイコン（Francis Bacon, 1561-1626）は『学問の発達』
（1605年）において，スコラ学者の知識の源泉は，「その独裁者アリストテレ
ス」の狭い知識に基づいているため大した利益が得られないでいると批判し
ている（中公世界の名著『ベーコン』275頁）．さらにベイコンは，アリストテ
レスの論理学を集大成した著作群『オルガノン』（『範疇論』や『命題論』，
『分析論前書』，『分析論後書』などからなっている）を批判して，「諸学の大
革新」の第二部として『ノヴム・オルガヌム』（1620年）を書いた．ここで
もベイコンは，アリストテレスによって自然学は論理学の言葉以外の響きを
持たなくなってしまったと批判している（「アフォリズム第1巻63」（桂寿一
訳）『ノヴム・オルガヌム』103-104頁）．

　アリストテレス哲学に対する中世的理解に飽きたらず，アリストテレスの
著作の新しい翻訳とそれに基づくアリストテレス解釈を試みる人も出てきた．
レオナルド・ブルーニ（Leonardo Bruni, 1370頃-1444）やジャック・ルフェー
ヴル・デタープル（Jacques Lefèvre d'Étaples, 1450頃-1536），ピエトロ・ポ
ンポナッツィ（Pietro Pomponazzi, 1462-1525）などがそうである．このように，
ルネサンス期は，プラトンに対する評価が相対的に高められて，トマスの思
想の基礎とも言うべきアリストテレス哲学が再検討されていたと考えること
ができそうである．もちろん，ジョヴァンニ・ピコ・デラ・ミランドラ
（Giovanni Pico della Mirandola, 1463-94）のように，「プラトン・アカデミー」

に所属しつつも，プラトンの説とアリストテレスの説とを調和・総合させよ
うとしていた思想家もいたことも事実である．

　こうした思想史的背景があって，アリストテレス哲学に基づいたトマスの
世界観・人間観が全般的ではないにせよ，次第に影響力を減じていったので
はないかと考えられる．たしかに自然法の観念などに関しては，トマスの枠
組みそれ自体の有効性はその後も認められているところもある．クェンティ
ン・スキナーは 16 世紀に生じた「近代自然法的国家論の発展」が「トマス
主義の復活」とともに始まったと考え，パリで『神学大全』の講義を担当し
たドミニコ会士フランシスコ・デ・ヴィトーリア（Francisco de Vitoria, 1485
頃 -1546）に注目した（Q. スキナー『近代政治思想の基礎』第 14 章）．ヴィトー
リアは「近代国際法の父」として知られ，ジュネーヴの国連ヨーロッパ本部
にその胸像が置かれるほどの人物である．彼の思想はサラマンカ大学におい
て彼の講義を聴講したドミンゴ・デ・ソト（Domingo de Soto, 1494-1560）や，
イエズス会士ルイス・デ・モリナ（Luis de Molina, 1535-1600），同フランシ
スコ・スアレス（Francisco Suárez, 1548-1617）らに受け継がれた．

　いずれにせよこの時代を概観すれば，人間や世界についてのトマスの説明
枠組みが再検討されつつあったが，それに取って代わる新しい枠組みが与え
られることなく，人々は人間に対する見方を変えていかざるを得なくなる．
トマスのところで見たように，中世はどちらかと言えば楽観的な人間観が受
け入れられていたが，特に 14 世紀のペストを経験した後の時代は，そうし
た楽観的な人間観が通用しなくなって，むしろ，人間や世界に対して，悲観
的あるいは現実的な見方をするようになりつつあったのではないかと思われ
る．それは 16 世紀においてはマキアヴェッリやルター（Martin Luther,
1483-1546），カルヴァン（Jean Calvin, 1509-64），ボダン，モンテーニュ
（Michel Eyquem de Montaigne, 1533-92）などに，17 世紀においてはパスカル，
ラ・ロシュフコー（François duc de La Rochefoucauld, 1613-80）などに顕著に
見られる傾向だと考えられる．

3. 変化する現実への思想の対応

(1) 拒否・受容・揶揄

　商業の進展に伴う人間・社会の堕落，ペストの流行とそれらに対応する厳しい神観の成長，トマスの思想やスコラ学を支えるアリストテレス思想への懐疑，そして，とりわけ活版印刷術の改良という著しい現実の変化は，人々をして本来あるべき社会についてさまざまに思考させることになったと思われる．言い換えれば，より多くの人々は，著しい現実の変化に対して人間および社会の理想状態が乖離してきたことを意識し，人間や社会はいかにあるべきかを追究する営みを行うようになった．そうした営みはいくつかの種類に分けることができよう．その際，各々の思想家にとっての「現実」がさまざまであることは言うまでもない．ただ 15, 16 世紀のヨーロッパ人にとって「現実」が著しく変化しつつあること自体は共有された認識であったと考えられる．

　ある場合には進行しつつある現実を拒否する態度が見られる．14 世紀から 15 世紀にかけてアウグスティヌス修道会で修道士として生きたトマス・ア・ケンピス（Thomas a Kempis, 1380 頃 -1471）は『キリストにならいて』を著した．これは写本が多数書かれ，また数多く印刷されたことでも知られる．この作品に見られるのは，富や名誉，肉欲など限りのない現世的欲望を抑制し，ひたすら神に仕えることを重んずる禁欲的態度である．トマス・ア・ケンピスは神が最高の善であるにもかかわらず，「最高の善を得るのを最も妨げるものは自己愛である」と断言し，人間が自己に頼ることによってもたらされる悲惨さに注目する．造られたものや肉の欲に傾いたところで神の恵みは得られないからであるという（『キリストにならいて』第 3 編 10 章 132-135 頁，27 章 172-174 頁，54 章 231-235 頁など）．

　またある場合には，現実の変化に対して，それを拒否しようとするのではなく，むしろ現実が問題を抱えていることは認識しつつも，それをあえて受

け入れようとする傾向を見いだすことができる．現実を改善・改良すること
を通常，改革と呼ぶが，改革は現実を改良するために理性に基づいて推進さ
れる．ところが，ある種の思想は人間の理性が情念に妨げられたり，理性の
恒常性を保持できなかったりすることを見過ごさず，理性に基づいた改革に
よって現実がむしろ悪くなることを見越している．こうした理性に対する懐
疑的な態度を，半澤孝麿は「懐疑主義的保守主義」と呼んだ（『ヨーロッパ思
想史における〈政治〉の位相』第 4 章，288 頁）．懐疑主義的保守主義を代表す
るのは『随想録〈エセー〉』の著者モンテーニュである．モンテーニュは自
分自身を内省することによって，人間の普遍的性向を不定で矛盾したもので
あり，理性が無力であることを訴える．人間にとって本質的なのは理性より
もむしろ習慣であって，ある国民にとって最善の国制は，国民がその元で習
慣的に維持してきた国制であって，それを根底から変化させることは，病気
を治そうとして病人を死なせてしまうことと同じであると批判している（『随
想録〈エセー〉』第 2 巻 1 章，第 3 巻 9 章など）．この他，通常はルネサンス期
に含まれない 17 世紀に及ぶが，パスカルの『パンセ』やラ・ロシュフコー
『箴言集』もこれに類する思想を示していると見ることができるだろう．

　次にエラスムス（Desiderius Erasmus, 1466 頃-1536）やラブレー（François
Rabelais, 1494 頃-1553）のように堕落しつつある現実に対して批判的な視線
を注ぎつつ，これを揶揄する向きもある．聖職者や修道士の堕落は見過ごさ
れるべきでない時代の問題だったといってよいが，これを徹底的に茶化した
のがエラスムス『愚神礼讃』（1511 年）とラブレー『ガルガンチュワとパン
タグリュエル』（1532 年）である．彼らはいずれも司祭や修道士であるから，
要するに業界の内側から業界批判を展開していたといってよい．

　親友トマス・モアに捧げた『愚神礼讃』でエラスムスは，人間に幸福をも
たらすのはバカバカしさであって，理性や知識を鼻にかける神学者や高位聖
職者，修道士たちを痴愚女神モリアの口を借りて痛烈に揶揄している．これ
に対して，ラブレーは，『ガルガンチュワとパンタグリュエル』において，
現実の修道院を風刺して，これとは正反対の理想的施設として「テレームの

修道院」を描いた．フランスのトゥーレーヌ地方のシノンとその周辺を舞台
として，巨人の大酒飲みの国王ガルガンチュワが，隣国との戦争において活
躍した修道士ジャン・デザントムールに，テレームという架空の場所にある
修道院を勲賞として与えた．テレームの修道士たちは，教養も人格も備わっ
た名門出身の男女であり，彼らは現実の修道士・修道女とは真逆の生活，す
なわち時計はなく，衣服を自由に選ぶことができ，結婚してもよく，自由に
還俗でき，個人的な蓄財も認められる生活を送る．つまりいかなる規則にも
縛られない自由な生活を送るとされている（「ガルガンチュワ物語　第一之書」
52〜57章，『ガルガンチュワとパンタグリュエル』第1巻）．修道士たちを拘束
する唯一の規則は，「欲するところをおこなえ」である（「ガルガンチュワ物
語　第一之書」419頁，『ガルガンチュワとパンタグリュエル』第1巻）．ラブレー
がこれを唯一の規則としたのは，現実の修道院では規則に従う以外に何も許
されなかったにもかかわらず，修道士や修道女たちが破戒的行動をしていた
からであると考えられる．現実風刺のこうした内容から，同書はパリ大学の
禁書目録に挙げられた．

（2）　世俗国家への意識の成長

　さらにユートピアニズムが挙げられる．ユートピアニズムの代表例として
トマス・モアの『ユートピア』やトンマーゾ・カンパネッラの『太陽の都
(*Civitas solis, La citta del sole*)』（1602年）を挙げることができるが，彼らは
いずれも現実には見過ごすことのできない問題があることは承知の上で，そ
うした現実とはかけ離れた，それとは全く異なった理想の世界を描いた．注
意すべきは彼らがプラトンを高く評価している点である．プラトンはイデア
の世界と現実の世界とを区別して理想を追求したが，そうした志向はモアや
カンパネッラが理想を描く際の重要な導き手となったと考えられる．モアや
カンパネッラはいずれもユートピアを描いた作品を人々に読んでもらうこと
で，現実の社会がいかに危険な状態にあり，いかに改革の必要があるかを悟
らせようとした．

　さらにまた，ユートピアニズムと正反対の思想としてリアリズムがある．伝統的な原理が現実に対応できていないことを自覚するようになる．そうすると，確実なのは自分の経験・体験でしかないと考える．自分の経験以外何も信じない．こうした態度は，ニッコロ・マキアヴェッリやフランチェスコ・グイッチャルディーニ（Francesco Guicciardini, 1483-1540）に典型的に見られる思想・態度である．この時代のとりわけイタリアにおいてプラトンの評価が高まっていたことは上述のとおりであるが，マキアヴェッリやグイッチャルディーニなどはこれとは反対に現実を重視し，プラトン的な想像上の国家や現実からかけ離れた政治指導者像に批判的だったことに注意すべきである．

　さらに，現実を厳しく見つめ，人間の魂の救済という理想にできるだけ近づこうとする傾向が見られる．理想はキリスト教の原理に立ち返ることによって得られると考える．最も格好の具体例は，マルティン・ルターやジャン・カルヴァンなどの宗教改革者である．宗教改革者は，厳しい神観に立脚し人間の堕落を強調しつつ，聖職者の言葉や教会の既存の儀式や習慣などに疑問を持って聖書というキリスト教の根本原理に立ち返ろうとした．そして根本原理に基づいて世界を再解釈しようとするのみならず，とりわけカルヴァンにおいては世界の変革も志した．ルネサンス期を思想の混乱期として捉えると，彼らの思想はキリスト教の根本原理に立ち戻ろうとしたという意味において，一種の復古的思想と見ることができるがゆえに，必ずしも近代的なものだと断言できない点に注意すべきである．カトリックを批判する立場からは当然のこととも言えるが，彼らはまたアリストテレスやスコラ学者に対して非常に厳しい態度を取っている．ルターはとりわけ『卓上語録』や『ドイツ国民のキリスト教貴族へ』においてアリストテレスを痛烈に批判し，カルヴァンは『キリスト教綱要』においてスコラ学がキリスト教信仰を破壊していると繰り返し訴えている．

　15世紀および16世紀は，国家の役割が注目される時代でもあった．とりわけ宗教改革以後，キリスト教の分断が進み，宗派の対立が先鋭化すること

で事態は暴力の行使に発展した．こうした状況下において，国家権力に対する抵抗を主張する思想が出現したり，また逆に国家の絶対性を主張する思想，さらに国家権力の制限の必要性を訴える思想も現れた．国家の絶対性にせよ制限にせよ，とにかく国家の果たすべき役割を論じた代表的思想家としてジャン・ボダンを挙げることができる．だが，ボダンにとってはアリストテレスやトマスの想定する国家はもはや完全な共同体ではなかった．ボダンはとりわけアリストテレスが，おそらくは『政治学』（1291a20-30）において，国家権力の評議や裁判，戦争の3つの部門を単独で担うか共同で担うかを重視しなかった点を批判しているのである（*Les six livres de la République*, I, 10）．

　言うまでもなく，いずれの傾向も他の傾向の要素を多少は含んでいるが，顕著な傾向を分類すれば以上のようになろう．これらの思想傾向のうち，以後，モア，カンパネッラ，マキアヴェッリ，ルター，カルヴァンの社会思想について具体的に検討したい．

参考文献

出隆監修・山本光雄編『アリストテレス全集』［旧版］第4巻，岩波書店，1968年，村治能就訳『天体論』を所収

エラスムス（渡辺一夫・二宮敬訳）『痴愚神礼賛』中公世界の名著（渡辺一夫責任編集）『エラスムス　トマス・モア』中央公論社，1969年

出村彰・池谷文夫・中村賢二郎訳『宗教改革著作集1　宗教改革の先駆者たち』教文館，2001年

ガリレオ・ガリレイ（山田慶児・谷泰訳）『星界の報告　他一篇』岩波文庫，1976年

カンパネッラ（近藤恒一訳）『太陽の都』岩波文庫，1992年

トマス・アクィナス（高田三郎・山本清志訳）『神学大全』第5巻，創文社，1967年

フランチェスコ・グイッチァルディーニ（末吉孝州訳）『フィレンツェの政体をめぐっての対話』太陽出版，2000年

フランチェスコ・グィッチャルディーニ（永井三明訳）『フィレンツェ名門貴族の処世術——リコルディ』講談社学術文庫，1998年

ダンテ・アリギエーリ（小林公訳）『帝政論』中公文庫，2018年

トマス・ア・ケンピス（池谷敏雄訳）『キリストにならいて』新教出版社，1984 年改訂版

パスカル（前田陽一・由木康訳）『パンセ』中公文庫，1973 年

ジョヴァンニ・ピコ・デッラ・ミランドラ（大出哲・阿部包・伊藤博明訳）『人間の尊厳について』国文社，1985 年

ベーコン（桂寿一訳）『ノヴム・オルガヌム（新機関）』岩波文庫，1978 年

ベーコン（成田成寿訳）『学問の発達』中公世界の名著（福原麟太郎責任編集）『ベーコン』中央公論社，1979 年

ペトラルカ（近藤恒一訳）『無知について』岩波文庫，2010 年

モンテーニュ（松浪信三郎訳）『随想録〈エセー〉』（上）（下），河出書房新社，1966 〜67 年

ラブレー（渡辺一夫訳）『ガルガンチュワとパンタグリュエル』全 5 巻（「第一之書」〜「第五之書」）白水社，1995 年

ラ・ロシュフコー（二宮フサ訳）『箴言集』岩波文庫，1989 年

ルター（植田兼義訳）『卓上語録』教文館，2003 年

ロレンツォ・ヴァッラ（近藤恒一訳）『快楽について』岩波文庫，2014 年

ハンナ・アレント（志水速雄訳）『人間の条件』ちくま学芸文庫，1994 年

石坂尚武『どうしてルターの宗教改革は起こったか──ペストと社会史から見る』ナカニシヤ出版，2017 年

伊藤博明責任編集『哲学の歴史 4　ルネサンス』中央公論新社，2007 年

D. P. ウォーカー（田口清一訳）『ルネサンスの魔術思想──フィチーノからカンパネッラへ』平凡社，1993 年

清末尊大『ジャン・ボダンと危機の時代のフランス』木鐸社，1990 年

近藤恒一『新版ペトラルカ研究』知泉書館，2010 年

佐藤三夫編『ルネサンスの知の饗宴──ヒューマニズムとプラトン主義』東信堂，1994 年

Q. スキナー（門間都喜郎訳）『近代政治思想の基礎──ルネッサンス，宗教改革の時代』春風社，2009 年

柴田平三郎『トマス・アクィナスの政治思想』岩波書房，2014 年

根占献一『共和国のプラトン的世界』創文社，2005 年

根占献一・伊藤博明・伊藤和行・加藤守通『イタリア・ルネサンスの霊魂論──フィチーノ・ピコ・ポンポナッツィ・ブルーノ』三元社，2013 年新装版

半澤孝麿『ヨーロッパ思想史における〈政治〉の位相』岩波書店，2003 年

L. フェーヴル（ポール・ブローデル編，石川美子訳）『ミシュレとルネサンス──「歴

史」の創始者についての講義録』藤原書店, 1996 年

中公世界の名著（柴田治三郎責任編集・訳）『ブルクハルト』中央公論社, 1979 年

A. ペディグリー（桑木野幸司訳）『印刷という革命——ルネサンスの本と日常生活』
白水社, 2015 年

ホイジンガ（堀越孝一訳）『中世の秋』（上）（下）, 中公文庫, 1976 年

水地宗明・山口義久・堀江聡編『新プラトン主義を学ぶ人のために』世界思想社,
2014 年

J. ル=ゴフ（菅沼潤訳）『時代区分は本当に必要か？——連続性と不連続性を再考す
る』藤原書店, 2016 年

J. ル=ゴフ（池田健二・菅沼潤訳）『中世とは何か』藤原書店, 2005 年

R. E. ルーベンスタイン（小沢千重子訳）『中世の覚醒——アリストテレス再発見から
知の改革へ』ちくま学芸文庫, 2018 年

E. ル=ロワ=ラデュリ（稲垣文雄訳）『気候の歴史』藤原書店, 2000 年

Jean Bodin, *Les six livres de la République,* Librairie Arthème Fayard, 1986.

Marsilius of Padua（edited and translated by Annabel Brett）, *The Defender of the
Peace,* Cambridge University Press, 2005.

第9章
トマス・モアとカンパネッラ

1. はじめに

(1) 2人のユトピスト

　ユートピアニズムの傾向を示す代表としては，トマス・モアやトンマーゾ・カンパネッラを挙げることができる．この2人はユートピア思想家として通常分類され，本書もその分類を踏襲するが，しばしば見過ごされているのは2人とも政治の実践に深く関わっていたという点である．具体的には後述するが，モアは『ユートピア』執筆時にはイングランドで下院議員を務めていたし，カンパネッラは南部イタリア・カラブリア地方のスペイン・ハプスブルクによる支配からの独立運動に関わっていた．この2人は現実政治の厳しさをよく認識した上でユートピアの理想を説いていたと見ることができるのである．しかも彼らの理想社会のモデルはプラトンの哲人政治にあった．一方，両者の大きな違いはモアが敬虔なカトリックとして生涯を閉じたのに対して，カンパネッラはドミニコ会士ではあったが，教会のイデオロギーに従わず，異教的・異端的思想やデモクリトスの唯物論，無神論的思想にも魅入られたエキセントリックな人物だった．そこで，まずトマス・モアの生涯を簡単に見ておこう．

(2) トマス・モアの生涯

　トマス・モアは，レオナルド・ダ・ヴィンチと同様にルネサンス期によく

見られる多才な人物である．モアは，イングランドの国政において当時，最高の地位である大法官に上りつめ，政治家として議会で弁舌を振るい，数々の劇作を書き，良心に基づいて国王ヘンリー8世の再婚などに反対する敬虔なキリスト教徒でもあり，宗教改革者のルターや，聖書を英訳したことで知られるウィリアム・ティンダル（William Tyndale, 1494/95-1536）といった，当時の第一級の知識人と論争したりと，実にさまざまな活動をしている．

　モアは弁護士の父親と，後々政府高官になった人物の娘である母親のもとにロンドンで生まれた．子どもの頃から非常に賢く，13歳の時に，聖職者の最高位カンタベリーの大司教であり，国王の最高の助言者である大法官の地位にもあったジョン・モートン（John Morton, 1420頃-1500）の小間使いとなる．モートンはローマ教皇に次ぐ高位聖職者である枢機卿にもなった人であり，モアはそのモートンにその才能を見込まれて，彼の推薦によって15歳でオックスフォード大学に入学した．モアは大学では聖職者になるためにキリスト教全般に関する知識や，ギリシア・ローマの古典を勉強して人文主義的な教養を培った．だが，法律家の父の希望によってオックスフォードは中退し，リンカン法学院という法律専門の学校で勉強し卒業後弁護士になった．法律家としてのモアは優秀であり，訴訟の相談をしばしば受けていたという．モアはリンカン法学院に通うかたわらカルトジオ会修道院にも出入りし，その頃，オランダから渡英したエラスムスと知り合い，生涯にわたって交流を持つことになった．

　モアは，1504年にロンドン市代表として議会に選出され，国王の課税法案に対する反対演説を行った．ヘンリー8世の即位後の1510年にはロンドン市司政長官補に任ぜられると同時に再び下院議員に選出される．さらに1517年にはその弁舌と教養を買われて，国王の助言者として取り立てられた．国王の懇請を受けたのは，モア自身がヘンリー8世に改革の期待をかけていたためであると考えられる．モアは国の改革のために身を粉にして働いた．国王に仕えて才能を発揮し，イングランド国政上の最高位である大法官にまで出世する．ところが，この出世が彼の運命を大きく左右した．ヘンリー8

世は，国王に即位してから都合6回にわたり結婚・死別・処刑・離婚を繰り
返したことで知られている．ヘンリー8世は『七つの秘蹟の擁護』を執筆す
るなど，カトリックを擁護し宗教改革に対して最初は非常に反対していたが，
自分の離婚をバチカンが認めないという理由で，ローマ教会から離れて，イ
ギリス国教会を作った．トマス・モアは，国王の最初の后キャサリン・オ
ヴ・アラゴンとの離婚，アン・ブーリンとの再婚の相談を国王から受けつづ
けたが，モアはこれらを認めることはできないと考えた．特に，国王がアン
の子ども（後のエリザベス1世）に王位継承権を与えようとしたことに強く
反対し，ロンドン塔に幽閉され，処刑されてしまう．最後の言葉は「神の第
一の僕として死ぬ」と言っていることからもわかるように，モアは最後まで，
カトリック教徒として良心に従った．

（3）　トンマーゾ・カンパネッラの生涯

　イギリスのトマス・モア『ユートピア』にはプラトンに対する高い評価が
散見されるが，モアよりも後代のイタリアのカンパネッラ『太陽の都』には
そうした評価がより濃密に凝縮されている．モアの没後約30年後にカンパ
ネッラは生まれているが，両者の時代的な違いは一言でまとめれば，カンパ
ネッラが生きた時代は，カトリックとプロテスタントの対立が先鋭化し，現
実はより混乱の度を深めていたと言えよう．そこでまず簡単にカンパネッラ
の生涯について検討しよう．
　カンパネッラはスペイン・ハプスブルク家統治下のナポリ王国・カラブリ
ア地方の小さな町スティロで，1568年9月に貧しい靴職人の長男として生
まれた．子どもの頃から非常に才能に優れていたようで，両親が5歳の息子
にラテン語を学ばせ，13歳でドミニコ修道会に入れて修道士にしようとした．
カンパネッラは修道会に入会してから非常に多くの書物を読みあさったよう
であるが，特に彼が大きな影響を受けたのは，コセンツァの自然哲学者ベル
ナルディーノ・テレジオで，カンパネッラはその時までに既にアリストテレ
スの哲学に疑問を抱いていたが，テレジオの著作を知ったことから，アリス

トテレスおよびスコラ学に対する反発は決定的なものになったと考えられている。実際、1589 年に著した『感覚で確証された哲学』においてテレジオ思想を擁護してアリストテレスを神の敵と規定したという（澤井『評伝カンパネッラ』第 4 章）。

その後、当時の文化都市ナポリでデッラ・ポルタ家のジャンバティスタ（Giambattista della Porta, 1535 頃 -1615）と知り合い、魔術や占星術の研究に没頭する。またパドヴァではガリレオ・ガリレイと知り合っている。このように当時の先進的な学問に触れることで知識・経験を蓄えた。後年、カンパネッラは『ガリレオの弁明』（1616 年）を書いた。カンパネッラの思想には反スコラ的・反アリストテレス的な色彩が濃厚であると同時に、後述するように親プラトン的な特徴がある。カンパネッラがガリレオを弁護したことと、太陽崇拝的思想と関連づけられていたプラトンを評価したこととは無関係ではないであろう。

上述のように、カンパネッラはテレジオの思想に惹きつけられたが、しかしテレジオ思想への接近はトマス・アクィナスの思想に対する反発と解釈されてドミニコ修道会内部から批判され、やがて教会から異端の嫌疑を受けて宗教裁判にかけられるが、これに従わなかったため 1594 年には逮捕されて拷問を受けるなど波乱に富んだ前半生を送った。獄中において彼は、オスマン帝国の西方への伸張を意識してハプスブルク家によるイタリアの保護を期待したり、オランダ独立戦争を鎮圧する方策を論じたりする論文を書くなど、ハプスブルク家に有利な立場に立った。

カンパネッラはカトリック教会によって異端誠絶の誓いを立てさせられた後、今度はカラブリア地方をスペイン・ハプスブルク家の支配から独立させようとする運動に加担する。反乱者たちは独立後の計画として、カトリック教会の既存の階層制を改めて新しいキリスト教共和国を建設し、その国家の元首ならびに立法者としてカンパネッラを予定していた。カンパネッラ自身も自分自身を「預言者」と考えて運動の中心であろうとした。故郷スティロでスペインの統治に不満を蓄積させたコンテスタービリ家の人々とつながり、

陰謀をめぐらせた．しかし蜂起の首謀者たちは同床異夢だったようで仲間との行き違いなどがあり，陰謀は露見してカンパネッラは逮捕され，その後27年間にわたって獄中生活を余儀なくされる．この幽閉生活は，死刑を免れるために狂人を装い，それによって40時間中断なしで宙づりにされるなど過酷なものだったが，この獄中で書き上げた作品には『スペイン帝政論』（1600年）や，本章で検討する『太陽の都』（1602年）がある．『太陽の都』は内容的には反アリストテレス，親プラトン的な色彩の濃いユートピア作品であるが，その一方で，新大陸の発見は，スペイン人が世界を統一するためだったという一節がある（『太陽の都』「10　世界の現在と将来」，101頁）．ユートピアへのあこがれと現実変革の志向との間にはどのような関係があるだろうか．この問題については後述しよう．

　釈放された後も宗教裁判にかけられ再びローマで幽閉されるが，占星術によって死の預言を受けた教皇（ウルバヌス8世）の相談に乗り，教皇のために天体の影響から逃れる方法を述べた占星術の冊子を書いたり，教皇の手になるラテン語詩に注釈を付けたりと教皇に取り入って再び釈放された．その後，弟子の反スペイン運動に対する連座の疑いをかけられたためフランスに亡命する．ルイ13世からは年金を受け，またカトリックの神父として晩年を過ごした．フランスに王位継承者（後のルイ14世）が生まれると，未来の国王を占星術によって占い，この未来の国王によってやがて世界は1つのキリスト教王国の下に統一され平和が訪れるであろうと予言した．

2.　『ユートピア』

(1)　『ユートピア』という作品

　ここではトマス・モアの社会思想を『ユートピア』（1515, 16年）を中心に検討する．まずこの作品の性格と構成について述べておきたい．

　ユートピア（Utopia）という言葉は，「どこにもない」という意味でモアの造語である．モアが作品『ユートピア』を書いたのは，彼がまだ宮廷に入

る以前で，下院議員として活動していた時期である．つまり国王権力とは少し距離があったときに書いたので，おそらくいろいろな気遣いを図る必要があった．モアは自分の思想を自由に展開するために，架空の場所や登場人物を想定して，現実を相対化する理想郷を描いた．そうした理想郷の提示は現実が絶対的に優れたものではないことを暗示していると解釈されうるため，モアはこれを英語で書かずにラテン語で書いた．たとえ内容的に非難されても，当時のヨーロッパの知識人の共通語で書いたので，読者は英国の知識人だけではないと主張できる．『ユートピア』には非難を避けるためのさまざまな工夫がなされている一方で，読者を楽しませる風刺や冗談めいたものも随所に散りばめられている．

　構成は二部構成であり，第一部は，作者モアと，エラスムスとの共通の友人ペーター・ヒレス，そしてアメリゴ・ヴェスプッチの船団に加わっていたという架空の人物でポルトガル人旅行者ラファエル・ヒュトロダエウス（Raphael Hythlodaeus, 英語名ヒスロディ）の鼎談の叙述になっている．第一部は，ヒュトロダエウスがイギリスを旅行した際に，モートン枢機卿や法律に詳しい俗人と対話する機会を持ったことから，彼らとの会話の内容をペーター・ヒレスとモアに話して聞かせるという叙述形式になっている．ヒュトロダエウスは数カ月間イギリスに滞在して見聞したことについて報告するが，モアは，当時のイギリスの現実の政治・社会が堕落・腐敗しているとヒュトロダエウスの口を借りて批判する．堕落・腐敗の原因は，不平等による独占・寡占，私有財産制である．第二部は，ヒュトロダエウスが5人の仲間とともに5年以上生活したという，世界から隔絶されたユートピアという島で，人々が暮らしている様子が伝えられている．そこには第一部で批判したイギリスの社会とは全く異なった社会像が描かれている．そのことの意味については後述する．

(2)　『ユートピア』第一部・イギリス社会の腐敗の原因

　モアはヒュトロダエウスの口を通じて現実のイギリス社会を批判するが，

まずイギリスは盗みが多い社会であって，非常に治安がよくない状態にある
という．政府はこれに厳罰で臨み，盗みを働いただけで絞首刑に処すことが
あるという点を指摘する．ところがモアは処刑という厳罰の効果が薄いこと
を指摘し，盗みが多いことの原因は，実は所有の不平等があるからだと分析
する．モアの有名な言葉に「羊が人を食う」という警句があるが，モアは，
イギリス社会の腐敗の原因は，土地の囲い込みによって小作人が農村から追
放されることにあると言っている．ヒュトロダエウスはモートン枢機卿から
人に盗みを働かせる理由を聞かれて次のように答えている．

　お国の羊です．羊は非常におとなしく，また非常に小食だということに
　なっておりますが，今や［聞くところによると］大食で横暴になり始め，
　人間さえも食らい，畑，住居，都会を荒廃・破壊するほどです．この王
　国では特に良質の，したがって，より高価な羊毛ができる地方ではどこ
　でも，貴族，ジェントルマン，そしてこれ（怠惰と贅沢）以外の点では
　聖人であらせられる何人かの修道院長さえもが，彼らの先代当時の土地
　収益や年収入だけでは満足せず，また公共のためになることを何もせず
　に怠惰で贅沢な生活を送っているだけでは満足しなくなっており，か
　えって公共の害になるようなことをしています．つまり耕作地を一坪も
　残さずに全てを牧草地として囲い込み，家を取り壊し，町を破壊し，羊
　小屋にする教会だけしか残しません，さらに，大庭園や猟場をつくるだ
　けでは土地をまだ占領したりなかったかのように，こういう偉い方々は
　全ての宅地と耕地を荒野にしてしまいます．

　　ですから，飽くことを知らない貪欲，祖国をむしばむ恐ろしい疫病で
　もあるような貪欲というあの一人の男が，畑を合併して何千エーカーも
　ある土地を一つの垣で囲い込めるために，小作人は追い立てられるので
　す．（『ユートピア』第1部，366-367頁．以下翻訳は全て沢田昭夫訳，中公
　世界の名著『エラスムス　トマス・モア』に所収，ただし一部改訳）

　モアによると，こうした囲い込みが進んだ結果，小作人が土地を追われて，窮乏し，切羽詰まって盗みを働いたり物乞いをしたりすることになる．また耕作地が牧草地に転用されたことから，耕作地の不足が原因となって食料品が高騰する．さらに大量に飼育されているのに羊の値段が下がらないのは，一部の羊の持ち主たちが羊が高くなるまで売ろうとしないからである．つまり羊価格の騰貴のからくりは，独占・寡占にある．また社会全体の風俗が乱れて，人々が浪費的になってきたために，人々はより窮乏化していると指摘している．賭事や美食，華美な衣装が流行することで，人々はますます貧困になり，やはり泥棒が横行すると分析している．

　法律家でもあるモアが，イギリスの農村の悲惨な状況を知ったのは，おそらく法廷を通じて，土地の囲い込みによって被害を受けた農民の申し立てを耳にすることからであったと推測される．こうした一部の情報からではあるが，モアはそれをイギリス全体の傾向として，問題の根元を突き詰めようとする．そして到達したのが私有財産制という問題である．モアはプラトンを非常に高く評価しており，プラトンの名前を引き合いに出しつつ私有財産制を厳しく批判している．モアは，ヒュトロダエウスに，こんなことを言わせている．

　　要するに，こういうこと全てをじっくりと考えてみて，私はプラトンをもっと正しく見るようになりました．……この賢人中の賢人は，公共善への唯一無二の道は，全てのものを平等な立場に置くことだとさっそく予見したのです．……ですから私は，私有財産制がまず廃止されない限り，物が，どんな意味においてであれ，平等，公平に分配されることはなく，人間生活の全体が幸福になるということもないと確信しております．（『ユートピア』第１部，395-396頁）

　後年，社会主義者に高く評価されたモアではあるが，しかしモアはこの言明の直後に私有財産制を完全に除去することはできないと主張していること

には注意しておきたい.

(3) 『ユートピア』第二部・ユートピア構想

　すでに述べたとおり，モアはヒュトロダエウスの口を借りてユートピア島
での人々の生活を報告している．これが第二部である．世界から隔絶された
ユートピア島での生活様式の特徴は，人々が同じ服を着て，同じ家に住み，
同じ食事を摂るというように徹底的な平等を目指した社会，すなわち目立つ
ことが拒否されているという点である.

　産業に関していえば，人々は農業に携わっていて，商品交換の全くない世
界に生きている．全員が農業に携わり，また全員が，農業以外の例えば大工
職であるとか，毛織物業であるとか，石工職であるとか，もう 1 つの職能を
身につけることとされている．これは人々が都市と農村に 2 年交代で住むこ
とになっていることと関係が深い．つまり農村では農業に携わり，都市では
手工業に携わる．農村には，土地に縛られた奴隷の他に，40 名以上の男女
がいて，30 世帯ごとに 1 人の部族長がいることになっている．各農村から
毎年，農村で 2 年暮らした 20 人が都市に帰ることとされている．全員が同
じような生産労働に従事して，怠ける者がいなければ，1 日の労働時間は 6
時間で足りるとモアは断じている．残りの時間は余暇に費やし，学問研究や
音楽や会話を楽しむことになっている.

　モアの社会思想の 1 つの特徴として，怠け者に非常に厳格である点を指摘
できる．皆が等しく労働に従事することで社会全体の生産力を高めることを
目的として，怠けることができないように共同体の単位を小さくし，人々が
相互に監視できるような工夫がなされている．それゆえビアホールや密会所
などのない，プライベートが保障されない社会が描かれている.

　また基本的に貨幣経済に対して非常に厳しい批判を下している．よく知ら
れているようにユートピア島では，金や銀などの貴金属の価値を徹底的にお
としめる工夫がされ，例えば金や銀は便器に使われたり，奴隷の足かせに使
われたり，犯罪者の目印として使われたりしている.

> ……金や銀では，公共の会堂でも私人の家でも使われる便器とか，もっとも汚い用途にあてるその他の容器を作るのです．さらにまた，奴隷をつないでおくための鎖や太い足枷（あしかせ）も同じ金属で作られます．おまけに，なにかの犯罪で名誉を失ったひとの耳には金の環を下げさせ，指には金の指環をはめさせ，首には金の鎖をまきつけさせ，それから頭には金の帯をしばりつけさせます．このようにして，彼らは，自分たちの社会では金銀を恥ずべきものとするようにあらゆる手段を用いてつとめています．（『ユートピア』第2部，425頁）

　また自分が借金もせず奉公人でもないにもかかわらず，金持ちをただ金持ちであるという理由で崇める人々をユートピア人はもっともこれを嫌う．こうした貨幣および貨幣経済に対する批判的な視線は，商業社会の進展に対してモアがこれを好ましくないと考えていたことをうかがわせる．

　さらに政治制度としては，各都市・各農村ともに，共同体として自治が行われている．30世帯が1人の部族長を選び（任期1年），10人の部族長のまとめ役として部族長頭領が選ばれる（任期1年）．200人以上の部族長たちが1人を選出し，終身の都市頭領とする．したがってユートピアの統治形態は，都市頭領に着目すれば選挙王政的であり，また部族長に注目すれば共和政的でもある．両方の混合形態といっていい．そして選挙された統治者の仕事は，生産労働の管理・指導や民事的紛争の調停である．ユートピアでは万人が生産労働に携わるが，例外的に学者身分の人々は農業その他の労働を免除されている．彼らは学問研究に従事しつつ，外交使節や聖職者，部族長頭領，都市頭領などに選出される．

　宗教に関して重要なのは，相互監視社会ではあっても，信仰の自由が保証されている点である．人は自分の宗教を他人に勧めることが許されている．ただしそのときにも慎みをもって理性的に訴え，決して暴力的に他の宗教を排撃してはならない．

　何を信ずべきかは各人に任されているが，神（ミトラス）は讃えなければ

ならない．厳しく禁じられているのは唯物論ならびに無神論である．すなわち霊魂は肉体とともに滅びるとか，世界が神の摂理と無関係に動いているという考えである．そのような思想を持つ者は同じ社会を構成する市民として認められない．そうした人間は法律以外に恐れるものを持たず，肉体とは異なる次元に希望を持っていないので，自分の私的欲求を満足させるためには法の網をかいくぐるか秩序を破壊するかどちらかに違いないからであるという．

　それでは，以上のような理想を描くことで，モアはどういった問題をどのように解決しようとしていたのか．次にこの問題を検討したい．

(4)　改革者モア

　古典古代の文芸に通じていた教養人・人文主義者モアは，『ユートピア』を書き上げる以前から，また執筆中にもヘンリー 8 世によって，宮廷に出仕するように懇請されていた．そして書き上げて間もなく，実際に国王の参議官になる．そして修道士か法律家かどちらになるかで一時的に悩んだにせよ，結局法律家の道を選んだ．若い頃から既存の社会の出世の階段を登ろうとしていたということになる．彼自身は土地を奪われた小作人ではなく，また追放された亡命者でもなかった．むしろ彼はイギリス社会のヒエラルキーのかなり上部にいた．それゆえ，モアが現実のイギリス社会を批判しているとはいえ，理想的なユートピアの価値を高めることによって，既存のイギリス社会の現実を完全に否定してしまおうとしているのではない．

　むしろイギリスの社会の改革を期待してユートピアを描いたのではないか．そう考える手がかりとして，読者の問題がある．塚田富治によれば，モアは『ユートピア』の読者として，イギリス以外の諸外国も含めて国政やロンドン市政に関わる人文主義者か，人文主義的教養に溢れた聖職者や貴族を想定していた．彼ら人文主義者は，国家や社会のリーダーとしてのハッキリした義務意識に支えられて政治に関与していた（『トマス・モアの政治思想』特に第 2 部 5 章 2 節を参照）．したがって，モアがイギリス社会を批判し，それと

は全く異なる理想社会を描いたのは，そうすることによって，政治指導者を触発し，彼らに，改革の担い手になってほしいと考えていたのではないかと思われる．

　しかしそうであるからといって，モアはそうしたリーダーたちに，第二部の理想社会をそのまま実現する努力をしてほしいと願ったのかということではない．ユートピアはあくまでも理想であって，現実に存在する人間を前提とする限り，実現できるとモアが考えていたとは思われない．むしろ，極端な理想を描くことで，これを鑑として，心ある読み手を恥じ入らせることを意図していたのではないか．ユートピア島の人々の信仰については，それが異教なのかどうかについて諸説あるが，ユートピア人がヒュトロダエウスとその仲間からキリストの教えを知って多くの者が改宗したと書かれていることを考えれば（『ユートピア』第2部9「ユートピア人のいろいろな宗教について」，469-470頁），神の存在と世界創造が前提とされているとはいえ，元々の彼らの信仰がキリスト教そのものであるとは言えないであろう．原罪の観念もなければ救済への道としての秘蹟も見られない．つまりユートピア島は，読み手にとっては異教徒の地に見えるであろう．モアはその異教徒たちですら，キリスト教の国で自由民であるよりもユートピア島で奴隷である方がずっと幸福であるような立派な国を創りうるということを知らせて，自分たちはこれではいけないのではないか，という反省を促そうとしていると考えられるのである．

3. 『太陽の都』

(1) 『太陽の都』におけるユートピアニズム

　さて，カンパネッラ『太陽の都』は，マルタ島にその主座を置くヨハネ騎士団の騎士と，その客人で，コロンブスの航海士を務めたというジェノヴァ人との対話篇であり，ジェノヴァ人が最近航海から帰ってきたばかりの赤道直下のタプロバーナ島という，現在のスマトラあるいはスリランカと考えら

れている島における人々の生活についての報告がなされている．そしてこの
島にある「太陽の都」の建築構造，その統治形態，人々の性生活，軍事，食
事と健康法，学芸と役人，宗教など10項目について，騎士に語るという形
式の下に書かれている．この作品は，非常に多くの点でプラトンの思想を肯
定的に受容していて，アリストテレスの説を批判している．

　「太陽の都」は，プラトンの理想社会に酷似しており，女性や食糧，学問
などあらゆるものが共有され，個人の専有が認められない．対話の一方の話
者ジェノヴァ人は，所有権は自分の家を造って妻と子どもを持つことから生
じ，自己愛はそこから生まれると述べている．息子をできるだけ資産家や高
官にしようとしたり，大きな資産の相続人にしようとするあまり，公共のも
のを横領したり詐欺や偽善が生まれたりするのであり，自己愛さえなくなれ
ば公共への愛だけが残るのだという．これに対してもう一方の話者である騎
士は，あらゆるものが共有になってしまうと誰も苦労して働こうとせず，他
人の労働を当てにするようになるのではないかという，プラトンに対してア
リストテレスが投じた疑問を提示する．これに答えてジェノヴァ人は，太陽
の都の市民は古代ローマ人よりも愛国心に富み，それゆえ私有財産に無頓着
なのだという．

　「太陽の都」の統治方法に関しては，「太陽」(ho) と呼ばれる聖職者が統
治者として君臨する一種の神政政治が敷かれている．「太陽」はさまざまな
民族の歴史，祭祀・祭礼，いろいろな政体の国家，立法者たちや学芸の創始
者たちについてあらゆることを知った上で最終的な政策決定を下す．カンパ
ネッラは「太陽」について「多くの学問に精通できるのは万事に優れた天分
を備えた人だけで，したがって常に統治にも最適な人となる」と述べており
（「3　政体・職務・教育・生活形態」），「太陽」をプラトンの哲人のような存在
として描いている．「太陽」は「力（pon）」（戦争，平和，軍略を司る）と
「知恵（sin）」（学芸を管轄）と「愛（mol）」（教育，医学，薬学，播種収穫，
食事，衣服，性生活を管轄）という3人の補佐役に助言を受けて統治を行う．

　この4人の統治者は，役人の選任を行うが，その候補者を教育するやり方

がプラトンの『国家』で述べられている方法によく似ている．男女の別なく3歳から言語教育と体育を受け，また様々な技術の仕事場に連れていかれ，適正を判断される．7歳を過ぎると数学や医学，農耕と牧畜など自然の諸学問を教えられる．ここで厳しい競争が行われて，それぞれの学問や技術において優れたものがやがてその分野の役人の候補になる．その後も，数学や自然学や占星術，歴史，技術などを研究するとされている．要するに，幼いときからスパルタ的なエリート養成教育を受け，やがて国家社会のリーダーになる．

　こうした国家のエリートたちに，人々は厳格に管理されて生活している．その生活様式のうち特に性生活はプラトンの影響および新プラトン派に多くを負ったフィチーノなどの魔術思想の影響が見られる．すなわち若者は，男性の教師と女性の教師たちが太陽や惑星の位置関係に応じて出した指示の下に交わり，優秀な（精力的で大きな）男は優秀な（大きくて美しい）女と，またやせた男は太った女と，太った男はやせた女と交わるとされている．ただし，子づくりに不適格と見なされた男女は交わることが許されない．ただ同性愛は厳しく禁じられていて，この点は古代の風習やプラトンの考え方とは大きく異なっている．要するに性生活という，非常に私的な営みは，あくまでも共同体を支える市民の再生産という視点にのみ基づいて徹底的に管理されている（『太陽の都』「4 性生活」）．

　「太陽の都」の市民たちはまた，軍務，農耕，牧畜を共同で行う．市民たちはこれらを最も高貴な仕事と考えていて，これらのなるべく多くの業務に通じたものが最も高貴な人とみなされる．また，鍛冶や大工仕事のような有益な仕事は，最も賞賛されている．もちろん人々は自分に最も適した仕事に従事していて，労働の配分も適正になされている．皆で協力して生産に従事していて，4時間未満の労働時間で共同体は健全に運営された，理想化された共有制の社会が営まれている（『太陽の都』「6 仕事」）．

　労働に関して特筆すべきは身体的障がいを持つ者も共同体の中で何らかの仕事に従事し，それぞれにとって可能な役目を担っているとされている点で

ある．

> さらにすばらしいことには，彼らの間ではどのような身体的障害も，人
> 間を無為徒食の人にはしません．ただひとつの例外は老衰ですが，それ
> でも老人は老人で相談役の務めだけは果たしています．足の不自由な者
> は目をもって見張り役を務めますし，目の見えない者は，羊毛を梳いた
> り，マットレス用の羽毛を羽根の筋からむしりとったりして働き，手の
> ない者は他の仕事をします．（『太陽の都』「4 性生活」51 頁）

　カンパネッラはトマス・モアほど商業に対して拒否反応は示さないが，貨
幣の流入には警戒的である．貨幣は外交使節が派遣先で使用できるようにす
るために鋳造され，世界各地から来訪する商人に余剰品を譲るが市民たちは
貨幣を受け取りたがらないという．彼らはまた商業が活発化することで外国
の風習による悪影響を避けようとする．
　最後に宗教について述べておくと，獄中で書かれたこの作品は教会から異
端的あるいは異教的という批判を受けることを回避するために，何度か改訂
されたという（『太陽の都』，訳者による「解説」172-174 頁）．それゆえ自己弁
護，自己防衛のためにキリスト教会に受け入れられやすいように改訂された
と考えられるため，どこまでがカンパネッラの本音でどこからが真意の偽装
なのか判別しにくい面がある．そのことを踏まえて考察すれば，まず最高の
聖職者である「太陽」は神に祈り，本当の犠牲を伴わない供犠を行う．「太
陽」を補佐する聖職者や役人たちの役目は罪を犯した者の「良心の浄化」で
ある．「太陽の都」の市民たちは恒星としての太陽を神の象徴として崇拝す
る．太陽はあくまでも神の象徴であって，神そのものではない．「太陽の
都」の神は「全知全能にして善そのもの」である（『太陽の都』「9 宗教と世界
観」83-97 頁）．これは明らかにプラトンからヒントを受けている．プラトン
は太陽を善のイデアそのものとはもちろん考えないが，それを説明するため
の重要な手がかりとして太陽を比喩として用いているからである（『国家』

506B-509B). この他，宗教論で見過ごすことができないのは，アリストテレスの名が挙げられるとともに世界の永遠性が否定され，世界の創造と終末が支持されていること，霊魂不滅説が唱えられている点，悪と罪の根源を意思の欠如に求めていることなどであり，やはりプラトン思想からの感化と，キリスト教の教義との整合という工夫がみられる．

(2)　ユートピアへのあこがれと現実変革の志向

カンパネッラはユートピア思想を展開する一方で，現実の状況を見極めそれを変革していこうとする志向の強い人物であった．こうした思想と志向とはどのように関係するだろうか．最後にこの問題を考えたい．

カンパネッラが生きた時代は言うまでもなく，新旧両派の対立でヨーロッパは混乱の極みにあった．16世紀後半のユグノー戦争や17世紀前半の三十年戦争はそれをよく象徴する．カンパネッラにとってこれらの出来事は，プロテスタントによるヨーロッパ支配という危惧をあるいは抱かせたかもしれない．魔術，占星術の流行に感化されたカンパネッラは，天体の運動や位置関係が人間社会に大きな影響を及ぼすと信じて疑わなかった．実際，彼は天体が人間に影響を与え，ときに異端に導くことを指摘し，実際に異端に導かれた実例としてルターを名指しで挙げている（『太陽の都』「10 世界の現在と将来」）．

だがその一方でカンパネッラは人間は全て天体の運動や位置関係に支配されているのではないと考える．人間には自由意思があり，それは天体の影響にも挫かれないという．カンパネッラはそのことを強調するために，自己の過酷な経験を交えながらジェノヴァ人の口を借りて次のように述べている．

　　これだけは知っておいていただきたいのですが，彼らは意思の自由を信じています．そして彼らの言いますには，ある人間が四十時間ものあいだ拷問を受けても，いったん決意した沈黙をまもって，ついに口を割らなかったところを見ると，遠くの方から影響を及ぼす星でさえも決して

強制することはできないのです．……聖パウロも言いますように，異端
は感覚の働きによるものです．そして星の影響により，感覚的な人は異
端へと導かれ，理性的な人は，つねにたたえられるべき第一の「理性」
の聖なる真の法へと導かれるのです．（『太陽の都』「10 世界の現在と将
来」106 頁）

　ここで感覚に影響されている例として挙げられたのがルターだったのに対
して，理性の真の法に導かれる例として挙げられているのは，イエズス会や，
メキシコを征服したコルテス（Hernán Cortés, 1485-1547）である．教会およ
び修道会から異端視されながらも，カンパネッラはプロテスタントの勢力増
強に危機意識を抱き，結局のところスペインやフランス，ローマ教皇といっ
たカトリックの有力な主体による世界の（再）統一を期待していたのではな
いだろうか．

参考文献

カンパネッラ（近藤恒一訳）『太陽の都』岩波文庫，1992 年
中公世界の名著（渡辺一夫責任編集・訳）『エラスムス　トマス・モア』中央公論社，
　　1980 年，沢田昭夫訳『ユートピア』を所収
塚田富治『トマス・モアの政治思想──イギリス・ルネッサンス期政治思想研究序
　　説』木鐸社，1978 年
塚田富治『政治家の誕生──近代イギリスをつくった人々』講談社現代新書，1994 年
澤井繁男『評伝カンパネッラ』人文書院，2015 年

第**10**章
マキアヴェッリ

1. はじめに

(1) マキアヴェッリの生涯

マキアヴェッリは1469年フィレンツェに生まれた．父は弁護士でフィレンツェの財務官ではあったが裕福ではなかった．幼少期のことはよく知られていない．しかし，早くからラテン語を勉強し，ギリシア・ローマの古典，特に，読書家の父の本棚にあったティトス・リウィウス（Titus Livius，前59-後17）の『ローマ史』（全142巻だが現存しているのは1〜10巻，21〜45巻）をよく読んだ．勉強はほとんど独学だったという．

マキアヴェッリの思想，特に有名な『君主論』や『リウィウス論（ディスコルシ）』を考察するときに，見過ごすことができないのは，祖国フィレンツェの国内政治の変遷と，国際環境の変遷である．したがってそれらの変遷にも目配せしつつ生涯について簡単に紹介しておく．

マキアヴェッリが生まれた当時のフィレンツェは，メディチ家支配下のヨーロッパ随一の国である．東方との貿易で栄えたフィレンツェは，14世紀から16世紀にかけて経済的に大変発展していた．アラビア数字をいち早く導入し，小切手や担保など経営・取引に適した工夫がほどこされたために商業が活発化していた．メディチ家はこのようなフィレンツェにおいてヨーロッパ各地に支店を展開する金融業によって繁栄し，フィレンツェを実質的に支配するようになる．メディチ家は金融業によって蓄えた莫大な富によっ

てミケランジェロやボッティチェリ，レオナルド・ダ・ヴィンチなどの芸術家を保護・育成していたことは非常によく知られている．フィレンツェは経済的・文化的には繁栄していたが，政治的には非常に不安定であった．すなわち13世紀からグェルフィ（教皇党）とギベッリーニ（皇帝党）との対立が続いていたし，ダンテ・アリギエーリを巻き込んだことで知られるグェルフィ自体の内部対立も見られた．

　マキアヴェッリの同時代に目を向ければ，ロレンツォ・デ・メディチ（イル=マニフィコ）が1492年に没すると，フランス国王シャルル8世がイタリアに軍隊を差し向けた．これに対してフランス軍の入城を許した後継者ピエロ・ディ・ロレンツォ・デ・メディチ（Piero di Lorenzo de' Madici, 1472-1503）は，市民の信頼を失った．フランス軍の進軍を「北方からの国王の到来」として予言したとされるドミニコ会士ジローラモ・サヴォナローラ（Girolamo Savonarola, 1452-98）が人々の信頼を勝ち取り，共和政を復活させて，神政政治を行った．しかし彼はバチカンを非難したり，芸術を破壊したり（「虚栄の焼却」），課税したりしたため人々の反感を買い，異端の判決を受けて処刑されてしまう．

　マキアヴェッリがフィレンツェの政庁パラッツォ・ヴェッキオに入り，第二書記局書記官に任ぜられるのは，このサヴォナローラの処刑直後のことである．マキアヴェッリの仕事は，主として外交・軍事に関する事柄であった．就任直後に国家の最も重要な行政機関である「十人委員会」に所属する．また，外交官として外国に派遣されて，外国の為政者と交渉し，フィレンツェの国益増進に献身することもあった．実際，フィレンツェが持っていなかった国民軍・市民軍の創設は，彼の功績によるものである．こうしてその後の15年間を官僚として生活する．彼の社会思想の形成過程に関して，この15年間の外交官・国家官僚としての経験は重要である．とりわけ見過ごせないのは，教皇アレクサンデル6世（ロドリーゴ・ボルジア Alexander VI, Rodrigo Lansol y Borgia, 1431-1503）と娼婦の間に生まれたとされるチェーザレ・ボルジア（Cesare Borgia, duc de Valentinois, ヴァレンチノ公, 1475/76-1507）と

の出会いである．チェーザレは，父親である教皇の後ろ盾を頼みにして権謀術数の限りを尽くしてイタリア各地を征服・攻略した．フィレンツェに対しても契約を申し出たり共和国政府の変更を迫ったりするなど大きな脅威となっていた．マキアヴェッリは，チェーザレと実際に外交交渉に臨み，またチェーザレの指導者としての働きを見聞きするにつけ，その才能を高く評価し，そこから統治の技術に関する考察を深めた．

　マキアヴェッリは，外交官・国家官僚として 15 年間を過ごしたが，その職を解かれるときが来る．ローマ教皇とフランスとの対立に際して，フィレンツェが中立政策をとったため政変が起こり，マキアヴェッリの上司である行政長官「正義の旗手」ピエロ・ソデリーニ（Piero di Tommaso Soderini, 1450-1522）は脱走する．あとに残った官僚マキアヴェッリは解任ののち逮捕され，反メディチの陰謀に連座したと疑われて拷問を受ける．その後，メディチ家出身の新教皇レオ 10 世（Leo X, 1475-1521）の即位にともなう大赦令によって釈放された．

　釈放後，失意に満ちたマキアヴェッリは郊外の山荘に引きこもった．この失職中の思想的活動として重要なのが，『リウィウス論』と『君主論』の執筆である．

　『君主論』は，マキアヴェッリが外交官として実務に携わっていた経験や，国内・国際政治の有りようを自分の目で見た結果，人間とはどのような存在で，政治とはどのように行うべきか，国家はどのようにあるべきかを考察し，ジュリアーノ・ディ・ロレンツォ・デ・メディチ（Giuliano di Lorenzo de' Medici, duc de Nemours, ヌムール公，1479-1516）とロレンツォ・ディ・ピエロ・デ・メディチ（小ロレンツォ，Lorenzo di Piero de' Medici, duca di Urbino, ウルビーノ公，1492-1519）という 2 人の最高権力者に献呈して，再び官僚として採用してもらおうとした再就職論文である．マキアヴェッリは当時，既に妻と 5 人の子どもがあり，何とか生計を立てたかった．結果的に，献呈しようとした相手は，2 人とも献呈する前に亡くなってしまったので，『君主論』は，マキアヴェッリの生前には刊行すらされなかった．初めて出版され

たのはマキアヴェッリ没後の 1532 年である.

　マキアヴェッリの社会思想を考察するとき,『君主論』の他にもう 1 つ重要な作品がある. それは, ダンテが評価したことで知られるようになったと考えられている『リウィウス論』である. こちらは, 現在では『君主論』よりも以前に執筆開始され, 完成したのは 1522 年以降と考えられる. この作品はリウィウス著『ローマ史』を元にして古代ローマ共和政に理想を見いだし, その内政や外交（戦争の方法）, 共和政の衰退とその防止策を論ずることで, 同時代のフィレンツェがこれを模倣することによっていかに自由を保持しうるかを考察した作品である. ポーコックの有名な研究である『マキアヴェリアン・モーメント』（1975 年）は西洋における共和主義思想の展開に, 主として『リウィウス論』に示された思想が大きな役割を果たしたことを明らかにしている. すなわちそれは, 市民としての徳を制度化することによって共和国を腐敗から免れさせ, 持続的に安定させるべきことを後世に伝える役目を果たしたというのである（『マキァヴェリアン・モーメント』第 7 章）.

　失職して執筆活動にたずさわった後, マキアヴェッリは, 政府に再び取り立てられ, 外交官としてルッカやヴェネツィアなどのイタリアの都市へ赴任したが, 神聖ローマ皇帝カール 5 世（Karl V, 1500-58, 在位 1516-56）がローマを侵略したあおりで, フィレンツェも再び内乱が生じ, 罷免されて間もなく亡くなった.

(2) 『君主論』の構成

　ここでは, 主として『君主論』を素材としてマキアヴェッリの政治・社会思想を考察する.『君主論』は全 26 章からなり, 内容的には 3 つに区分される. 第 1 に国家の分類（1〜11 章）, 第 2 に君主はいかに統治すべきか（12〜23 章）, そして第 3 にイタリア論（24〜26 章）である. 1 番目の区分についていえば, マキアヴェッリは国家を君主国と共和国とに二分し（1 章）, さらに君主国を世襲の君主国（2 章）と新君主国とに二分した（3 章）. さらにまた新君主国が既存の君主国を併合した場合（4 章）と共和国を併合した場合

（5章）を考えている．また新しい君主国の権力の獲得方法が，力量（ヴィル
トゥ，後述）によるものか，他国の武力の力添えも含めた運によるものか（6,
7章），悪辣な行為によるか市民の後押しによって獲得されたものかで区別
される（8, 9章）．この他，新君主が直面すると想像される非常にさまざまな
場合が想定されている．

　なぜこうした分類がなされたか．分類ごとにあてられた紙幅は新君主国に
多く割かれており世襲の君主国は少ない．このアンバランスは国家を単に理
論的に整理したのではないことをうかがわせる．『君主論』は遅くともマキ
アヴェッリが失職して間もない1513年11月には書きはじめられている．鹿
子生浩輝によれば，献呈を予定した相手のジュリアーノがどの地方を獲得で
きるかこの時点で予想するのは困難だったため，マキアヴェッリにとっては
どうしても国家を分類する必要があったという．割かれた紙幅から見てマキ
アヴェッリの意識には新しい君主国が重要な地位を占めている．それゆえ
ジュリアーノが設立するであろう新君主国が新たな領土を獲得していくさま
ざまな場合分けがなされたものと推測される（鹿子生『マキァヴェッリ』第2
章）．

　したがって，第2の区分すなわち君主はいかに統治すべきかという問題は，
新君主を念頭に置き，その君主が武力あるいは運によって勢力を拡大すると
いう限られた状況を前提に議論が進められていると見てよいだろう．マキア
ヴェッリは新たな支配地の統治様式が旧君主自ら地方に知事を派遣していた
のか（トルコ型），あるいは旧君主は封建諸侯の頂点に立ちゆるやかに支配
していたのか（フランス型），あるいはまた国民が自由に慣れ親しんだ共和
国だったのか，という場合に応じて新君主はさまざまな支配の方法を取るべ
きであると主張する．

　第3の区分すなわちイタリア論は，かつてのイタリアの君主たちが領土を
喪失した原因を追究し，イタリアの地政学的位置や当時の国際環境について
考察した上で，失敗を回避するための提言として，力量をもって運命にあら
がい，異邦の蛮族からイタリアを守るべきことが主張されている．

2. マキアヴェッリの政治・社会思想

(1) 人間観

　当時，小国に分立していたイタリアにおいて勢力を拡大しようとするメディチ家の有力者に捧げようとして書かれた『君主論』は，統治の技術について深く考察されている．ただ，技術といってもそれは人間が操作するものであるため，そこには人間とはそもそもどういう存在かという前提があってしかるべきであろう．またマキアヴェッリは外交官・官僚という立場から長く人間や社会の観察者でいられたことで人間とはどういう存在かということについて深く考察することができたと考えられる．

　マキアヴェッリの社会思想の根本にあるのは，途方もなく現実的な人間観だといってよい．いわゆるきれいごとを一切拭い去ったナマのままの人間とはどういう存在なのか，人間の本来の姿を直視しようとした．直視した結果，出てきた人間観は，性悪説といってよいであろう．近年の研究ではこうした解釈は改められつつあるが，人間は基本的には邪悪であるとマキアヴェッリは考えているとみてよいのではないか．例えば『リウィウス論』（＝ニッコロ・マキァヴェッリ『ディスコルシ』，以下全て同書を参照）で取り上げられている悪人ジョヴァンパゴロが教皇ユリウス 2 世殺害の好機を活かさずそれを思いとどまったのは，良心に従ったというよりはあくまでも臆病だったからと考えられるからである（同第 1 巻 27 章）．

　マキアヴェッリは，いつの時代でも人間は邪悪で，変わらない，同じものだという前提に立っていた．注意すべきは，マキアヴェッリが人間は邪悪だと言うとき，キリスト教の教えとは全く無関係にそう考えている点である．キリスト教の場合，例えばアウグスティヌスは人間が原罪を負ってこの世に生まれ，自由意思によって神に反逆すると主張していた．こうしたキリスト教の議論は神を弁護するための神義論であるのに対して，マキアヴェッリは，神の弁護とは全く無関係に，ただひたすら現実の人間そのものを長年にわ

たって観察したり，古典古代の歴史を繙いてみたりした結果，人間はいつも邪悪だと考えた．

　このようにマキアヴェッリはいつの時代でも人間性は変わらない，邪悪だと考える．より具体的には，貪欲で，野心的で，残酷で，怠け者で，人を憎んだり，嫉妬したりする，嘘つきで，恩知らずな存在だという．マキアヴェッリは『君主論』17 で，君主が人々に恐れられるのと愛されるのとどちらがよいか，という問題を立て，次のように発言している．

　　ここでもう一つの議論が生まれる．恐れられるのと愛されるのと，どちらがよいか，である．だれしもが，両方をかねそなえているのが望ましいと答えよう．だが，二つを併せ持つのは，いたってむずかしい．そこで，どちらか一つを捨ててやっていくとすれば，愛されるよりも恐れられるほうが，はるかに安全である．というのは，一般に人間についてこういえるからである．そもそも人間は，恩知らずで，むら気で，猫かぶりの偽善者で，身の危険をふりはらおうとし，欲得には目がないものだと．……たほう，人間は恐れている人より，愛情をかけてくれている人を容赦なく傷つけるものである．その理由は，人間はもともと邪《よこし》まなものであるから，ただ恩義の絆《きずな》で結ばれた愛情などは，自分の利害がからむ機会がやってくれば，たちまち断ち切ってしまう．（『新訳　君主論』17，翻訳は以下全て池田廉訳，98-99 頁，ただし一部改訳）

　『リウィウス論』第 3 編 21 章でもこれと同様の一節を見ることができるが，マキアヴェッリはこのように，人間の行動原理を理性にあると考えるのでは全くなく，ただひたすら自己中心的な情念にあると考える．人間は情念に従って，自己の欲望，野望をあくまでも追求する．しかもそうした欲望・野望はその実現能力を超越しているとマキアヴェッリは考える（『リウィウス論』第 1 編 46 章）．つまり人間の欲望や野望には限りがなくて，決して満足することがなく，次から次に欲望や野望が膨らんでいく．だからより多くを

獲得しようとすることになる.

　マキアヴェッリはこのように，放っておけば決して秩序を形成することなどできそうにない存在として人間を考える．こうした人間を前提とすれば，安定的な秩序を維持することは困難だろうと想像がつく．しかし，そうした状況の流動化する無秩序な世界を前提に，できるだけ勢力を拡大し，秩序を形成し，それを維持しようと考えた．それではマキアヴェッリは邪悪な人間を前提とした社会・国家はどのようにして秩序を形成し，また維持できると考えたのであろうか．

(2)　運命と統治の技術

　当時のイタリアは小国に分立していたが，メディチ家のジュリアーノも，小ロレンツォもイタリア北部のロンバルディア地方やトスカナ地方の諸国で事実上，新しい君主になろうと勢力を伸ばしつつあった．マキアヴェッリの1つの課題は，そうした地方の諸国において新たな君主になろうとしていたメディチ家のリーダーたちに国家の支配権の獲得およびその維持についての有益な教訓を述べようとすることにあった．有能な新しい君主はどういった技術をもって統治しなければならないか，この問題を考察したのが『君主論』である．

　そもそも君主という存在はどういう状況に置かれているかといえば，人間は皆，運命（fortuna）に支配されている．全ての人間が一寸先は闇の人生を送ったとも言うべき，大変な乱世に生きたマキアヴェッリであるから人間が運命に支配されていると考えても不思議ではない．しかしながらマキアヴェッリは，人間は100％運命に支配されるのではなく，人間には自由意思があって人間の活動の半分は運命が定めるとしても，残りの半分は自由意思が決められると考えている（『新訳　君主論』25）．そうした考えからマキアヴェッリは人間には運命を押し返す，対抗する資質があるという．その対抗する資質のことをマキアヴェッリは，力量（あるいは「徳」virtù）と呼ぶ．人間の社会において，運命を制御するのは君主の力量であって，状況の変化

に対応する能力であるという．運命に対して力量を発揮するために必要なの
は，先の先まで見通す予測能力であり，この状況変化に対応するのに，何が
必要か（necessità）を見極めて，必要とあらば，道徳的に悪とされることで
あっても果断に実行する．そうやって，運命に対抗せよと論ずる．もちろん，
自分に有利な状況が展開したら，そのときはうまく乗じていかないといけな
い．自分に有利な状況はそうそう長続きするものではない．ローマ神話の女
神フォルトゥナは，前髪しかなく後頭部が禿げている．だから幸運の女神が
自分に近づいてきたとき，前髪を掴まないといけない．タイミングを外すと
後頭部が禿げてるから運をつかみ損なう．それゆえ機会を捉えて決断しなけ
ればならない．

　こうした運命を自らの力量でもって制御しながら，自分の権勢（stato）を
伸張させようとする君主は，具体的にはどのように行動すべきなのか．君主
にとって最も重要なのは，君主は建前を尊重しつつ，演技をしなければなら
ないということである．マキアヴェッリは君主の振る舞いについて，従来と
は非常に違う独自の考えを示した．本書第 6 章で触れたように，ヨーロッパ
政治思想の 1 つの伝統として「君主の鑑」論がある．「君主の鑑」論はトマ
ス・アクィナスが，アリストテレス『ニコマコス倫理学』や『政治学』にお
ける，理想的な一人統治は君主の私的利益ではなく全体の公共善の追求にあ
るとの主張を下敷きにして，『君主の統治について』などにおいて独自に展
開した議論である．トマスは君主が私個人にとっての世俗的な栄光や名誉や
快楽や富などを不当に求めるのではなく，正義を守り，信義に篤く，神の報
酬を期待するほどの敬虔さをもって，臣民にとっての最高の道徳的模範とな
るべきであると説いた．アリストテレスからトマスに至る「君主の鑑」論と
はつまるところ，君主は有徳でなければならないということである．ところ
がマキアヴェッリは先の引用からもわかるように，この伝統的君主像をひっ
くり返すのである．彼は『君主論』15 で次のように言っている．

　　……君主は臣下や盟友にたいしてどのような態度をとり，どのように治

めるべきかの検討に移ろう．この論点については，多くの人が書物を著しているのを知らないわけではないが，いま改めてわたしが論じれば，……人に僭越だと思われはしないかと危惧している．

　しかしわたしのねらいは読む人が役に立つことを書くことであって，物事について想像の世界のことより，生々しい真実を追うほうがふさわしいと，わたしは思う．これまで多くの人は現実のさまを見もせず，知りもせずに，共和国や君主国のことを想像で論じてきた．しかし，人が現実に生きているのと，人間いかに生きるべきかというのとは，はなはだかけ離れている．だから，人間いかに生きるべきかを見て，現に人が生きている現実の姿を見逃す人間は，自立するどころか，破滅を思い知らされるのが落ちである．なぜなら，なにごとにつけても，善い行いをすると広言する人間は，よからぬ多数の人々のなかにあって，破滅せざるをえない．したがって，自分の身を守ろうとする君主は，よくない人間にもなれることを，習い覚える必要がある．そして，この態度を，必要に応じて使ったり，使わなかったりしなくてはならない．

　では夢物語の君主に関する話はおいて，あれこれの実在の人物を論じよう．（『新訳　君主論』15，90-91頁）

マキアヴェッリにとって，慈悲深いとか，気前がよいとか，愛すべきとか，つまり有徳な君主になったところで，それは絵に描いた餅と同じで，そんなことを言っても役に立たない．むしろ君主は本来の姿がどうあるべきか，よりも，人々にどう見られているかに配慮しなければならない．言い換えると徹底的に計算ずくで行動しなければならないということである．君主は信仰深いことであるとか，正直であることなどを建前として尊重し，さも信仰深いように，さも正直であるかのように振る舞わなければならない．君主が持つべきだと人々が考える徳目を全て備えていると人々に思わせること，演技しなければならないこと，そして信じ込ませることが重要だと考える．

要するに，君主は前述の良い気質を，なにからなにまで現実にそなえている必要はない．しかし，そなえているように見せることが大切である．いや大胆にこう言ってしまおう．こうしたりっぱな気質を備えていて，後生大事に守っていくというのは有害だ．そなえているように思わせること，それが有益なのだ，と．たとえば慈悲深いとか，信義に厚いとか，人情味があるとか，裏表がないとか，敬虔だとか，そう思わせなければならない．また現実にそうする必要はあるとしても，もしもこうした態度が要らなくなったときには，全く逆の気質に変わりうる，ないしは変わる術を心得ている，その心構えがなくてはいけない．

　君主，ことに新君主のばあいは，世間がよい人だと思うような事がらだけをつねに大事に守っているわけにはいかない．国を維持するためには，信義に反したり，慈悲にそむいたり，人間味を失ったり，宗教にそむく行為をも，たびたびやらねばならないことを，あなたには知っておいてほしい．したがって，運命の風向きと，事態の変化の命じるがままに，変幻自在の心がまえをもつ必要がある．そして，前述のとおり，なるべくならばよいことから離れずに，必要にせまられれば，悪に踏み込んでいくことも心得ておかなければならない．（『新訳　君主論』18，104-105 頁）

　なぜこのように演技が必要なのか．演技それ自体については，同時代の例えばエラスムスが『愚神礼讃』29 において，人生とは舞台から退場させられるまで自分の役割を演ずる芝居以外のなにものでもないと述べていたが（エラスムス『痴愚神礼讃』29），マキアヴェッリの場合，とりわけ支配する側の視点から論じている点に特徴がある．すなわち彼は民衆の信頼の中にこそ，権力の基盤があると固く信じているのである．逆に言えば，君主にとってもっとも恐ろしいのは，民衆の反逆である．だから民衆の精神を支配することがとにかく重要だと考える．そのためには，例えば国民に賞罰を与えるときに，加害行為が必要なときには一気にやる．決して延々とやらない．怨み

は長く続くからである．逆に恩賞を与えるときは小出しにする．恩義を受け
たことに関しては人間は忘れっぽいからである．このような権力の基盤が民
衆の信頼にあるというこの信念はおそらく，サヴォナローラがバチカンを非
難したり，数々の芸術品を焼き払ったりして人々の信頼を失い，結局バチカ
ンから異端の宣告を受けて斬首され，火炙りの刑に処されたことが背景にあ
ると思われる．マキアヴェッリは，サヴォナローラのたった4年間の支配か
ら，民衆の信頼を失った権力ほど脆いものはないと考えた．民衆の信頼を守
るためには君主は演技をせよと考える．

> 武装した預言者はみな勝利をおさめ，備えのない預言者は滅びるのだ．
> ……つまり，民衆になにかを説得するのは簡単だが，説得のままの状態
> に民衆をつなぎとめておくのが難しい．そこで，人々はことばを聞かな
> くなったら，力でもって信じさせるように，策を立てなければならない．
> 　モーセやキュロス，テセウスやロムルスにしても，もしも彼らに武力
> がなかったら，自分たちの律法を民衆に長い間守らすのはむりだったろ
> う．すなわち，現代でも，同じ事が修道士ジロラーモ・サヴォナローラ
> の身に起きた．民衆が，この修道士のことばを信じなくなったがさいご，
> 修道士は自分がこしらえた新制度もろとも，滅んでいった．（『新訳　君
> 主論』6，38頁）

　民衆の信頼，信義を勝ち取り，また守るためには，対内的・対外的に強力
である必要がある．弱肉強食のルネサンス・イタリアで外国に屈服すれば，
民衆の信頼は得られない．マキアヴェッリは，対外戦争や内戦に強い君主に
とって必要な方策は2つあると考える．1つは人間固有のもの，つまり法律
であり，もう1つは野獣の気質である．マキアヴェッリによれば，君主は人
間と野獣を巧みに使い分ける必要がある．どちらが欠けても長く地位を保つ
ことはできないと考える．そして有名な，キツネとライオン，両方の性質を
学ぶ必要があるという一節が述べられる．

そこで君主は，野獣の気性を，適切に学ぶ必要があるのだが，このばあい，野獣のなかでも，キツネとライオンに学ぶようにしなければならない．理由は，ライオンは策略の罠から身を守れないし，キツネは狼から身を守れないからである．罠を見抜くという意味では，キツネでなくてはならないし，狼どものどぎもを抜くという面では，ライオンでなければならない．（『新訳　君主論』18，103頁）

(3)　軍事論

　対外的また対内的に強力であることを保持するためには当然のことであるが，マキアヴェッリは，『君主論』ばかりでなく（12, 13, 14章），『リウィウス論』や『戦術論』という作品において，軍隊についても考察を及ぼしている．危険な傭兵や常備軍によって国を守るのではなく，武装した歩兵中心の市民・国民で防衛すべきだと考えている．これはマキアヴェッリが当時，最新鋭の兵器だった大砲を評価していないことと考え合わせても興味深い．

　傭兵反対論はトマス・モアにも見られる思想だが，マキアヴェッリの場合特徴的なのは，市民軍は祖国を存続・発展させるための方法として有効だという共和主義的思想を示している点である．人々を市民軍に参加させることで公共精神が養われるからだということである．これに対して傭兵は，「無統制で，野心的で，無規律で，不忠実」だとマキアヴェッリは言う（『新訳君主論』12，73頁）．そして外敵に対してだけでなく，味方の歩兵軍の評判を落とすなどして，傭兵は国家を内側から危機に陥れるものと考えている（同79頁）．

　マキアヴェッリがこのように傭兵軍を否定する時代背景について簡単に見ておきたい．神聖ローマ帝国が中世においてイタリア政策を展開したことで，イタリア諸都市や貴族は皇帝を支持する側と教皇を支持する側に分かれて対立した．グェルフィとギベッリーニの対立である．『君主論』12章では，傭兵が採用されるようになったキッカケは，神聖ローマ帝国がイタリア政策を放棄したことで，ギベッリーニの貴族によって支配されていた都市に対して，

教皇および多くの都市が武器を取ったが，これらは軍隊に関しては不慣れであったので外国人を兵として雇いはじめたことにあると述べられている．補足として，こうした背景の他に，ブルゴーニュ公国の滅亡につながったブルゴーニュ戦争（1474-77 年）があったことを指摘しておく．これは，ブルゴーニュ公シャルル（突進公，Charles le Téméraire, 1433-77）がアルザス=ロレーヌ地方の獲得を目指し，スイス西部を脅かしたため，ハプスブルク家オーストリア大公ジークムント（Siegmund, Erzherzog von Österreich, 1427-96）を後ろ盾とする，8 つのカントン（州）からなるスイス盟約者団（八邦同盟）の軍がロレーヌ公ルネ 2 世（René II, duc de Lorraine, 1451-1508）の協力を受けてブルゴーニュ公の軍隊を破った戦争である．このとき，スイス盟約者団は大勢の傭兵を供出し，戦争の勝利を導いたと考えられている（森田『物語スイスの歴史』第 4 章）．

　スイスは当時，貧しい農業国であって国民の生命，肉体と交換に穀物を輸入せざるを得なかった．それゆえ周辺諸国のいずれとも同盟を結ばずに中立を維持したが，そのことは傭兵の需要・供給両方の側にメリットがあったため，15 世紀末からのヨーロッパではスイスの傭兵が重用されるようになった．ところがマキアヴェッリがフィレンツェの書記官に就任して間もなくのフィレンツェの課題は，ヴェネツィアに奪われていたピサを奪回することにあった．そこで財政的にも厳しかったフィレンツェは，大金をフランスに支払うことでフランス軍とスイスの傭兵によってピサを攻撃した．ところが傭兵たちの士気は低く，互いに食料を奪いあったり，食料や賃金への不平を鳴らしたりして結局，ガスコーニュの傭兵やスイスの傭兵が戦線離脱したため，フィレンツェはピサを奪回するのに失敗してしまった．こうした状況をマキアヴェッリは目の当たりにしたのである．このような事情があって，マキアヴェッリは軍隊を論ずるとき，傭兵の是非を検討する必要があった．そしてマキアヴェッリは，非常に評価されつつあった傭兵を真っ向から否定したのである．その理由は，傭兵が戦場にとどまるのは，ほんの一握りの給料が目当てであって，他に何の動機もないため無統制で野心的で無規律で不忠実だ

からである．

3.　現実主義的志向の中の理想主義

　マキアヴェリズムという言葉がある．この言葉は，政治において，目的の
ためには手段を選ばないやり方を非難するときに使われる．たしかにマキア
ヴェッリは国家を自己目的化して論じたが，その点にマキアヴェッリの大き
な特徴がある．マキアヴェッリは，政治というものを徹頭徹尾，結果倫理と
考えている．政治家は結果について責任を負わなければならない．動機や意
図は問わない．むしろ，いかに動機や意図が美しくても，国家が破滅したの
では何にもならないという強烈にシビアな現実主義の立場に立っていると
いってよい．こうした結果倫理の考え方は，伝統的なヨーロッパ思想，特に
キリスト教思想とは相容れない．キリスト教思想は心情倫理を基本原理とし
ている．キリスト教における愛は，決して反対給付を求めない他者への愛で
ある．結果ではなく動機や意図の善良さが重要と考える．マキアヴェッリは
自分の考えがキリスト教の倫理と真っ向から対立することをよく知っていた．
それどころか，彼は宗教を政治の道具として利用すべきことを『リウィウス
論』第 1 巻 11 章から 15 章において繰り返し訴えている．マキアヴェッリに
とって人間の本来の姿は，キリスト教を前提とするのではなく，古代ローマ
共和政におけるように，現世的名誉を重んじ，この世の価値を追求する存在
である．それは『リウィウス論』において古代のローマ共和国を支える貴族
と平民に対する賞賛に窺うことができる．マキアヴェッリはローマ共和政に
理想を見いだし，フィレンツェがそれを模倣すべきであることを繰り返し訴
えている．こうした主張の前提には，模倣によって理想の実現は可能である
との信念があるはずである．とすれば，その意味においては，現実主義的な
志向の強いマキアヴェッリにも理想主義的な側面があることも認めなければ
ならないだろう．

参考文献

エラスムス（渡辺一夫・二宮敬訳）『痴愚神礼讃』，中公世界の名著（渡辺一夫責任編集）『エラスムス　トマス・モア』中央公論社，1980 年

永井三明・藤沢道郎編『マキアヴェッリ全集』1〜7，筑摩書房，1998〜2000 年

ニッコロ・マキァヴェッリ（永井三明訳）『ディスコルシ──「ローマ史」論』ちくま学芸文庫，2011 年（＝『リウィウス論』）

マキアヴェリ（池田廉訳）『新訳　君主論』中央公論新社，1995 年

鹿子生浩輝『征服と自由──マキァヴェッリの政治思想とルネサンス・フィレンツェ』（風行社，2013 年）

鹿子生浩輝『マキァヴェッリ──『君主論』を読む』岩波新書，2019 年

J. G. A. ポーコック（田中秀夫・奥田敬・森岡邦泰訳）『マキァヴェリアン・モーメント──フィレンツェの政治思想と大西洋圏の共和主義の伝統』名古屋大学出版会，2008 年

森田安一『物語スイスの歴史──知恵ある孤高の小国』中公新書，2000 年

第11章
ルター

1. はじめに

　ルターは自説を強く主張する思想家らしい思想家であった．それはヴォルムスの帝国議会（1521 年）における「ここに私は立つ」という有名な発言や，自由意思をめぐるエラスムスとの論争，チューリヒの宗教改革者フルドリヒ（ウルリヒ）・ツヴィングリ（Huldrych（Ulrich）Zwingli, 1484-1531）と聖餐をめぐる対立などによって窺うことができる．カトリック教会を厳しく批判したルターの言動は，同時代と後世の人々に対して絶大な影響を与えたがゆえに，厳格なイメージはおのずと肥大化された．特に 19 世紀の画家パウウェルスの描いた，黒いハンマーを持って「95 箇条の論題」を指し示すルターの姿は，そうしたイメージを膨らませる．

　本書でルターを取り上げる理由は他でもなく，同時代を代表する思想家であるとともに，後世に対する影響力が絶大だったからである．キリスト教会は歴史上，分裂を繰り返した．よく知られたものとしては 11 世紀半ばの東西教会の分離や 14 世紀から 15 世紀にかけての教会大分裂（大シスマ）がある．これらはキリスト教会の組織上の分裂であるのに対して，宗教改革のそれは教義上のものであった．ルターの影響力が強力だったとはいえ，プロテスタントはキリスト教徒全体から見れば今なお少数派である．一般に少数派は自説を強調するし，その教祖は理想化されがちである．それゆえここではルターの言動をできるだけ等身大に即して考察したい．ルターの著作にはし

ばしば「悪魔」という言葉が現れ，また身分制を改めようとは考えなかった
ことからわかるように，ルター自身は現代人の目から見ると多分に非合理的
な性格を持っている．

(1) ルターのおいたち

　ルターの父は元々農民であるが，ルターが生まれる頃，ドイツ中部のアイ
スレーベンという小さな町で銅の鉱夫として働いていた．父は社会的に次第
に成功したので，ルターは高等教育を受けることができた．エルフルト大学
でアリストテレス哲学を中心とする人文主義的教養を積んだり，法律学を学
んだ．大学に入学して2年目に精神的な危機を経験する．「良心の危機」と
呼ばれるその時期，ルターは罪の意識，罪人の自覚を強く感じ，非常に思い
悩んだと考えられている．この悩みは救済の可能性についての問題に関連す
る．つまり，自分は果たして救われるのかということである．

　ルターが大学生だったある夏の日，実家から大学へ帰る途中に，突然の雷
雨に遭遇し，至近距離の落雷を受けたことがキッカケで，修道士になる決心
をする．そして，アウグスティヌスを師と仰ぐアウグスティノ隠修士会（修
道院）に入る．1505年，22歳の時である．ここでルターはアウグスティヌ
スの霊肉二元論や，肉に対する霊の優位といった新プラトン派的な思想を学
んだと考えられる．1506年秋には早くもヴィッテンベルク大学でアリスト
テレスのニコマコス倫理学を講義しはじめる．注目すべきは，ルターはそれ
から14年後には，自身も所属した托鉢修道院の廃止を訴え，またアリスト
テレスを痛烈に批判している点である．ルターは大学教育の改革の必要性を
訴え，スコラ学に大きな影響を与えた『自然学』や『形而上学』，『霊魂論』，
『ニコマコス倫理学』などを読んでも「何一つ学ぶことはできない」と述べ
ている（『ドイツ国民のキリスト教貴族へ』，中公世界の名著『ルター』162頁）．

　さてルターは，修道会入会以後の総告解を果たそうとしてローマを訪問す
るが，そこで見たのは物欲と金銭欲にまみれた紛れもない堕落であった．ル
ターは「ローマは背徳や不正が蔓延し，恥知らずで，神も人間も敬われず，

罪も恥も無視」された「サタンの国で，キリストの敵である」と述べている
という（ルター『卓上語録』「43 無能な聖職者」23-24 頁および「49 ローマの頽
廃」26 頁）．

　ルターは 1507 年の春には，司祭に任ぜられ，教会で初めて聖餐式を執行
する．ローマの堕落を見たにもかかわらず，ルターがこのように最初，修道
士・聖職者の道を選んだのは，修道院・教会という合理的に規制された既存
の秩序の中で，自分の救済を獲得しようという姿勢の現れであると考えられ
る．1512 年，ヴィッテンベルク大学神学部教授に就任した．

(2)　贖宥状問題と宗教改革

　ルターの思想的生涯において最も重要なのは，贖宥状（indulgentia 羅，
indulgence 英・仏，Ablaßbrief 独）問題が発生したことである．ブランデン
ブルク選帝侯の弟で，23 歳の若いマインツ大司教アルブレヒト（Albrecht
von Mainz, 1490-1545）はマルデブルクの大司教やその他の要職を兼任するこ
とで聖職禄を集積していた．しかし彼は集積による教会法違反を逃れ，また
大司教としての祭服を教皇から購入するために多額の金を必要とした．そこ
でアルブレヒトはフッガー家から借金をして資金を調達した．

　アルブレヒトの借金を返済させるために，ローマ教皇（レオ 10 世）は策を
講じて，ローマのサン＝ピエトロ大聖堂を新築するための贖宥状の発行をア
ルブレヒトに委託した．贖宥状販売の収益は教皇庁とアルブレヒトで分ける
ことにした．アルブレヒトは販売をドミニコ会士テッツェル（Johann Tetzel,
1465 頃 -1519）に委ねたのだが，テッツェルは，ヴィッテンベルクのすぐ近
くでも贖宥状の販売を始めた．贖宥とは，7 つの秘蹟の 1 つである告解の一
環であり，信者が司祭から神の恩寵として罪の赦しを宣言してもらい，与え
られた有限の罰を免除してもらうための「つぐないの行為」に相当する．そ
れを保証する書状が贖宥状である．したがって贖宥行為によって，犯した罪
は取り消されるわけではないので，罪が免除されるのではない．日本では
「免罪符」という表現が現在でも用いられることがあるが，これは不適当で

あり，贖宥状あるいは贖宥符と表現すべきである．

　ところがテッツェルの「贖宥状」は告解とは無関係であり，それを購入すれば煉獄（死者が生前に罪を償っていない場合，死後の苦しみによってその罪が贖<ruby>贖<rt>あがな</rt></ruby>われるとされる場所）で苦しむ魂さえ救われるというふれこみで販売されたという（森田「改革者ルターの誕生」『ルター』）．そして実際にルターの属する教区からも贖宥状を買いにいく者が出てきたというのである．

　ところでルターの住んでいたヴィッテンベルクはザクセン選帝侯フリードリヒ３世（Friedrich III, der Weise, 1463-1525, 在位 1486-1525）の領邦で，フリードリヒは大変な聖遺物の収集家だった．聖遺物とは，イエスや聖母マリア，その他聖人などキリスト教の発展に貢献した人々の遺物（と言われている物）で，それを所有したり拝んだりすると御利益があると信じられていた．人々は，聖遺物を拝んだり，自分の物とすることで煉獄の苦しみを免れようとしていた．そこに目をつけたのがフリードリヒであり，彼にとってカトリック教会の売る贖宥状は，独占的な聖遺物拝観・販売を妨げるいわばライバルであった（永田『宗教改革の真実』第５章）．つまりフリードリヒにとってルターはライバルの進出を食い止める役割を期待しうる人物だったと言えるであろう．

　ルターはヴィッテンベルクのすぐ近くでも贖宥状が売られていることを知り，1517 年 10 月 31 日に「95 箇条の論題」（以下「論題」）を発表する．このときルターはヴィッテンベルク城教会の扉に「論題」を貼りだしたと伝えられているが，これは現在ではメランヒトン（Philipp Melanchthon, 1497-1560）によって創作された話と考えられている．ともかく「論題」には「教皇は煉獄にある魂に対して赦免することはできない」とか「箱の中へ投げ込んだ金がチャリンと鳴るや否や，魂が煉獄から飛び上がるという人たちは，人間を宣べ伝えている」とある．若い頃から救済の問題に深い関心を持っていたルターは，救いは要するにカネの問題だとするローマ教会に疑問を投げかけた．「論題」自体は，ラテン語で書かれたのであるが，すぐにドイツ語に翻訳されたため，ルターの疑問はドイツ全体に急速に広まっていく．

　一般のキリスト教徒にとってルターの主張は，救済に関して金銭的負担を強いるものではなかったこともあって，その支持者は増えていった．その一方で，教会を中心としてこれに反対する勢力も出てきて，ルターは数々の論争を経験するとともに，「三大改革書」と呼ばれる作品を書き残す．すなわち『ドイツ国民のキリスト教貴族へ』，『教会のバビロン幽囚』，『キリスト者の自由』の三作品である．ローマ教皇庁の説く教義に対して楯突いたルターに対して教皇庁は破門威嚇勅書を出したが，これを大学で焼却したルターは1521 年 1 月に教皇から正式に破門される．破門された聖職者は聖務を行うことは認められず聖職禄も失うことになる．この時点でルターとカトリック教会との対立は決定的になっている．

　神聖ローマ皇帝に就任したばかりのカール 5 世は，同年 4 月にヴォルムスにおいて帝国議会を開催して破門決定の再審理を行った．議会はルターに所説の撤回を迫ったが，ルターは「ここに私は立つ．この他に何もできません」と述べて応じなかったと言われる．こうしてルターには帝国アハト刑すなわち受刑者はもはや人間として認められないので，その生命や財産を奪っても罪にはならないという刑罰が下された．ルターは帝国議会からの帰り道にザクセン選帝侯配下の騎士に連れ去られ，ヴァルトブルク城に匿われた．周知の通りルターはここで『新約聖書』をドイツ語に翻訳したのである．

　ルターの思想は，社会的・政治的影響力が絶大であった．ドイツ農民戦争(1524-25 年) はルターの思想に触発された農民たちが領主に対して起こした戦争である．ルターは戦争初期には，農民に同情的で仲介的役割を果たそうとしたが，やがてこの戦争は，かつてルターに嘱望されていたトマス・ミュンツァー (Thomas Münzer, 1488 頃 -1525) に指導されるにいたって非常に急進化し，暴徒化した．このためルターはこれを鎮圧する側に立って，「当局は……良心に恥じることなく，彼ら（農民──引用者）を打ち倒さねばならない」とまで書いている（『盗み殺す農民暴徒に対して』，中公世界の名著『ルター』307 頁）．

　農民戦争終息後，ルターは聖書の翻訳に力を注ぎ，またエラスムスと自由

意思をめぐって有名な論争をした．すなわちエラスムスが『評論「自由意志」』（1524 年）を著したが，ルターはこれに対して『奴隷的意志』（1525 年）によって反論した．

　ルターは，双極性障害やうつ病，排尿障害などさまざまな病いを抱えていた（滝上「マルチン・ルターの病歴」）．後世のルソーと同様に病跡学の格好の対象ではある．

(3)　宗教改革前史

　ところで後述するように，ルターは聖職者の堕落を批判したばかりでなく，秘蹟，教会・聖職者，聖書の意味をも再考した．その背景として，14 世紀のペストの流行があると考えられる．死は司祭にも鍛冶屋にも貴族にも農民にも平等に訪れる．神の前に人間は皆，平等であるということが強く意識されるようになる．そして死は突然やってくるので，日頃から悔い改めをせよ，日頃の生活を大切にせよという教訓が受け入れられる．メメント・モリ（死の舞踏）の絵画が壁画や版画として描かれる．死や煉獄の恐怖から逃れようとする悔い改めの苦行として鞭打ちが行われる．つまり既成の秘蹟では救いが見いだされないと考えられるようになっていた．それは聖書の記述の意味を再考することに発展する．

　西洋思想史においては，宗教改革に先だって同様の論点に言及することで改革思想を展開した思想家として，ジョン・ウィクリフ（John Wycliffe, 1320 頃 -84）やヤン・フス（Jan Hus, 1369 頃 -1415）がよく知られている．彼らはともに教皇らの堕落をいわば内部告発した．ウィクリフはイングランドのヨークシャー州に生まれ，オクスフォード大学で人生の大半を過ごした．著作には『教会論』（1378 年頃）や『祭壇の秘跡について』（1381 年頃）がある．ウィクリフの存命中には教皇庁がローマとアヴィニョンに分裂していたので，おおむね聖職者たちは教会の現状に対する反省を迫られていたと言ってよい．ウィクリフによれば教会の「頭」はあくまでもキリストであって教皇では決してなく，また教皇は無謬ではない（ウィクリフ『教会論』第 2 章，第 3 章，

『宗教改革著作集 1』141-147 頁）．ましてや増設した聖職を売却することで私
利を追求し，聖職禄をほしいままにする教皇は神の代理者どころか反キリス
トであると痛烈に批判した．またウィクリフは教会が公式に認めている聖餐
の秘蹟についての説（実質変化説，化体説）の誤りを指摘した（『聖壇の秘跡
について』第 2 章，『宗教改革著作集 1』131-136 頁）．こうした異端的思想は，
教会や修道会から問題視されたが，当時の有力貴族ランカスター公ゴーント
のジョン（John of Gaunt, Duke of Lancaster, 1340-99）やその他の貴族の庇護
を受けていたため，ウィクリフの身に危険が及ぶことはなかった．これは次
に見るフスとは対照的である．

　ボヘミア（ベーメン）出身のフスはプラハ大学で神学学士号を取得し大学
で勉強を続けた後，プラハのベツレヘム礼拝堂で説教師となり，説教の中で
聖職禄の集積や，秘蹟の執行における対価の要求，私的生活の乱れなど聖職
者の行状を非難した．折しも，ウィクリフの著作がイングランドに留学した
チェコ人によってボヘミアにもたらされ，ウィクリフ支持の気運が高まるが，
教会はウィクリフ支持者に対して圧力をかけた．フスはチェコ人の大学関係
者の支持によって 1409 年にプラハ大学学長に就任したが，これを機に大学
を去ったドイツ人の大学関係者はフスがウィクリフ支持者であると言いふら
した．その後，教皇はウィクリフ説のボヘミアからの排斥を命じたり，ベツ
レヘム礼拝堂での説教ができないような措置を講じたりした．プラハ大司教
はウィクリフの全ての作品を異端と断じ，作品の引き渡しを命ずる．フスは
引き渡しには応じたものの説教をやめず，教皇および教会の現状を非難しつ
づけた．さらに 1412 年にピサ選出の対立教皇ヨハネス 23 世（Johannes
XXIII, 在位 1410-15）はナポリ王国を制圧するための軍資金を調達する目的
でプラハにおいて贖宥状を販売したが，フスはこれも強く非難した．

　これに対して教皇庁はウィクリフの全作品に対して異端の宣告を下し，フ
スには破門の決定や出頭命令が下されたが，フスはこれを無視して説教を続
けたため，プラハ市に聖務停止が命じられる．南ボヘミアに逃れたフスは
『教会論』（1413 年）などの著作を執筆した．彼はウィクリフと同様に，教会

の頭はキリストであり，教皇も誤りを犯すことがあってその罪の影響は甚大であると主張している（フス『教会論』第7章，『宗教改革著作集1』，177-186頁）．危機に直面したフスを援護する貴族もおり，彼らはボヘミア国王に働きかけた．当初国王は調停を試みたが失敗したため，たまたま教会の再統一を目的として開催されたコンスタンツ公会議（1414-18年）で異端の疑いを晴らすことをフスに提案した．フスは公会議の審査会において自説とウィクリフ説の違いを明言した．つまりフスはウィクリフと思想的に距離があると自認していた．しかしながら自説の撤回の機会を複数回与えられたにもかかわらず，フスは聖書に根拠のない訴えを認めなかったため，1415年に焚刑に処された．

　ボヘミアにおけるフスの影響力は大きく，フスの存命中からローマに反旗を翻す動きが広がっていた．フスを支持するフス派は二種陪餐（パンとワインによる聖餐）を求め，これはやがてフス戦争（1419-36年）に発展していった．このようにルターが宗教改革を始める約100年前には既存の教会・聖職者を厳しく批判する者が教会内部に現れていた．ヨーロッパには教会を批判する気運が高まってきていたのである（以上「解題」『宗教改革著作集1』および松本編『キリスト教の歴史1』を参照）．

2.　聖書主義と万人司祭説

(1)　「ただ信仰のみ」

　このように教会や聖職者の堕落に対する批判の意識はルター以前から高まっていた．堕落した現実をできるだけ理想の状態に回復させる願望が強まっていたと言ってもよい．ルターは，現実と理想の乖離を改める方法をキリスト教を根本から問い直すことに求めた．歴史的に形成され，次第に肥大化して堕落した聖職者および教会を脇に置いて，主要な関心を信仰そのものに向け，また聖書に何が書かれているかに振り向ける．そして信仰を出発点として，世界を新たに意味づけようとした．

　ルターは若い頃，罪人であることを自覚し，どのようにすれば救済されるかについて悩んだが，そうした悩めるルターが，結局のところ行き着いたのは，「ただ信仰のみ（sola fide）」という命題であった．この「ただ信仰のみ」こそがルターの思想全体の根本原理といってよい．ルターによれば，ひとはただ信仰のみによってキリスト教徒として義とされ，救済される．こうした考えは，よく知られているように，信仰義認説と呼ばれる．

　ルターによれば，人間は皆，生まれながらにして罪人である．アダムの犯した罪を遺伝的に受け継いでいる．ルターは非常にまじめな人で，自分が罪深く，救済されないのではないかと常に疑問をもって生きている．そこで，罪を負うている人間が救われるのは，神の一方的な恩寵によるとルターは考える（一方恩寵説）．つまり人間がこの世においていくら善行を積んだとしても，それは救済につながらない．むしろ，善行を積むことによって救いを期待するのは，神に自分を救えと強要するに等しい．そうではなくて，人間の側の傲慢な態度を反省して，罪を自覚し，神の恩寵をひたすら期待することが救済につながると考える．

　　……神は，あなたがあなた自身から，言い換えればあなたの滅びのうちからのがれ出ることのできるように，そのいつくしたもう御子イエス・キリストをあなたの前に立て，その活ける慰めに満ちた言によって，あなたにかく言わしめたもうたのである．曰く，あなたは確固たる信仰をもってキリストに己をゆだね，敢然と彼を信頼すべきである．そうすればこの信仰の故にあなたのすべての罪が赦され，全ての滅びが打ちかたれ，かくてあなたは正しくあり真実となり平和にかつ義とせられ，全ての戒めは充たされ，あなたはあらゆることから自由にされるであろう．（ルター『キリスト者の自由』第六 17頁，以下『キリスト者の自由』は岩波文庫版による）

　それではルターはどうやって，この信仰義認説に到達したのであろうか．

カトリックは，救済の方法を秘蹟という客観的な形式で人々に与えた．すなわち聖職者（司祭や司教）が執行する7つの秘蹟はすべて，神の恩寵が与えられる回路であって，信者が教会で一定の形式にのっとって秘蹟を受けることで救いへの道が開かれている．ところがルターはこの救済の方法論の枠を越えた．聖職者によって秘蹟が執行されても，なお自分は救われないのではないかと考えた．例を挙げれば，告解（悔悛）の秘蹟は，信者が何らかの宗教上の罪を犯した際に，単に信者が心の中で悔い改めるのではなくて，その罪を教会の中で聖職者（聴罪司祭）に対して音声をもって告白し，それを，神の媒介者であるところの聖職者が音声をもって信者の罰を免除する．信者は免除の保証として贖宥状を購入するのであるが，ルターはつまり，こうした告解の秘蹟を最大限に実践して贖宥状を買ったとしてもなお疑問や不安をぬぐえなかったと考えられる．いかに聴罪司祭に罪を告白し，贖宥状で罪を償ったところで，なお自分は救われないのではないか，という疑問・不安である．こうして，最後の最後に残ったのが，ただ信仰のみによって人は義とされるという根本原理である．この考え方は，カトリックの積善説に反駁したものであると同時に，アリストテレスの「人が選択の上で正しい行いをなすときその人は正しい人である」（『ニコマコス倫理学』1136a，邦訳（上）389頁）という考え方に対する批判であると見てよいであろう．

(2) 聖書主義

　人が信仰によって義認されるとすると，その信仰の拠り所をどこに求めるべきかという問題が派生するが，ルターはそれを聖書に求める．聖書は神の言葉が書かれた書物であるので，聖書に書かれたこと以外は疑ってよいことになる．したがって，秘蹟は洗礼と聖餐のみが聖書に根拠を持つと考えられた．洗礼は「マルコによる福音書」第16章16節に，聖餐は「マタイによる福音書」第26章26節から28節に書かれている．ただし聖餐についてルターはフス派と同様に二種陪餐を主張しており，ここでカトリックの慣行である一種陪餐（パンのみ）はしりぞけられている．一方で洗礼と聖餐以外の

秘蹟は聖書に根拠がないものとして整理される（ルター『教会のバビロン幽囚』120-194頁）．それゆえ12世紀以来禁じられていた聖職者の独身制はしりぞけるべきであると考えてルター自身結婚する．加えて聖書の解釈権は，これまでローマ教皇がその所有を主張してきたが，聖書を信仰の拠り所とする全ての人に与えられると考えている．

> キリストもまた，ヨハネ福音書六章（四五節）で，すべてのキリスト者は神に教えを受けるべきだ，と言っておられます．ときには，教皇やその一派が悪人であり，真のキリスト者でもなければ，神の教えを受けていないため真の知性をもってもいない，それに反し，とるに足らぬ人が真の知性を所有している，といったことが起こるかも知れません．……彼ら（教皇やその一派）は，教皇だけが聖書を解釈したり聖書の解釈を確定したりする権能を持つということを論証するために，一言半句を挙げることすらできません（『ドイツ国民のキリスト教貴族へ』中公世界の名著『ルター』93頁）

　このように万人が自己の信仰の根拠とすべく自由に聖書を検討できるというのがルターの主張である．ルターが『新約聖書』をドイツ語に翻訳したのは，こうした聖書主義の考え方に基づいている．聖書は古典ギリシア語で書かれたもののほか，さまざまな種類があったが，当時はウルガタ聖書というラテン語で書かれた古くからの聖書が印刷術の発達によって知られるようになってはいた．聖書は聖職者や修道士にとっての聖典であって，ヘブライ語版であれ古典ギリシア語版であれ，聖書を卑俗な言葉である各地域の言葉に翻訳することは固く禁じられていた．現地語に翻訳することを固く禁じられていた聖書を，ルターは字の読める者であれば誰でも読むことができるようにした．

(3) 自由意思と奴隷意思

　ルターの聖書重視の立場は，さまざまな論争にも一貫して見ることができる．ここでは有名な自由意思論争について簡単に触れておきたい．

　本章冒頭で述べたエラスムスとルターの論争は，カトリックに伝統的な自由意思をめぐる高度に神学的であるとともに人々の道徳に関わる論争であった．積善説を否定し，信仰義認説を前提とするルターにとって，自由意思による善行が救いに影響を及ぼすとは考えられなかった．むしろ彼は人間の行為に関して非常に悲観的な見方をする．それは 1518 年の「ハイデルベルク討論」の記述に明らかである．すなわち自由意思はアダムの堕罪後には，それが積極的・活動的に働いた場合には常に悪にしか向かわず，堕罪に先立つ無垢の状態においても積極的・活動的であり続けられないし，まして善に向かって前進することもできないという（『ルター神学討論集』4 章 111, 123 頁）．ルターはその後 1520 年に至って，破門威嚇書への反論として書いた『主張』において自由意思批判の立場をより鮮明にした．

　これに対して，カトリック司祭の立場に身を置きつつも，『愚神礼讃』などで当時の教会や聖職者，神学者などを批判していたエラスムスは『評論「自由意志」』を書いてルターの所説を批判した．エラスムスが聖書を自分の主張の根拠にしつつも，キリスト教の教義は深遠であって，それを示す聖書は多義的で不明瞭なところも多々あるので，人間の理性によっては十分な理解には到達できないと考えた（『評論「自由意志」』IV17, 邦訳 92-93 頁）．彼がこだわったのは，神学的な次元に限らず，自由意思を否定することの道徳的な効果の次元においてであるように思われる．エラスムスはルターの『主張』に，一切は人間の自由意思からではなく必然的に生ずるという意見を見て取り，これを世間一般に広めるのは無用であるばかりか有害ですらあると批判する（同 Ia10-11, 邦訳 11-13 頁）．もとよりエラスムスはアウグスティヌスとペラギウス（派）の論争を知った上で，たとえ人間の自由意思がわずかでしかないにせよ，恩寵はその内に働くという，自由意思を積極的に認める立場を取る（同 IIa12, 邦訳 28 頁）．そして，ルターが言うようにもしも一切

が人間の自由意思によってはなされず，必然性に基づいているのだとすると，神が善きことも悪しきこともなしていることになってしまうと指摘する（同 IV12, 邦訳 86-87 頁）．またなぜ人間は裁きの場に引き出され，なぜ神は「多くの忠告や命令や脅迫や勧め」などを人間に要求するのかという疑問を投げかけている（同 IV3, 邦訳 78 頁）．これは個人の刑事責任を問う際に人間の自由意思を根拠とすべきかどうかという古今に通じる問題に触れているといってよい．おそらくエラスムスは人間から自由意思を一切否定してしまうことでもたらされる道徳的荒廃の高進を恐れたのであろう．

　『評論「自由意志」』を読んだルターは『奴隷的意志』において激しくエラスムスを批判する．人間が何事かをなすのは，自由意思の権利によってではなく，神が予知し，誤ることなく，変わらない決意と力によって駆り立てたとおりになすにすぎないという．したがって全ては必然であり，自由意思が働く余地はないと主張する．むしろ人間は堕落して神から見捨てられたがために善を欲することなどできないという．ルターによれば「神は天から人の子らを見下ろしたもうたが，神を求めて努力する者を 1 人も見出されなかったからである．そこから，神を求めようと努力したり欲したりするかの力は存在」しないという（『奴隷的意志』，中公世界の名著『ルター』238 頁）．これは自由意思の存在を否定するとともに，トマスの，神に向かう運動主体としての人間を端的に否定する考え方であろう．

　しかし，だからといってエラスムスの言うように，神が善きことも悪しきこともなすことにはならないとルターは考える．というのは，人間の目には悪と映るものは神の目からすると善である場合があり，悪がどのようにして神の前では善になるのかは神のみぞ知るからであるという．重要なのはルターが聖書の中に不明瞭な点があることを認めながらも，それは内容の荘厳さのためではなく，信者たちが語彙と文法に無知であるためであり，聖書に含まれている事柄は明白だと反論する（『奴隷的意志』邦訳 217-225 頁）．そして『評論「自由意志」』でエラスムスが自由意思を弁護している聖書の言葉を一つひとつ取り上げてその解釈の誤りや引用の不適切を指摘する．

このようにルターは神の全能性を強調し，人間の自由意思を完全に否定しているように見受けられる．ただし近年の研究では，ルターは「永遠の救いに関して」自由意思を否定しているのであり，「この世の問題に関しては人間が選択しうる」意思を持つと解釈されていることを付け加えておく（竹原「ルターの『主張』について」15 頁）．

(4) 万人司祭（祭司）説とその帰結

さて，もしも人がただ信仰のみによって義とされ，その信仰は各人が聖書に裏づけを得ることができるとしたならば，既存のキリスト教会の聖職者たちや彼らが行う儀式（祭儀）の意義は非常に希薄になる．神と信者との間には信仰とそれを保証する聖書以外の何の媒介も必要としないことになるからである．したがって，外的制度であるところの教会とそこにいる聖職者，また教会で行われる祭儀はその信仰を妨げてはいけないことになる．しかし現実には，数多くの教会や聖職者が介在し，これまで神と信者の間で信仰と救済とに関して一定の媒介的役割を果たしていると考えられてきたが，神と信者との間の関係がより直接的なものになったとするならば，現実に存在するそうした聖職者たち（この中にルター自身も含まれる）と，聖職者でない俗人（平信徒）との関係は，もはや神の前に全く平等の関係であるはずだということになる．ここに万人司祭説の思想を見て取ることができるだろう．

> しかもその上に我々は祭司なのである．これは王者たることよりも遙かにまさっている．なぜというに祭司職は，我々をして神の前に進み出て他の人のために祈願するに値する者たらしめるからである．（『キリスト者の自由』第十六，邦訳 28 頁）

> それならばキリスト教界において，彼らが皆祭司であるとすれば，祭司と俗人との間には一体どういう区別があるのかと問う者があるかも知れない．私はこう答える．司祭とか教区付き司祭とか聖職者とかこの種

の用語が一般の人々から取りのけられて，今や聖職者階級と呼ばれる少
数の人々にしか適用されなくなったという事実が，これらの用語法を不
当ならしめたのであると．聖書には，学者たちや聖職者たちを単に奉仕
者，僕，執事と呼んで，つまり他の人々に向かってキリストと信仰とま
たキリスト教的自由とを説教すべき任務を負う者となしているだけで，
それ以外に何の差別をも認めていない．（同第十七，邦訳 29-30 頁．ただ
し訳文を改めた）

　このようなルターの立場から見れば，ローマ教皇の下にある全ての教会の
あり方は誤っている．本来の教会のあり方は聖職者が秘蹟を通じた魂の救済
の導き手となるのではなく，「地上における全てのキリスト信者の集まり」
にほかならない．ルターはこれを「信仰における心の集団」とも述べている．
（『ローマの教皇制について』）．ルターは万人が聖職者のように教義を検討し，
教師を呼んで任命し説教の任務を果たさせる信仰共同体としての教会を理想
と考えた．村上みかによれば，こうしたルターの理想的教会論は現実に存在
する宗教的無関心や再洗礼派などの急進派の過激な運動に直面して挫折した
ため，ルターは「目に見える外的教会」と目に見えない「真の霊的教会」を
区別せざるを得なくなった．「目に見える外的教会」はキリストの教えを理
解せずこれに反しさえする罪人が多く存在する教会であり，霊的に存在する
「真の教会」とは別物だというのである．（村上「1. ルターの教会論と教会形成」，
8-9 頁「真の信仰共同体をめざした人々」）．
　ところで，上記のような万人司祭説の思想を前提とすれば，この世のあら
ゆる政治的・社会的地位に関心が向けられても不思議ではない．そうした関
心は究極的には，皇帝や諸侯（領邦君主）などの世俗の君主（俗人）と教皇
（聖職者）の力関係という古くからの問題に関わってくる．この問題に対す
る 1 つの解答は『ドイツ国民のキリスト教貴族へ』（1520 年）にある．もと
よりルターはアウグスティヌス的な霊肉二元論を支持し，肉に対する霊の優
位という立場から，霊の領域を管轄する教皇や司教の役割に期待を寄せてい

た．しかし現実の教皇や高位聖職者たちの行動はそうした期待を裏切るものであった．

　当時のローマ教皇はメディチ家出身のレオ10世であり，その強大な権限とそれに基づく利殖行為，華美な生活は広く知られていた．ルターは『ドイツ国民のキリスト教貴族へ』において，教皇や教皇庁，司教などの高位聖職者が利己的な欲望を優先した行動によってドイツの社会にもたらしているさまざまな害悪を暴き立てる．ルターによればキリスト教徒は誰も皆，洗礼を受けている以上，「みな等しく祭司」なのであるから教皇（教会）の権力は世俗の権力に対して優位に立っているはずはなく，教皇や高位聖職者が聖書や教会法に反した行動を取っている場合には，むしろ世俗の権力がこれを罰するべきであると主張する．ルターは全部で28の点から，世俗の権力や，それに基づいて召集された公会議によって教皇の特権を廃止し，キリスト教界の数々の悪習を改めるべきであると論じているのである．元々，ルターは堕落した現実をキリスト教の根本原理に近づけることで理想を実現しようとした．だが皮肉なことに，彼が理想実現のために採用した方法は，以上に示したとおり世俗の権力者に力を借りることであった．

3.　世俗と信仰

（1）　世俗権力に対する考え方

　ルターは世俗の権力によるキリスト教会への批判を目指していたものの，世俗権力の権限をもちろん全面的に認めたわけではなかった．その範囲・限界を論じたのが『この世の権威について』（1523年）である．ルターが『ドイツ国民のキリスト教貴族へ』によってドイツの貴族（諸侯）たちに対して改革の必要性を叫んでいたにもかかわらず，諸侯の中には，ルターに対する帝国アハト刑の宣告後，ルター訳の聖書やルターの著作の売買・所有，それに基づく討論を禁じる命令をおのおのの領邦内に下す者が現れた．こうした状況下に，世俗の権力者の命令に対して人はどの程度服従すべきかや，権力

者の権威はどの程度の範囲に及ぶのか等といった問題が生ずるに至った．とりわけルターのおこなった説教の聴衆の 1 人であり，ルターにそれを書物にすることを依頼したとされているヨハン公（堅忍侯, Herzog Johann der Beständige, Kurfürst von Sachsen, 1468-1532）は，「悪人に手向かうな」という一節に代表される「マタイによる福音書」5 章や「復讐は私のすることである」という一節に代表される「ローマ人への手紙」12 章の記述をどのように考えれば良いかをルターにただした．これにルターは答えようとしたのである（ルター『キリスト者の抵抗権について』徳善義和「解説」および木部『ルターの政治思想』第 4 章「二王国論の形成」）．

『この世の権威について』は 3 つの部分からなる．第一部では民衆の服従義務の程度，第二部ではこの世の権威の及ぶ範囲，そして第三部で最後に諸侯は権力をどのように行使すべきかが論じられている．第一部では，この世には真のキリスト教徒はごく少数しか存在せず，真のキリスト教徒でない者や悪人，罪人が数多く存在するのだから，神はこの世に 2 つの統治すなわち「信仰深い人々を作る霊的統治」と「外的に平和を保ち，平穏であるようにするこの世の統治」を作った（二王国論）．ルターはこの 2 つの統治をともに必要不可欠であると考える．というのも，もしも霊的統治すなわち模範となる統治を欠けば，誰ひとりとして神の前に義となることはできないからである．上述の「悪人に手向かうな」とか「復讐は私のすることである」という聖書の記述は，あくまでもごく少数の真のキリスト教徒に向けられたものである．彼ら自身にとっては，世俗権力総体の象徴としての剣は必要ないが，それらは隣人の善のためには有用であり，必要なのだという．これに対して，この世の統治が必要不可欠なのは，この世の大多数は真のキリスト教徒ではないために，この世の統治を欠けば，「ただ偽善あるのみ」であり「悪の手綱」が解き放たれてしまうからである．したがって世俗の権力は「全世界にとって大いに必要かつ有用であるから」真のキリスト教徒もこれに服従し，刑吏や捕吏，判事などの職を通じて権力を助けなければならないと主張する．ただしこれは自分自身の利益のためではなく，あくまでも隣人のためである

と説くのである（『この世の権威について』5-39頁，『キリスト者の抵抗権について』所収）．

　第二部では，この世の権威の及ぶ範囲が論じられるが，ルターはそれがあまりに広すぎれば耐えがたく恐るべき害が生じ，それがあまりに狭すぎれば罰することが少なすぎてこれも有害だからであるという．ただ罰することが少ない方がこの世は耐えやすくなり望ましいと考える．広すぎれば真の意味での義人が迫害されるからである．おそらくルターの頭の中にはこの世から悪党を根絶させることなど不可能だという判断がある．

　ルターは神の前にみな平等であるという前提から，権力は信仰を強制することはできないし魂を統治することはできないという．したがって，この世の権威は身体や財産など外的な事柄を超えては及ばない．にもかかわらず，現実には，皇帝や諸侯の一部は，自分たちがよいと思ったことを神の言葉なしに信ぜよと臣下に対して命じている．また本来，神の言葉を説教することによって霊的統治を担うべき教皇や司教が，本来の役割を果たさずにこの世の諸侯となり，ただ身体や財産のみに適用される法をもって統治し，人々の魂を苦しめているという．上なる権威に従えというパウロの言葉は，信仰について上からの命令に従えという意味ではない．ただし，これは一見すると，ルターが信教の自由を認めているかのように思われるかもしれないが，そうではない．あくまでもルターは聖書主義に立脚し，再洗礼派のように幼児洗礼を否定する立場を認めなかったのである（『この世の権威について』40-62頁，ルター『キリスト者の抵抗権について』）．

　第三部では真のキリスト教的諸侯でありたいと願う領邦君主に対して，権力の用い方が論じられているが，彼らは自己の欲望や利益，幸福などではなく，他人の利益や幸福に心を向けるべきであるという．つまりここでは一種の「君主の鑑」論が説かれている．これに対して人民は，諸侯が正義に反した命令を下した場合，これに従うべきでなく，その命令が正しいかどうか判然としない場合には，魂の危険を冒さずにこれに従うべきだという（『この世の権威について』63-81頁，ルター『キリスト者の抵抗権について』）．

(2)　商業と利子について

　ルターの関心の中心は信仰と救いにあったとはいえ，以上に見たように，彼はこの世のことにも大いに関心を持った．そうした関心は経済的な問題にも向けられていた．ドイツではすでに遅くとも 12 世紀以降，フランクフルトで定期市が開かれていた．またマインツ大司教アルブレヒトに資金を融通したフッガー家は，アウクスブルクを中心として鉱山業や金融業によって栄え，ヨーロッパ中に数多くの支店を展開したばかりでなく，現在のインドやマレー諸島，南北アメリカ，アフリカとも通商を結んでいた（諸田『フッガー家の時代』序章，第 1 章，第 2 章）．その結果，香料や金製品や高価な絹などの奢侈品がとりわけ海外と取引され，貿易が進むことによってドイツの都市や村が借金を抱え，人々が利払いで苦しめられている現状があった．

　ルターにとって聖書はあらゆる社会規範，法規範の源である．彼は聖書に基づく良心の観点から商業を考察し，商人の行為が罪深いものであると認識していた．ルターの考えでは商取引は「盗むなかれ」という律法に反している．つまり商取引そのものが「他人の財産の強奪，窃盗以外の何ものでもない」．商人には「できるだけ高く商品を売りたい」という意識があるが，この意識から商人は，掛け売りや買い占め，売り惜しみ，廉売などさまざまな方法によって，弱い立場にある者をさらに追いつめる（『商業と高利』中公世界の名著『ルター』335-336 頁）．こうして商取引は人と人との結合を破壊する，つまり隣人愛に反するのである．

　ところで商取引と関係深い利子は，周知の通り西洋社会において古くから批判の対象とされてきた．教会法（中世カノン法）においてしばしば利息禁止法（制限法）が発布されたことはよく知られている．だが法によって利息が禁止・制限されたということは，利子の徴収が実際には行われていたことを意味する．16 世紀初頭からドイツでは年利 5％までの利子を認めようという風潮が強まっており，年利 5％はルターが『商業と高利』（1524 年）を書いた後の 1530 年に発布された帝国警察令によって正当な利子の上限として実際に認められたという（佐々木「マルティン・ルターと利息」39-41 頁）．

222

　しかし利子の徴収に関しては，少なくともツヴィングリやルターは強い抵抗を示した．ツヴィングリは『神の義と人間の義』（1523 年）において，高利貸は神の御心に明らかに反するものであり，神はいかなる場合でもそれを容認しようとはしないと述べている（『宗教改革著作集 5』76 頁）．ルターは高利貸すなわち隣人に対して一定期間の後に利子やその他の負担をプラスして返済を求め，借りた側を苦しめる者に対しては，その行為を隣人愛に反したものとして批判する．現実には商人ばかりか，聖職者でさえ，教会や教会財産を改善するという名目の下に，実は自己の利益獲得を目的として利息付きで貸し付けることが習慣的に行われていた．こうした現状を批判して，ルターはキリスト教の見地から，貸してほしいと申し出た者に対してはむしろ返済を期待することなく貸すべきであると主張している（『商業と高利』邦訳363 頁）．

　またルターは当時，教会が定めた利息禁止法（制限法）の法網をかいくぐるために行われた利子購買（Zinskauf）についても論じている．利子購買は債権者が貸付金に対する利子をあたかも品物であるかのように定期的に債務者から買い取るという体裁をなした貸し付け方法である．ルターはこの利子購買を「憎むべきかつ敵視すべきもの」と考える．たとえ教会法の処罰の対象から外れていても，それは利子の買い手（債権者）が隣人である売り手（債務者）の利益や福祉を考慮することなしに行われる売買であって，買い手側の利己的な自己愛や貪欲に突き動かされた罪深い行為だという（『商業と高利』邦訳364-378 頁）．

　ところがルターは『商業と高利』の巻末にいたって，利子の適切な割合を探って利子を認めている．それまでの論の進め方からすれば不可解な議論であるが，ともかくルターは利子購買を一定の高利率ではなく，上限を設けるべきことを主張する（『商業と高利』邦訳379-380 頁）．ここには利息制限法を定める教会自らが暴利をむさぼる債権者になっているという背景があると考えられる．ルターは人々を高利の奈落から救うために帝国議会は状況を改善すべきであると考えたのではないか．とすれば，ルターはここでも世俗の権

力者の力を借りることで現状を改めたいと考えていることになる．

　ところで，ルターは『商業と高利』以外にも利子を肯定する議論を展開しているが，彼の利子論に関して，最近の研究では彼は営利ではなく慈善を目的とした利子を認めたという説が唱えられている．佐々木博光によれば，ルターは有能な少年，特に貧困家庭出身の少年を学校に通わせて，聖書や教理問答書の教えを広めたり，洗礼や聖餐を執行できたりする牧師を育てるために，奨学金で支援することを富裕層に要請していたという．富裕層が奨学金のための基金を設けることでそれによって得られた利子を利用すべきだというのである（「マルティン・ルターと利息」54-56頁）．

(3)　ルターの思想の幅広い影響

　1520年代半ばのドイツは，農民戦争の時代である．「革命」と形容されることのあるこの戦争は突然勃発したわけではない．教皇や教会に対しては，一部の領邦君主も農民も以前から不満を募らせていた．しかし彼らはルターが出てくるまで反教皇・反教会の戦いのシンボルを見いだせないでいたが，ルターの出現によって戦いのシンボルを獲得した．しかし，「革命」がいつもそうであるように，領邦君主と農民とは，もともと一枚岩ではなく，いわば同床異夢の連合体であって，最終的には彼らの中の一部が権力を掌握し，連合体は分裂してしまう．

　ルターの思想は当時，幅広く影響を及ぼしたが，その背景として，活版印刷術の発達・普及があったこと，そして人々は「集団読書」によって宗教改革推進派の思想に触れる機会があったことを指摘しておきたい．16世紀初頭のドイツでは，印刷物の種類が飛躍的に増えている．また増大した印刷物は，後世「集団読書」と呼ばれる方法によって読まれていた．「集団読者」とは，宗教改革推進派の印刷・配布したパンフレットやビラのようなものを，字の読める人が字の読めない人々の大勢いるところで音読するという実践である．宗教改革推進派は，新しい印刷術というメディアを非常によく利用した．活版印刷術の発達と「集団読書」によって，ルターの思想や宗教改革に

賛成する人々の考えが急速に広まっていった（永田『宗教改革の真実』第3章，特に40-45頁）．

さて，ルターの万人司祭説は，ルターの元々の意図を離れて，同時代的に強烈な効果を与えた．万人司祭説は，同時代の一部の人々にとっては，既存の権威や秩序に対する戦いの論理になった．万人司祭説を前提とすれば，既存の制度としての教会の意味は非常に軽くなる．受け取り方によっては，これを一歩進めるとアナーキズムに至る．また，万人司祭説は人間は皆，神の前に平等であるから，現実の社会的身分の違いを否定すべきだという受け取り方も可能になる．事実，宗教改革における急進的なセクトは，そうした受け取り方をした．その代表がドイツ農民戦争を率いた指導者の一人であるトマス・ミュンツァーだった．ミュンツァーは，若くしてルターに認められた人物であったが，次第に思想的にルターから離れていく．ミュンツァーはキリスト教的には極端な神秘主義者であり，かつ再洗礼派である．ミュンツァーの神秘主義は，内的経験のみを重視し，聖書の内容も意味を持たなくなる．つまり聖書よりも自己の内面の方が大事だと思うようになる．また，物心もつかないうちに教会で受ける幼児洗礼を無効として，真にキリスト教徒であるためには，成長してから自らの意思でもって洗礼をもう一度受けなければならないという再洗礼派（Anabaptest）の影響を受けるようになる．

こうしたミュンツァーに率いられたドイツの農民・鉱夫などは各地で暴徒化し，教会などを襲撃した．教会への襲撃も「神の国」をこの地上に建設することを目的とした「神聖な暴力」の行使と称して，これを正当化した．政治的要求として有名なのは，「12箇条の要求」で，封建地代の軽減であるとか，領主裁判の公正化，農奴制の廃止などの要求が含まれていた．上述したようにルターは当初は同情的な態度を示したが，結局は抑圧的な態度をとった．こうしたルターの態度には彼の思想の特質を見ることができる．ルターにとって重要だったのは，あくまでも内面であって，地上に新しい秩序を建設することではなかった．

もう1つ，ルターの社会思想の影響で見落とすことができないのは，領邦

の君主たちに対するものである．領邦君主の中には，神聖ローマ帝国やカト
リック教会に対する反発から，ルターを支持するものが多かった．しかし彼
らはルターの思想をそのまま継承したわけではない．ルターは上述の通り
「二王国論」を唱え聖俗の管轄を区別すべきと考えていたが，現実には領邦
君主が教会を統治するという制度が定められていき，ルター自身もこれを認
めざるを得なかったのである．

　領邦君主はドイツ農民戦争で反乱鎮圧の役割を演じたことをキッカケに，
権力を強化させるようになった．実際，神聖ローマ皇帝カール5世に抗議書
を提出したり，ルター派諸侯が結束して「シュマルカルデン同盟」を結成し
たりする．これに対してカトリックの側は，トリエントの公会議（1545～62
年）によって教会の統一を図るが，プロテスタント諸侯とカトリック諸侯と
は折り合わず，1546年に内戦に突入する（シュマルカルデン戦争）．戦争は
皇帝軍（カトリック）が勝利し結局，ルター死後の1555年，アウクスブル
クの宗教会議で，神聖ローマ帝国においては，領邦君主と帝国都市に対して
宗教の選択権が保証され，領民の宗教は領邦君主および帝国都市当局の選択
によって決定することになる（cuius regio eius religio「支配者の宗教はその地
方それぞれの宗教である」）．つまり君主がカトリックであれば，領邦もカト
リック，君主がルター派であれば，領邦もルター派となった．これを機会に，
領邦君主および帝国都市の独立性はますます高まることになる（福田『政治
学史』第4章4節，234-239頁）．

　参考文献

アリストテレス（渡辺邦夫・立花幸司訳）『ニコマコス倫理学』（上）（下），光文社古
　典新訳文庫，2016年

エラスムス（山内宣訳）『評論「自由意志」』聖文舎，1977年

『宗教改革著作集1　宗教改革の先駆者たち』教文館，2001年，ウィクリフ（出村彰
　訳）『教会論』，『祭壇の秘跡について』，フス（中村賢二郎訳）『教会論』を所収．

『宗教改革著作集5　ツヴィングリとその周辺Ⅰ』教文館，1984年

中公世界の名著（松田智雄責任編集，塩谷饒ほか訳）『ルター』中央公論社，1979年，

成瀬治訳『ドイツ国民のキリスト教貴族へ』，山内宣訳『奴隷的意志』，渡辺茂・魚住昌義訳『盗み殺す農民暴徒に対して』，魚住昌義訳『商業と高利』などを所収

ルター（石原謙訳）『キリスト者の自由　聖書への序言』岩波文庫，1955年

ルター（藤田孫太郎訳）『教会のバビロン幽囚』新教出版社，1957年

ルター（徳善義和訳）『ローマの教皇制について』，『ルター著作集第一集3』（聖文舎，1969年）に所収

ルター（徳善義和・神崎大六郎訳）『キリスト者の抵抗権について』聖文舎，1973年

ルター（金子晴勇訳）『ルター神学討論集』教文館，2010年

ルター（植田兼義訳）『卓上語録』教文館，2003年

石坂尚武『どうしてルターの宗教改革は起こったか』ナカニシヤ出版，2017年

木部尚志『ルターの政治思想──その生成と構造』早稲田大学出版部，2000年

佐々木博光「マルティン・ルターと利息──「正当徴利」の登場」『史林』第104巻6号，2021年（http://hdl.handle.net/2433/274449）

滝上正「マルチン・ルターの病歴」『日本医学史雑誌』第57巻4号，2011年（http://jshm.or.jp/journal/57-4/57-4_433.pdf）

竹原創一「ルターの『主張』について──エラスムスとの自由意志論争の背景」『基督教学研究』第34号，2014年（http://hdl.handle.net/2433/268643）

永田諒一『宗教改革の真実──カトリックとプロテスタントの社会史』講談社現代新書，2004年

福田歓一『政治学史』東京大学出版会，1985年

松本宣郎編『キリスト教の歴史1　初期キリスト教～宗教改革』山川出版社，2009年

村上みか「真の信仰共同体をめざした人々──宗教改革期における教会形成の多様性と葛藤」『基督教研究』第79巻1号，2017年（https://doshisha.repo.nii.ac.jp/record/26996/files/00307910001.pdf）

村上陽一郎『ペスト大流行──ヨーロッパ中世の崩壊』岩波新書，1983年

森田安一『ルター──ヨーロッパ中世世界の破壊者』山川出版社，2018年

諸田實『フッガー家の時代』有斐閣，1998年

第12章
カルヴァン

1. はじめに

(1) ルターとの状況の違い

　カルヴァンの社会思想を検討するにあたって，その前提となる事柄を，ルターの場合を手がかりとして確認しておきたい．ルターがカトリック教会を批判する先駆け的な存在であったのに対して，25歳年少のカルヴァンにとってすでに教会は批判されて当然であった．むしろカトリック教会批判の急進化が進み，再洗礼派に典型的に見られるようにルターの唱えた聖書主義すらも疑問に付され，また教会や祭儀のあり方をめぐってもさまざまに論じられた．聖書や教会や祭儀という，本来人々を結合させるキッカケについての考え方の違いは，人々の分断・対立をより一層深めたと考えられる．したがってカルヴァンは，イエズス会の設立（1534年）に象徴される対抗宗教改革を推進するカトリック教会だけでなく，再洗礼派に代表される急進的な勢力をも批判の対象とする必要があった（田上『初期カルヴァンの政治思想』第1章）．また人々はペストの襲来を常に警戒する必要があったし，実際，疫病の地域的な流行はしばしば見られた．それゆえトマス主義の楽観的な理念の説得力はますます弱まっていたと考えられる．このことは人間に対する見方が，非常に悲観的になってきているということと深く関連する．

　こうした悲観的な人間観がしばしば見られるようになった16世紀において，カルヴァンはルターの問題を引き継ぎながらもそれとは異なる独自の課

題を背負い，これを解決しようとした．カルヴァンは思想の営みの場をジュネーヴに置いて，改革宗教をより推進し，この世の事柄も，独自の神学から演繹された理論に従って組み立てなおそうとした．カルヴァンの社会思想も，その生涯と置かれた状況を無視して理解できるものではない．そこで簡単にその生涯から検討しよう．

(2) カルヴァンの生涯

　カルヴァンは，パリ北方ピカルディ地方の小都市ノワイヨンで生まれ，少年の頃から教会で聖職禄を得て，その後パリにやってきて神学や法学を勉強するうちに次第に改革宗教に傾倒するようになった．カルヴァンの回心は突然のことであったらしく，詳しいことはわかっていない．いずれにしてもこのとき既に，ルターの福音主義的改革がヨーロッパ各地に広まっており，プロテスタントとカトリックとの対立は深まっていた．そうした折り，1534年の秋に，教皇を攻撃するビラがフランスの各地に数多く貼り出された（檄文事件）．この事件をキッカケとして国王フランソワ1世がプロテスタントを弾圧しはじめたため，カルヴァンはスイスのバーゼルに向けて避難する．バーゼル滞在中に代表作『キリスト教綱要』（以下『綱要』と略し，引用箇所は例えば最終版の『綱要』第2編2章8節を単に2, 2, 8と略記．ローマ数字は邦訳の巻数を示す）を執筆した．

　『綱要』（初版1536年，原典はラテン語）は，プロテスタントに回心した者の手引き，教育書として書きはじめられた．ところがカトリックが，檄文事件の首謀者たちはあらゆる国家を転覆し，法を否定しようと企んでいると非難したが，国王フランソワ1世自身がそうした非難の主体の1人であることがわかった．そのためカルヴァンはこの本を，プロテスタントの教義の弁明書，護教書として執筆しつづけることにした．したがって第4章までが教育書として書かれ，5章，6章は護教書として書かれたという（久米『人類の知的遺産28　カルヴァン』II-5, 126頁）．初版の翻訳には「フランス国王への序文」が掲載されているが，そこには自分は再洗礼派のように法を否定し政府

を転覆しようとしているのではないと書かれている（久米あつみ訳『綱要』
(1536 年版), 12 頁). 再洗礼派はツヴィングリの改革運動から派生した宗派
であって, 個人の自覚的な信仰に基づいて洗礼を受けるべきだと主張し, 幼
児洗礼を否定する, 非常に急進主義的な思想と見られており危険視されてい
たといってよい. 特にドイツのミュンスターで発生した内紛は 1534 年から
翌年にかけて再洗礼派の支配によって財産共有制や一夫多妻制の導入による
結婚の強制などの無謀な方策が採用されたほか, 道徳的腐敗や飢餓が蔓延し,
掠奪が行われ, 最後は皇帝軍によって鎮圧された（H. グレシュベック『千年
王国の惨劇』49-51, 83-107, 180-181, 222-228, 259 頁以下参照).

　このことから, カルヴァンは自分たちの仲間が,「全ての政体や王国を転
覆し, 平和を乱し, 全ての法を破壊し」ようと企む無政府主義的な再洗礼派
であると見なされてしまうことを危惧し, そうした誤解を解くようなことも
付け加えて執筆を続けていったと考えられる. こうして『綱要』は, 1536
年 3 月, バーゼルで初めて出版された. 出版されると, たちまちのうちに各
国語に翻訳され, ヨーロッパ各地に広まっていく.

　さて 1536 年夏, カルヴァンはストラスブールでの会議に出席した後, た
またまジュネーヴに一夜の滞在をしようと宿泊したところ, この町での宗教
改革に後半生を捧げることになった. ジュネーヴでやはり宗教改革を推進し
ていたギョーム・ファレル（Guillaume Farel, 1489-1565）に協力を執拗に懇
願され, 半ば脅されたカルヴァンはジュネーヴで宗教改革を実践することを
決心する. 当時のジュネーヴは人口 1 万 3000 人ほどの小さな町だったが,
サヴォワ公の支配から独立してまだ間もなく, 隣には強大なカトリック国フ
ランスに接していたにもかかわらず, いまだ信仰告白の条項や教会規定も持
たなかったので, 信仰共同体としての基盤は脆弱だった. カルヴァンはファ
レルとともに市参事会に対して「教会規定」の草案を提出し改革を推進しよ
うとした. しかし聖餐や破門, 信仰告白の義務化など, 教会を国家から自律
した組織にする考え方が, 市民からの抵抗を受けたため, カルヴァンもファ
レルも市にとどまることができなくなり, 1538 年にカルヴァンはストラス

ブールへ，ファレルはヌーシャテルへ赴いた（A. デュフール『ジュネーヴ史』第2編1章，82-83頁）．カルヴァンはマルティン・ブーツァー（Martin Bucer (Butzer)，1491-1551）らによってストラスブールに引き入れられ，そこで改革運動を展開した．

　3年後の1541年9月にカルヴァンはジュネーヴに戻って，再び改革事業に乗り出す．しかし依然として反対派の声も高かったが，ミシェル・セルヴェ（ミカエル・セルヴェトゥス Michel Servet, Michael Servetus, 1511？-53）事件をキッカケに両者の対立の決着がついた．セルヴェは三位一体説を否定したスペイン人修道者であった．三位一体をめぐる論争にはカルヴァン派と反カルヴァン派の対立が絡んで状況は複雑化した．結局，チューリヒ，ベルン，バーゼルなどがカルヴァン派を支持したため，市参事会はセルヴェに有罪の判決を下しセルヴェは処刑された．

　処刑は人々から批判を浴びた．とりわけ事件直後にはセバスチャン・カステリヨ（シャテヨン Sebastian Castellio (Châteillon)，1515-63）が，『異端は迫害さるべきか』を著し，宗教的寛容の立場からこれを痛烈に批判した．すなわちキリストがこの世を去るにあたって，論争なしに平和に生きることを命じたにもかかわらず，三位一体や自由意思，死後の魂の状態などについて論争している．それらについての知識は人間を立派にするわけでもなければ，救いに何の役にも立たないと述べている（『異端は迫害されるべきか』，『宗教改革著作集10』特に40-41頁）．しかし，カルヴァンは，セルヴェ処刑の正当性を繰り返し訴えることによって，人々を説得しようとした．その説得が功を奏し，ジュネーヴはカルヴァン派の支配するところとなった．

　ジュネーヴの政情が安定するとカルヴァンは改革事業をますます推進していく．テオドール・ド・ベーズ（Theodore de Bèze, 1519-1605）とともに現在のジュネーヴ大学の前身にあたる学校をつくって教育改革をしたり，説教したり，『綱要』の改訂作業をしたりした．1559年版『綱要』は何度も推敲を重ねた上での最終版である．カルヴァンがこのように改革を推進することで，多くのカルヴァン主義者たちが産み出されるようになる．重要なのは，

このようにジュネーヴで教育を受け，カルヴァンの説教を聞いたプロテスタントたちが，改革宗教をヨーロッパにひろめるべく，宣教師となって各地に散らばっていったことである．周知の通りカルヴァン主義の教えを受けたヨーロッパ各地の非国教徒や反政府勢力はピューリタンやユグノー，ゴイセンなどと呼ばれるようになった．ルイ・マンブール（Louis Maimbourg, 1610-86）『カルヴァン派史』によれば，フランスの自称改革派教会が，ジュネーヴで確立された信条と規定を受け入れたとき，その教会に所属する人々の呼称は，ジュネーヴにおけるツヴィングリ派の異端者である「エニョ（Eidguenots, Eidgenossen, 盟約者の意）」を少し変えてユグノーと発音されるようになったという（『ピエール・ベール著作集　補巻「宗教改革史論」』「付属資料・解説」1534-1535 頁）．

2.　聖書主義

(1)　人間観

　カルヴァンの思想的課題は，ジュネーヴにおいて改革宗教を確立することによってこれを統合し，さらに新たなキリスト教思想によって世界を変革することであった．ここでは，そうした思想の根本にある人間観と，それと深く関連するとともにルターから受け継いだ聖書主義の考え方，そしてカルヴァン独自の教会制度，国家と権力，経済についての考え方について検討したい．近年の研究によれば，カルヴァンの中心思想はその予定説にではなく，聖書主義および長老会制度に見られるとする解釈が有力視されている．とりわけ予定説は，山本通によれば，むしろカルヴァン没後のユグノー戦争やオランダ独立戦争などの宗教戦争の中で有力となり，「永遠の滅び」を宿命づけられた敵と，「永遠の生命」に定められた味方とを対比するために強調されたという（『禁欲と改善』第 1 章 13-14 頁）．

　カルヴァンが最も重視したのは神の認識である．そのことは『綱要』最終版の第 1 編が神の認識から論じられている点に窺うことができる．カルヴァ

ンによれば，神を認識するとはすなわち神を恐れ敬うことであり，神を認識するためには神の言葉を知る，つまり聖書を読む必要があるという．ここにカルヴァンの聖書主義の出発点がある．そして神の認識には礼拝がともなうという．教会制度を重視しようとするカルヴァンの姿勢の端緒をここに見ることができる．

　しかしながら人間はこの神認識に到達するのがこの上もなく非常に困難であるとカルヴァンは考える．そうなった究極の原因は人間の堕落にある．カルヴァンは繰り返し，神の視点から見た場合の人間の無知，弱さ，愚かさ，汚らわしさ，偽善など，要するに人間の悲惨さを強調する．つまりカルヴァンの人間観は非常に悲観的である．アウグスティヌスやトマス・アクィナスは悪の根源を人間の自由意思に求めた．神の恩寵が不可欠であるとはいえ，彼らは善の選択の可能性を残した．ところがカルヴァンはルターと同様に自由意思を認めない．『綱要』第2編1章8節には次のようにある．

　　　われわれの本性は，単に善を欠き，善にむなしいというだけでなく，実
　　　に，いっさいの悪には富み，実り多く，これは活動しないではおられな
　　　いからである．(2, 1, 8,『綱要』II, 26頁)

　また同第2編2章7節には次のようにも書かれている．

　　　そのようなわけで，人間に「自由意思」があると言われるのは，彼が善
　　　をも悪をもひとしく自由に選びとる力があるからではなく，悪を強制さ
　　　れてではなしに，自発的に行うからである．(2, 2, 7,『綱要』II, 40頁)

　このようにカルヴァンは神の視点から見た場合に，人間を罪を犯さざるを得ない存在として見ている．人間は悪だけしか欲しない．神が人間に良心を植えつけたにもかかわらず，人間は，自己愛によって自己を過信し功名心に目がくらみ，善きもの正しいものを見ることができなくなっているという．

カルヴァンの人間に対する懐疑的・悲観的な見方は理性に対する評価にさえ
も現れている．すなわちカルヴァンは「われわれの理性はあのように多くの
でたらめの中に埋め込まれ，あのように多くの誤謬に隷属し，あのように多
くのさまたげにはばまれ，あのように多くの窮乏の中に引きこまれて，われ
われを確実に指導することから余りにもへだたっている」(2, 2, 25,『綱要』II,
62 頁) と述べている．

(2)　人間の自由と聖書主義

したがってカルヴァンは，このように腐敗した人間がいかなる行いをなそ
うともそれでは義に至ることはないと考える．人間の行いはどこかしら不純
であり，どこかしら不完全だからである (3, 17, 9,『綱要』III/2, 62 頁)．それ
ゆえカルヴァンは行いの義を信仰による義によって補強しなければならない
と考える．

信仰によって義を得るためには，絶対的な神に対して服従することが不可
欠である．カルヴァンは人間の自由を神への服従に求めた．服従することを
自由と考えるのは矛盾しているように見えるが，この自由なしにはキリスト
も福音も魂の平安も正しく認識されないとカルヴァンは考える (3, 19, 1)．
自由の内容は次の 3 点によって体系化される．第 1 に「律法からの自由」で
ある．神の命令たる律法は人間にとってはあまりに高みにあるため，人間は
ただ自己の無力を知らされるだけである．それゆえ律法ではなく，ただキリ
ストのみを直視し，キリストに絶対的に帰依する (3, 19, 2)．第 2 に「強制
によらぬ自発的な服従」である．すなわち良心は律法の支配下では絶えず恐
怖におののいてしまうため，このくびきを拭い去って神の意思に自発的に服
従することが必要だという (3, 19, 4)．そして第 3 に「外的なことに関して
の自由」である．つまり日常的な物事を利用したり，それに対して無関心で
あったりすることは自由に任されている．日常的な事柄のどれを選択するこ
とが神の意思にかなうかを考えはじめたらキリがないからである (3, 19, 7.
以上『綱要』III/2, 87-93 頁．住田『カルヴァン政治思想の形成と展開』第 2 章,

特に 53-66 頁も参照).

　カルヴァンの思想に関しては従来，第 3 版以降の『綱要』で展開される予定説（3, 20, 1-7）をその中心に位置づける解釈が支配的であった．言うまでもなくマックス・ウェーバーの解釈の影響である．しかしウェーバー自身も予定説それ自体が実はカルヴァンの中心思想とは考えてはいなかった（『プロテスタンティズムの倫理と資本主義の精神』第 2 章 1 節，『綱要』193-194, 201 頁）．予定説とは神はこの世界を創造したときから人間各個人について，永遠の救いにあずかれる者と，永遠の滅びを約束された者とを予め定めているという考え方である．したがって予定説によれば，カトリック教会が説く祭儀への参加や隣人愛の実践など，人間の側での行いが救済につながることはない．そのためカルヴァン主義者たちは自らの救いに関して不安や疑惑を覚えたというのがウェーバーの解釈であるが，住田博子によれば，この予定説の意味を律法からの自由という視点から考えた場合，それは人々に不安や疑惑をもたらすのではなく，むしろ信者に永遠の生命を保証するものであったという．つまり自己の救いを得るための水準に至るまで律法を遵守するのは人間には不可能であるから，救済への道は，自己の無能力を認め絶対的な神を信頼する以外になく，それであれば人間にも可能であるとカルヴァンは考えたのであるという（『カルヴァン政治思想の形成と展開』第 2 章，特に 57-59 頁）．

　人間は，自己愛から離れることができないから律法を自らの義務としてその要求に完全に従うことはできない．そこでキリストの力によって，自らの汚れと腐敗を拭い去り，神と隣人を愛することが人間に求められた．言い換えればアダムの子でも天使でもないキリストが，「仲保者」すなわち人類の罪を十字架の死によってつぐない，神と人間との間に立って人類を救うという務めを果たすために人間の姿を取る必要があったという．神であるだけでは人間のように死を味わうことができず，ただ人間であるだけでは神のように死に勝つことができないからである（2, 12, 3,『綱要』II, 272 頁）．こうしてキリストの死によって，本来神に受け入れられないはずの人間が受け入れら

れ，罪に定められるべき人間の罪が赦される（村上『カルヴァンの経済倫理
(1)』111 頁）.

　キリストの役割は人間の側の信仰によって知られる．そしてその信仰の支
えは聖書にある．つまりルターの場合と同様に，カルヴァンも正しい信仰の
拠り所を聖書に求めるのである．聖書は人間の思い上がりを抑制し，へりく
だらせる（3, 18, 5,『綱要』III/2, 78 頁）．このようにカルヴァンは聖書の重要
さを説いた．ジュネーヴにおいて日々説教を行い，新旧聖書の各編に対して
膨大な註解を残している．

3.　カルヴァンの制度・国家・経済観

(1)　教会制度

　カルヴァンは信仰の拠り所を聖書に求めたが，人間はもとより愚かで怠惰
であるから信仰を確固たるものとするには，外部からの支え，つまり「目に
見える教会」を必要とすると考えた．教会では信者の信仰を育み，堅固なも
のとするために聖礼典（サクラメント）を実施し，福音の説教を効力あるも
のにするために牧師たちにそれぞれの役目を授けるべきだと考えた（4, 1, 1,
『綱要』IV/1, 17 頁）．1541 年にストラスブールから帰還した後，カルヴァン
は自ら起草した「ジュネーヴ教会規則」に基づいて教会を再編成した．すな
わち福音の教義の正当な保持，信者の適切な教育，貧者救済のための病院の
管理などを教会に期待したが，教会には 4 つの職制を定めた．牧師 pasteurs
（教役者 ministres），教師（docteurs），長老（anciens），執事（diacres）である．
このうち牧師職は先任の牧師たちによって推薦された後，教義の知識と生活
について試験を受け，ふさわしければ民衆の前で説教した後に市参事会に
よって任命される．その職務は神の言葉の宣教，教化・訓戒・勧告・叱責，
聖礼典の執行などである．教師職は牧師の助手として，教義の保持にあたる．
具体的には学校の職務を担当し聖書の釈義を行う．すなわちジュネーヴ教会
は救済の導き手ではなく，聖書という束縛性の強い教科書の内容を伝える教

育機関として機能していたと言ってよい．現在でもジュネーヴのプロテスタント教会へ行けば，牧師が聖書を片手に信者たちにその内容を解説する様子をうかがうことができる．長老職は牧師とともに長老会（宗務局 Consistoire）を構成して，ジュネーヴの人々の習俗・生活を監督・監視し，生活の乱れた者には暖かく訓戒して必要な場合には牧師会（Compagnie）に報告する．最後に執事職は，宗教上の亡命者の流入とともに増大する困窮者の財を受領・分配・保持することを目的として委任され，施療院において会計と看護を担当した（倉塚平訳「ジュネーヴ教会規則」『宗教改革著作集15』87-104頁）．

　こうした教会を中心としてジュネーヴに信仰共同体が組織された．「教会規則」には世俗権力と教会との相互的な独立が慎重に規定されており，当初は市民から反発を受けていた教会の独立も認められたことになる．ジュネーヴの教会は教育機関として公認教義を教授するとともに，上述の長老会を通じて教義および信仰共同体の維持を図った．すなわち長老会は牧師会のメンバーと，正直かつ思慮分別があり，善き生活を送る12名の世俗会議（市参事会，六十人会，二百人会）のメンバー（俗人）から構成されていた．教会統治に俗人が参加している点に長老会の特徴がある．長老会は，公認教義を批判したり，教会秩序を蔑視したり，教会への列席を怠ったりする者に対して，陪餐停止や追放や破門の懲罰を下すことができた．とりわけ注目すべきは長老会が婚姻に深く関与していた点である．婚姻はカトリックにおいて秘蹟の1つとされていたが，プロテスタンティズムにおいては堅信や告解，叙階，終油とともに聖礼典からは除外された．長老会は「婚姻生活の逸脱」に関して注意を払い必要に応じて当事者を召喚した．召喚するために採用されたのは相互監視である．長老会は人々の私的生活にも監視の目を向け，それによって人々の道徳秩序を保持し，共同体の基盤を確固たるものにしようとしたと考えられる（住田『カルヴァン政治思想の形成と展開』第4章，特に169-175頁）．

　このようにカルヴァンは，周辺領域をカトリックに囲まれていたジュネー

ヴを新たな信仰共同体として盤石のものにしようとしていたのである.

(2)　国家論

　それではカルヴァンは国家についてどのように考えていたか. それを論じたのが『綱要』第 4 編 20 章である. 教会制度はジュネーヴの内側から信者の結束を固める効果があったと考えられるが, 国家論はジュネーヴの外側からのイデオロギー的脅威に対抗して論じられる必要があった. 外側の脅威とは主として再洗礼派と, 過度に君主の支配権を崇め, それを神の支配権と同等と見なす者とである. 再洗礼派は神の言葉を軽んずることで無秩序をもたらすからである (4, 20, 1,『綱要』IV/2, 231 頁). カルヴァンは再洗礼派の脅威を予防しない限り, 純粋な信仰を維持することはできないと考える.

　カルヴァンによれば, 霊的統治 (魂の統治) と肉的統治 (身体の統治すなわち世俗統治) とは別物であり, 全く別の原理に立つ. しかし再洗礼派はこれら 2 つを混同し, ただキリストのみを仰ぎ, 人間世界にいかなる政府も認めようとしない. 彼らは権力が存在する限り人間には自由はなく, 政治上の原理は忌まわしいものと考えるが, むしろカルヴァンは霊的自由は政治的な服従とよく共存しうるし, 肉的統治は健全な信仰生活を保持する助けとなるとさえ主張する. カルヴァンは次のように述べている.

　　……この世の支配には「われわれが人々の間で生きる限り, 神に対する
　　外的礼拝を育成・保護し, 敬虔の健全な教義と, 教会の立場とを守り,
　　われわれの生活を人類社会に適応させ, われわれの生き方を世俗の社会
　　の正義に合わせて整え, われわれを互いに和解させ, 公共の安寧と静穏
　　とを維持する」という目的が定められている. ……しかし, もし神の御
　　旨は, われわれが真の祖国 (天国――引用者) をあこがれている間は,
　　地上を遍歴する身であり, また地上の遍歴にはそのような助けが必要だ
　　ということであるならば, この助けそのものを人から取り上げるものは,
　　人間から人間性を奪い去るものである. (4, 20, 2, 訳語を一部変更,『綱

要』IV/2, 223 頁）

　カルヴァンはこのように世俗統治の有用性を健全な信仰，健全な宗教を保障する機能に見出している．

　そればかりかカルヴァンは，世俗統治の担い手たる行政官は神から権力を授与されており，その務めを通じて神に仕えるべく裁判を行うことで神の役目を代行するとまで述べている（4, 20, 4,『綱要』IV/2, 234-235 頁）．それゆえ行政官の務めを侮辱するものは神そのものを侮辱するのと同等のことをなしている（4, 20, 7,『綱要』IV/2, 238 頁）．これは伝統的な受動的服従の考え方であるとみてよい．繰り返しになるが，カルヴァンがこうした国家観を示すことができるのは，霊的統治と肉的統治とを区別しているからに外ならない．

　しかしながらカルヴァンは，世俗権力とりわけ君主権力を過度に評価する思想に対しても警戒を怠らない．再洗礼派は聖書を根拠に全てのキリスト者には王や統治者になることが禁じられたと主張するが，カルヴァンによればキリストは，『新約聖書』の中で多くの弟子のうち誰が他の者よりも高く秀でているかについて論争が起こった際に，彼らのうちの単に一人だけが卓越する王権のようなものは持つべきでないことを教えたのであって，神が立てた統治形態には一人支配以外にもさまざまなものがあると述べているのだという．カルヴァンは君主政，貴族政，民主政の 3 つの統治形態を比較し，それぞれの欠点を指摘する．支配がただ一人による君主政は，容易に暴政に堕落する傾向にあり，主要な人々や外見上立派な人々によって支配される貴族政は少数者の党派政治へと，君主政と同じくらい容易に堕落する傾向があり，民主政に至っては騒乱に堕する傾向はこれらよりもはるかに容易であると述べる．カルヴァンが君主政の国家を高く評価しないのは，自己を抑制し正義と公正から離れずに，英知と洞察の深さとをもって統治できる個人がまれにしか存在しないがゆえに，人間の悪徳や欠陥を考慮すれば複数の人間が統治する方が被治者にとってはより安全でかつ忍従しやすいからである（4, 20, 8,『綱要』IV/2, 239-240 頁）．カルヴァンはこのように 3 つの統治形態を比較検

討した後，貴族政か，あるいは貴族政と民主政とが適度に調和された統治形態が，他の全てよりもはるかに優れた統治形態であると主張する．これは，民会，二百人会，六十人会，市参事会といった複数の会議によるジュネーヴの統治を理論的に支持しようとした姿勢の現れであると考えられる．

(3) カルヴァンと抵抗権

カルヴァンはこのように再洗礼派とは異なって，世俗統治をあたまから否定しない．カルヴァンは受動的服従の原則に立つため，世俗統治が悪しき支配者によるものであったとしても，「神の裁き」としてこれに服従すべきであると主張する (4, 20, 24; 25, 『綱要』IV/2, 258-260 頁)．神が「忌まわしくも凶暴な暴君」への服従を求めたのはもっぱら「彼が王国を掌握していた」ためであるという (4, 20, 27, 『綱要』IV/2, 261 頁)．後世のパスカルの「力は正義なり」の思想を思い起こさせる．

それゆえ，王は神によって「油を注がれた」，つまり選ばれた者なのであるからこれに対する反抗は神の意思に背くことを意味するのである．つまりカルヴァンは端的に抵抗権を否定している．

> たとえその権威が最もふさわしくない人のうちに置かれ，彼らができる限りその権威を汚していようとも……放埒な支配に対する強制は，主の与えたもう報復であるとしても，そのゆえをもって，我々は直ちに自分にはその務めが命じられたと考えてはならない (4, 20, 31, 『綱要』IV/2, 265 頁)

しかしながらカルヴァンはこのような服従は私人にのみ限定されることであると断り，単なる一私人ではなくて，スパルタの監督官やローマの護民官，アテナイの長官（デマルコイ）のように，人民を擁護するために支配者の恣意を抑制する役職が立てられている場合には，彼らが国王の凶暴な恣意を断ち切ることを禁じないと断言している (4, 20, 31, 『綱要』IV/2, 265 頁)．さら

に支配者への服従は，人々を神に対する服従から離れさせるものであっては
ならない．すなわち支配者が神に反逆して何かを命令した場合にはそれを決
して認めてはならないのである（4, 20, 32,『綱要』IV/2, 266 頁）．すでに見た
ように，カルヴァンの考える人間の自由は神への服従にあるから，こうした
考え方をその必然的帰結として見ても差し支えないだろう．

　注意しなければならないのは，カルヴァンがこうした考え方を示したから
といって，学説上は，彼が抵抗権を認めたとは考えられていない点である．
しかし事実として，この考え方がカルヴァン派に抵抗権を主張させる土壌と
なったことは否定できないであろう．カルヴァン自身は抵抗権を認めなかっ
たが，カルヴァン派の牧師たちはジュネーヴからフランスやオランダなどに
渡り，その教えを広めようとする過程において彼らは抵抗権を主張せざるを
得なくなったのである．ジュネーヴではカルヴァンとベーズが設立した神学
校において牧師たちは教育を受けた．フランスに渡った彼らは密かに改革派
教会の設立を進めていた．上述の檄文事件以来，フランスでは散発的にカル
ヴァン派に対する迫害・弾圧が行われたが，カトリックの貴族ギーズ公フラ
ンソワ（François de Guise, 1519-63）によるヴァッシー虐殺事件を発端とし
てユグノー戦争が始まった．カルヴァン派が抵抗権を主張せざるを得なく
なった転換点は，この戦争中の 1572 年 8 月に発生した「サンバルテルミの
虐殺」である．

（4）　テオドール・ド・ベーズと抵抗権

　この事件の直後に現れた抵抗権論には，フランソワ・オトマン『フラン
コ・ガリア』（1573 年）やベーズ『為政者の臣下に対する権利』（1574 年），
ステファヌス・ユニウス・ブルトゥスの偽名で書かれたが，実はフィリッ
プ・デュプレシー=モルネ（Philippe Duplessis-Mornay, 1549-1623）作とされ
る『暴君に対する請求権（*Vindiciae contra tyrannos*）』（邦訳名「僭主に対する
ウィンディキアエ」1579 年）等が知られている．

　この中で例えばベーズは，トマスに見られる中世の法思想やローマ法学者

たちと同様に，権力簒奪者と合法的君主が暴君化した場合の 2 つの場合を分けて議論する．第 1 に権力簒奪者および「隣国の自由を犠牲にして」領土を拡大しようとする君主に対しては，私人たちが合法的な為政者に訴えて，公の権威と人民の同意によってできる限り暴君を排除すべきであり，これに抵抗すべきだと訴える（丸山忠孝訳『為政者の臣下に対する権利』五，『宗教改革著作集 10』114-116 頁）．第 2 に，合法的君主だった者が暴君に成り下がった場合に，ベーズは臣民を 3 種類に区別し，まず全くの私人，次に権力者の命令に服従する「下級官吏」，最後に最高権力は行使しないが君主を制御する地位にある為政者として議論を展開した．全くの私人は「人民の自由意思に基づく同意によりすでに統治をおこなっている暴君に対する武力抵抗は許されない」．これに対して選挙や世襲によって国王になった者はその条件のもとで国王として認められ，統治を委ねられたのであるから，彼がそこから逸脱した場合は，下級官吏すなわち「王権や王国に仕える役人」は国王への誓約から解放され，王国を守る権利のもとおこなわれる「王国に対する公然たる圧政への抵抗」は認められると主張する．さらにそもそも為政者は人民のためにあるから，人民が王を創設した際の条件に国王の側に明らかな背反があったとき，人民は国王の権威を剥奪する力を持っているという（同六，117-124 頁）．ここで論じられた抵抗権は，宗教上の迫害を受けた場合についても当てはまる．ベーズによれば，宗教とは強制の許されない良心に関わることであるがゆえに，本来は武力によって守られるべきではない．しかし正義や力に関わる防御手段が霊的な防御手段と相反すると見なすことは無意味であり虚偽であるという．それは善良な為政者の務めは「神が彼に委ねた臣民の間で，神が王の王として認められ，また礼拝されることを実現することにあるから」である．したがって君主が臣下の良心を偶像崇拝へと強制する場合には，真の宗教の実践を認める布告が発せられている限り，君主はその布告を守るか破棄するかのいずれしかないのであるから，君主がそのいずれもできないのであれば，臣下は抵抗することが許されると主張するのである（同十，143-147 頁）．

　このようにカルヴァン亡き後，カルヴァン主義者たちは抵抗権を前面に押し出すようになった．16世紀半ば以降，フランスやオランダ，イングランド，ドイツなどヨーロッパのここかしこで分断と対決の状況が展開する．

(5)　カルヴァンと商業

　さて，カルヴァンの社会思想を締めくくるにあたって，当時ますます盛んになりつつあった商業についてカルヴァンがどのように考えたか簡単に検討しておきたい．

　カルヴァンが宗教改革を開始した前後は，ジュネーヴの経済は流動的な時期にあった．ヨーロッパの交通の要衝であり，早くから司教座の置かれたジュネーヴでは，14世紀にはすでに大市が定期的に開催され，15世紀にはイタリア・フィレンツェの金融業者であるメディチ家が支店を開店しヨーロッパ屈指の商業都市として繁栄した．しかし15世紀半ばからリヨンに大市が開かれるようになり，それにともなってメディチ銀行がリヨンに移転したことでジュネーヴの大市は衰退した．ジュネーヴは次第に商業都市から時計産業，繊維産業などの手工業都市へと移行していったが，16世紀に宗教改革が開始されて以降，避難民の流入による人口増大とそれに伴う消費拡大・物価高騰を見たという（『国際都市ジュネーヴの歴史』第2部，特に第7章（岩井隆夫執筆），第8章（尾崎麻弥子執筆）を参照）．

　このような状況において，カルヴァンは商業をおおむね是認する考え方を示したといってよい．商業や富についての考え方の大前提として，人間が神のために生き，神のために死ぬべきであり，「できる限り，おのれ自身とおのれのものを忘れなければならない」という思想が基本にある（『綱要』3, 7, 1,『綱要』III/1, 194頁）．そして経済についての考え方を知る手がかりは，カルヴァンの膨大な聖書註解が有益である．『コリント後書註解』（9, 10）や『創世記注解』（2, 15）によれば，そもそもカルヴァンにとってこの世の富は人間に与えられた「神の恵み」であり，人間は「全ての持ち物についての神の財産管理人」であって，「無為または怠惰に寝そべるためではなく働くた

めに創造された」という（カルヴァン『旧約聖書註解　創世記 I』69-70 頁）．
神の求めるわざを実行するために，信仰をもって働かなければならないので
ある．

　もとよりカルヴァンは再洗礼派のように，この世にある貧富の差それ自体
を否定することはない．ただ現実の人間がしばしば神への献身の義務を忘れ，
労働の果実としての富をひたすら独占しようとしがちである点を問題視する．
キリスト者は「自分の所有物も，ただ自分の用に供するためにだけ，所有し
ているのではない」のである．それゆえ富を蓄えた者には，隣人愛の実践す
なわち「隣人の窮乏に援助の手を差しのべること」が求められる（『コリン
ト後書註解』9, 10, カルヴァン『新約聖書註解 IX　コリント後書』164-166 頁）．

　カルヴァンの商業観について手がかりとなるのは，「マタイによる福音
書」第 25 章 20 節以下にある，旅に出る主人から預かった 5 タラントを元手
に商売をして 10 タラントに増やした召使いの有名な逸話に付された註解で
ある．カルヴァンはこの召使いを「善良な人」とみなし，多種多様な商売の
目的と使用は，人間「相互の交わりを推進するためのもの」とポジティヴに
評価する．そしてここで得られた「もうけ」が「神の栄光をあらわす，信者
たち全体に共通する利益または向上」であると述べている．これに対して同
じく主人から 5 タラント預かっておきながらそれを地中に埋めた召使いは主
人からそれを取り上げられるが，この召使いに関してカルヴァンは，「自分
の安寧を考えて何の労苦も望まず……自分や自分の利益に専念するが，愛の
あらゆる務めから逃れ」ていると厳しく非難しているのである（カルヴァン
『新約聖書註解 II 共観福音書下』「マタイ 25, 20」169-170 頁）．こうしたカルヴァ
ンの商業観は前章で見たルターのそれとは明らかに異なっていると言えるだ
ろう．

　さらにカルヴァンの利子についての考え方をめぐっては，森井眞が翻訳し
た，日付も宛名も不明の書簡が手がかりになる．書簡は名宛て人がカルヴァ
ンに求めた助言に対する返信として書かれた．カルヴァンによれば，いかな
る利息付き貸付も全面的に禁ずるとは聖書に書かれていない．「ルカによる

福音書」第6章35節の「何も当てにしないで貸してやれ」という言葉は曲解されてきた．これは金の貸し借りという「世間の悪しき習慣を改めることを願って」，もし貸すのなら返済できそうもない貧者に貸すことを聖書は命じているにすぎないという．注目すべきは，カルヴァンが「金は金を産まない」という利子を禁ずる際の伝統的な論拠に対して，「お金から若干の果実を取ることは許されないのだろうか」と疑問を投げかけ，「お金を箱の中に閉じ込めておけばそれは実を結ばない」と述べて，上述の地中に5タラントを埋めた召使いをその主人が非難したときと同様の論拠を示している点である．こうしてカルヴァンは利息付き貸付の是非は「公正の原則に従って」判断すべきだと説くのである．その際カルヴァンは利息付き貸付にいくつかの制限を設けている．すなわち貧者からは利子を取らないこと，借りた側が借りたお金と同額あるいはそれ以上に儲けてはならないこと，何が正しく何が公正であるかの物差しは神の言葉を用いること，その地方ごとの公法が認める範囲を越えないこと，などである（森井『ジャン・カルヴァン』22章，287-292頁）．カルヴァンは，人間が神のために生きることを前提としていたとはいえ，以上のように商業による利潤や利息付き貸付を正当化したのである．

(6) 時代は移り変わっていく

その後の歴史を知る人間から見れば，カルヴァンはルターとともに，いくつかの点で従来の思想から一歩を踏み出す基礎を築いたといってよいだろう．すなわち聖職者も含めた社会全体の腐敗・堕落の進行という現実の中で，聖書というキリスト教の根本に世界が立ち返ることを願いつつ，神中心の世界観を示した．カルヴァンは神の全能性を確認するとともに，ルターと同様，トマスに見られるような神に向かう運動主体としての人間という見方を放棄し，伝統的な自由意思に疑問を投げかけた．ルターやカルヴァンの思想的営みを土台として，世界を創造した主体としての人格神に取って代わり「神の抽象的概念化」が進行していくことになろう（半澤『ヨーロッパ思想史のなかの自由』第4章，198頁）．また，自由意思の思想はルターやカルヴァンに反

してその後も根強く支持されつづける一方において，スピノザ（Baruch de Spinoza, 1632-77）やホッブズ，ドルバック（Paul Henri Thiry, baron d' Holbach, 1723-89）などによって否定されていったことはよく知られている．

　またルターやカルヴァン，ツヴィングリらの改革運動をキッカケとして，やがてスイス兄弟団やフッター派，メノナイト，アーミッシュなど再洗礼派の流れをくむと見られる各宗派，会衆派，イギリス国教会，アルミニウス派，クエーカー，メソジストなど多種多様な宗派が叢生していった．プロテスタントはカトリック教会から異端の烙印を押されたが，各宗派は信者を抱えつつそれぞれ固有の運動を展開していく．もはやカトリック教会にキリスト教界を統一する力はなくなっていたのである．

　さらにカルヴァン自身は，台頭する国家権力に対する抵抗は例外的にしか認めなかったが，支配者が神に反逆した統治を行った場合にはそうした統治を認めてはならないと明確に主張した．こうした主張はカトリックとの対立が先鋭化し，実力によって衝突するとともに拡大解釈され，さまざまな抵抗権論が展開されていくであろう．

　さらにいえば，カルヴァンの生きた時代に「資本主義」という言葉は存在しないが，カルヴァンは投資を正当化したとも解釈しうるような思想を示した．もちろん，こうした考え方が何の抵抗もなく後世に受け継がれることはないが，神の栄光を増すという動機が次第に希薄化して，利益優先の社会へ移行していく未来が到来することになる．富が蓄積されることで，人々はますます安楽を知り欲望を充足させ怠惰を覚えるようになる．神への信仰を取り戻そうとしたルターやカルヴァンにとっては，皮肉なことにやがては人々がますます信仰から離れる未来が待ち受けていたのである．

参考文献

カルヴァン（渡辺信夫訳）『キリスト教綱要』I 〜 VII 巻，新教出版社，1962〜65 年，I 神，II キリスト，III/1 聖霊上，III/2 聖霊下，IV/1 教会 1，IV/2 教会 2，別巻．『綱要』（仏語版）第 4 編 1-10 章および 11-20 章については以下の URL も参照した．

http://www.unige.ch/theologie/numerisation/Calvin_Institution/tome2_livre4_ch1-10.pdf; http://www.unige.ch/theologie/numerisation/Calvin_Institution/tome2_livre4_ch11-20.pdf

John Calvin, *Institutes of the Christian Religion*, translated by Henry Beveridge, Hendrickson Publishers, 2008.

カルヴァン（久米あつみ訳）『キリスト教綱要（1536 年版）』教文館，2000 年

カルヴァン（渡辺信夫訳）『信仰の手引き』新教出版社，1999 年

カルヴァン（荻原登編訳）『カルヴァンの手紙』，すぐ書房，1999 年

カルヴァン（渡辺信夫訳）『旧約聖書註解　創世記 I』新教出版社，2005 年

カルヴァン（森川甫・吉田隆訳）『新約聖書註解 II　共観福音書（下）』新教出版社，2022 年

カルヴァン（田辺保訳）『新約聖書註解IX　コリント後書』新教出版社，1995 年

『宗教改革著作集 10　カルヴァンとその周辺』II，教文館，1993 年

『宗教改革著作集 15　教会規定・年表・地図・参考文献目録』教文館，1998 年

ステファヌス・ユニウス・ブルトゥス（城戸由紀子訳）『僭主に対するウィンディキアエ』東信堂，1998 年

『世界文学大系 22　ルネサンス文学集』筑摩書房，1964 年，カルヴァン（久米あつみ訳）「教皇派の中にある，福音の真理を知った信者は何をなすべきか」，カステリョン（二宮敬訳）「悩めるフランスに勧めること」等を所収

野沢協訳『ピエール・ベール著作集　補巻「宗教改革史論」』法政大学出版局，2004 年

マックス・ウェーバー（中山元訳）『プロテスタンティズムの倫理と資本主義の精神』日経 BP 社，2010 年

大川四郎・岡村民夫編『国際都市ジュネーヴの歴史——宗教・思想・政治・経済』昭和堂，2018 年

久米あつみ『カルヴァン　人類の知的遺産 28』講談社，1980 年

H. グレシュベック（C. A. コルネリウス編，倉塚平訳）『千年王国の惨劇——ミュンスター再洗礼王国目撃録』平凡社，2002 年

住田博子『カルヴァン政治思想の形成と展開——自由の共同体から抵抗権へ』新教出版社，2018 年

田上雅徳『初期カルヴァンの政治思想』新教出版社，1999 年

A. デュフール（大川四郎訳）『ジュネーヴ史』文庫クセジュ，2021 年

半澤孝麿『ヨーロッパ思想史のなかの自由』創文社，2006 年

松本宣郎編『キリスト教の歴史 1——初期キリスト教〜宗教改革』山川出版社，2009

年

村上みか「カルヴァンの経済倫理（1），（2）」『基督教研究』第 52 巻 1 号（1990 年），
　同 2 号（1991 年 ） に 所 収（https://doi.org/10.14988/pa.2017.0000004137, https://
　doi.org/10.14988/pa.2017.0000004142）

森井眞『ジャン・カルヴァン——ある運命』教文館，2005 年

E. W. モンター（中村賢二郎・砂原教男訳）『カルヴァン時代のジュネーヴ——宗教改
　革と都市国家』ヨルダン社，1978 年

山本通『禁欲と改善——近代資本主義形成の精神的支柱』晃洋書房，2017 年

終章

展望と課題

(1)　世俗化をめぐる議論

　本書は古代ギリシアから16世紀までのヨーロッパ社会思想を概観してきた．序章で述べたとおり，ヨーロッパ思想史全体を古代ギリシアから現代まで概観することで見えてくるのは，多神教が奉じられていた時代からキリスト教の時代に移り変わり，やがてキリスト教の社会的影響力が衰えるプロセスであった．本書ではこのプロセスを世俗化の枠組みで捉えた．したがってこの枠組みで西洋の社会思想史を捉えようとしたとき，本書の考察は道半ばというべきである．

　ところで世俗化は宗教学や経済学，政治学，社会学など幅広い分野にわたって長く議論されているトピックである．諸岡了介『世俗化論の生成』は近現代の世俗化論を丁寧に分類整理した有益な研究であるが，諸岡によれば，それらの分野の研究者たちはキリスト教に限らず宗教全体が衰退したと考えて世俗化論を擁護する立場と，とりわけ1980年前後から世界各地に見られるようになった「聖なるものの回帰」に着目して，世俗化論を近代主義的な「神話」と考えそれを否定する立場とに分かれている．特に宗教社会学の分野ではピーター・バーガー（Peter Ludwig Berger, 1929-2017）が以前はさかんに強調していた世俗化論を後には撤回したことに象徴されるように，世俗化論はもはや時代遅れの感があり，いまやその分野のトピックは「ポスト世俗化」や「脱世俗化」であるという（諸岡『世俗化論の生成』序章および第9章）．

　しかし思想史や政治哲学の分野についていえば，依然として世俗化論は重

要なテーマでありつづけている．早くからコミュニタリアニズムや多文化主義の研究で世界的に知られていたチャールズ・テイラー（Charles Margrave Taylor, 1931-）の『世俗の時代』（原書 2007 年，邦訳 2020 年）に，近年は注目が集まっている．テイラーは「世俗化」という言葉の意味を三重に捉えている．第 1 に，人々が経済や政治その他の公共的領域において行動する場合，そうした行動の依拠する「規範」や「原理」などにおいて「神およびいかなる宗教的信条」も関係づけられることがないことである（2 頁）．これと関係して第 2 に，「宗教的信条と実践の衰退」あるいは「人々が神に背を向け，もはや教会に行かなくなった」という意味での世俗化である（3 頁）．多少補足すれば，例えば現代フランスの地方の教会では，日曜日でも参拝する人が非常に少ないことや，聖職者の後継者不足が原因で教会が閉め切られているとか，教会が駐車場に様変わりしているとか，そういう現象が見られる．テイラーはこの第 2 の意味における世俗化がおおむね西欧諸国に見られると述べている．第 3 の世俗化としてテイラーが指摘しているのは，神への信仰が「挑戦を受けることなく，当たり前のものとして受け止められていた社会から，さまざまな選択肢がある中での一つの選択肢（オプション）」として受け止められるような社会への移行という意味での世俗化である（3 頁）．

　この第 3 の意味での世俗化を理解するカギとなる言葉は「排他的人間主義」である．「排他的人間主義」とは，「人間の開花繁栄を超え出るいかなる最終的目標および人間の開花繁栄を超え出るものへの何らかの忠誠心を受容しない人間主義」のことで，つまり神や，祖先など人間を超越する究極の目標を受け入れない人間中心主義を意味する（23 頁）．テイラー自身はカトリック教徒であって，近現代に主流となったと見られるこのような排他的人間主義に対抗して，第 3 の意味での世俗化を対置しているといってよいだろう．テイラーは神への信仰が様々な選択肢の中の 1 つの選択肢と規定することで，現代における宗教の存在意義を保持しようとしていると考えてよい．

(2)　16世紀以降をどのように見通すか？

　テイラーの世俗化の概念は非常に現代的な視点から構築されたものと言えるが，こうした世俗化論をも一応わきまえた上で，筆者はヨーロッパ中世の世界観の動揺が18世紀まで継続し，フランス革命において画期が訪れたのではないかという見通しを持っている．この見通しについて，蛮行とも言いうるが，ここで素描してみよう．

　本書第11章や第12章で見たように，ルターやカルヴァンはキリスト教を根本的に支えている聖書に立ち戻るべきことを訴えて宗教改革を始めた．しかし制度ではなく教義の分裂を初めて経験したキリスト教は，宗教改革以降，さまざまな宗派へと複雑に分化したり結合したりしていくことになった．各々の宗派は国家そのものの教義となることで他の宗派を抑圧したり，複数の宗派の対立が権力闘争に発展することで人々を対立に参加させたり巻き込んだり，また既存の国家権力とは結びつかない宗派も形成されたりするようになった．すなわち16世紀以降「宗教的価値観の多元化」が顕著になり，さまざまな宗派の形成や分化や対立は，公共空間から宗教を排除する素地になっていく（踊「宗派化論——ヨーロッパ近世史のキーコンセプト」）．また宗派的対立は極端な事例を挙げればフランスのユグノー戦争（1562-98年）やドイツの三十年戦争（1618-48年），イングランドの内乱（1642-52年）などに代表される宗教戦争に発展した．人々は信仰する宗教の違いによって生命を奪いあった．悲惨な宗教戦争は，宗教的対立をできるだけ国家権力から遠ざける思想の展開を促進する一方で，宗教的寛容の精神に基づいて信教・良心の自由を保障し，また何が正義かということに関して，非常にゆっくりとではあろうが，人々に相対主義的な考え方を認めるように仕向けたと考えられる．

　16世紀および17世紀においては，宗教を対立軸とする実力行使とは別に，科学革命と呼ばれる自然科学の顕著な発展が重要である．だが実は科学革命も宗教と切り離すことができない出来事であった．コペルニクスにせよガリレオにせよケプラー（Johannes Kepler, 1571-1630）にせよデカルト（René Descartes, 1596-1650）にせよニュートン（Isaac Newton, 1642-1727）にせよ，

宗派に違いはあっても彼らはみなキリスト教徒であって，宇宙は神の創造した作品と見ており，神の意図を知りたいという根本的な動機に基づいて自然科学の研究に従事したからである．もちろん，彼らの考えるキリスト教には従来のものとの隔たりを感じさせるものがあったことは確かである．しかし，彼らの根本的動機に神の意図を知ることがあったとすれば，西洋社会の根底にキリスト教が存在したからこそ西洋に自然科学は発達し，ひいてはそれを応用した産業技術が進歩したとも考え得る．ともかく，注意すべきはデカルトやニュートンの活動とともに，次第に人々の世界観に大きな変化が見られるようになった点である．それは，あらゆる事物には固有の目的があって，個々の事物はその目的をめざして存在するという目的論的世界観から，事物の目的を前提とせず事象の起こり方にもっぱら関心を示す機械論的世界観への変化である．こうした世界観の変化は，人間と自然とを対立したものと考え，人間が自然を支配することが可能であるという考え方を推進した．

　実際18世紀になると，人々は神を前提としなくても自然を説明することができるという信念を持つようになる．こうした信念を自然科学の分野で示した典型は，第一頭領時代のナポレオンの内務大臣を務めた物理学者ラプラス（Pierre-Simon Laplace, marquis de Laplace, 1749-1827）である．数学において大きな業績を残した彼は，宇宙論も書いており，そこに神を全く介在させなかったという．自然科学の分野において，何事かを説明しようとするときに神なしに説明できるようになった変化のことを，村上陽一郎は「聖俗革命」と呼んでいる（「第2回 聖俗革命」村上『科学史からキリスト教をみる』）．聖俗革命を前提とすれば，19世紀半ばのダーウィン（Charles Robert Darwin, 1809-82）の自然淘汰の考え方や，20世紀半ばのリチャード・ドーキンス（Richard Dawkins, 1941-）による利己的遺伝子の説はその延長上にあると考えてよいことになる．

　だが17世紀末ごろから，自然ばかりか人間の営みそのものも神を前提とせずに見る傾向が顕著になった．テイラーの言葉を使えば，「人間と相互に係わり，人間の歴史に介入する主体」という神のイメージが希薄になって

いったのである（『世俗の時代』第7章325頁）．いまでは啓蒙思想はフランスに限らず，スコットランドやドイツ，イタリア，アメリカなどさまざまな国や地域において発展したと考えられているが，啓蒙思想の先駆けの1人とみてよいピエール・ベール（Pierre Bayle, 1647-1706）は『彗星雑考』（1682年）において，たとえ無神論者の社会であっても，そこでの道徳は異教徒の社会と同じようなもので，人々が安全に生活できるのは刑罰があるからだと述べて，宗教と道徳を切り離した．18世紀はひと口に理性の時代と称されるが，カント（Immanuel Kant, 1724-1804）の『啓蒙とはなにか』（1783年）の有名な定義に見られるように，聖職者の権威に取って代わって，自分の頭で考えること，すなわち理性が重視されるようになる．それにともなって人間を律する道徳規範が神ではなく理性や良心にあると考えられるようになった．啓蒙の時代において，クエーカーやメソジスト，アーミッシュ，ヘルンフート派など多種多様な宗派が叢生するが，注目すべきは理神論の興隆であろう．トーランド（John Toland, 1670-1722）やフランクリン（Benjamin Franklin, 1706-90）は言うに及ばず，ヴォルテール（François-Marie Arouet, die Voltaire, 1694-1778）やルソーの宗教思想にも多分に理神論的な面がある．理神論は宗派とは言いがたいため定義が困難であるが，総じて言えば人間の理性に信頼を置き，啓示よりも理性に基づいたキリスト教信仰だと言える．理神論は伝統的な人格神を前提とせず奇跡を否定する．それゆえ理神論は一歩進めれば無神論に至る．実際，18世紀にはヒューム（David Hume, 1711-76）やディドロ（Denis Diderot, 1713-84）やエルヴェシウス（Claude Adrien Helvétius, 1715-71），ドルバックのような無神論の立場に立つ知識人が数多く現れた．テイラーの言葉を使えば，18世紀は「エリートの不信仰」の時代だった．

　啓蒙思想を集約したとも言うべきフランス革命は，大まかに言えば世俗化論に強い説得力を与える歴史的な出来事であった．そのことを裏付ける事柄を二，三挙げておきたい．1789年には「教会財産国有化法」が，翌年には「聖職者民事基本法」が定められた．前者によって教会の十分の一税は廃止

され，聖職者は国家から俸給を受けることとされる一方，後者によって司教や司祭は一部の市民によって選出され，制定されるべき憲法に宣誓することが強制された．またジャコバン派の独裁政治が行われていた1793年秋には，神が7日で世界を創造したとされることに由来するそれまでのグレゴリオ暦が取り下げられ，1週間を10日，1か月を10日，1年を10カ月にするなど「合理化」を図った共和暦が採用されたことが知られている．さらにその後，パリのノートルダム大聖堂では，理性に対する賛辞を捧げる儀式「理性の祭典」が行われた．こうした「理性の祭典」は，パリの随所で行われたということである．

　フランス革命でのこうした出来事を機として，19世紀フランスの歴史は，宗教を政治や教育から排除しようとする側とそれを阻止しようとする側の対立の歴史であった．19世紀と20世紀を通じて，不信仰はエリートのみならず他の階層にも拡大していったと見られるのである．

　本書で論じなかった16世紀以降，ヨーロッパの社会思想史は具体的にはどのように展開するのか，それは今後の課題として，いまはひとまず筆を擱きたい．

参考文献

カント（篠田英雄訳）『啓蒙とは何か　他四篇』岩波文庫，1974年

チャールズ・テイラー（千葉眞監訳，木部尚志・山岡龍一・遠藤知子ほか訳）『世俗の時代』（上）（下），名古屋大学出版会，2020年

ピエール・ベール（野沢協訳）『ピエール・ベール著作集第1巻　彗星雑考』法政大学出版局，1978年

フランソワ・フュレ／モナ・オズーフ編（河野健二・阪上孝・富永茂樹監訳）『フランス革命事典4　制度』みすず書房，1999年

村上陽一郎『科学史からキリスト教をみる』創文社，2003年

諸岡了介『世俗化論の生成──宗教という問いのゆくえ』ミネルヴァ書房，2023年

踊共二「宗派化論──ヨーロッパ近世史のキーコンセプト」『武蔵大学人文学会雑誌』第42巻3・4号，2011年

あとがき

　本書は日本の大学で広く講義されている「社会思想史」の一教科書として書かれた．第1章から第6章までは，2019年から2023年にかけて，北海学園大学の紀要に掲載した「研究ノート」を改訂したものであるが，序章と第7章以降の諸章はすべて書き下ろしである．既刊の初出は以下の通りである．

　　第1章　「古典古代とプラトン」『北海学園大学経済論集』第67巻1号
　　第2章　「アリストテレスの社会思想」『北海学園大学経済論集』第68巻1号
　　第3章　「ヘレニズムとキケロー」『北海学園大学経済論集』第69巻1号
　　第4章　「社会思想としてのキリスト教」『北海学園大学学園論集』第185号
　　第5章　「アウグスティヌスの社会思想」『北海学園大学経済論集』第70巻1号
　　第6章　「古代から中世へ」『北海学園大学学園論集』第189・190合併号

　勤務先の北海学園大学経済学部の同僚であった小田清名誉教授から日本経済評論社のシリーズ「社会・経済を学ぶ」刊行のお話を伺ってから10年以上経ってしまった．この間，執筆に際しての逡巡低回はもとより，短期に締め切られたさまざまな仕事を優先させた結果，脱稿が大幅に遅れたことを，小田氏と，かつての編集担当であった清達二氏，現編集担当の中村裕太氏にお詫びしなければならない．

　古代から16世紀までの長い時代を俯瞰した教科書を独りで書くことなど，愚挙以外の何ものでもない．しかし私がそうしたかったことには理由がある．それは，これまでの思想史の教科書を見たとき，思想家が実際にどんなことを書いているか，テキストを頻繁に引用しながら論じたものが多くないからである．だがほとんどが翻訳とはいえ，実際に思想家たちのテキストを自分

で読み，取捨選択し，まとめることなど，はじめてみれば気の遠くなるような作業であった．しかし，16世紀までとはいえ，とにかく区切りをつけることができた．

　本書がこうして刊行されるまでに実に多くの方々に支えていただいた．

　これまで数多くの学生に対して，私の考える社会思想史を講義してきた．できるだけ平易な言葉で話すことを心がけたつもりだが，興味深そうに聴講してくれる学生や，ときには講義の内容について質問してくれる学生もいた．またゼミナールでは多くの学部生・大学院生に，難解な古典的作品の読解につきあっていただいた．そうした学生たちの知的好奇心なしには本書の刊行はありえなかった．

　また同僚の教員や職員の方々からも温かく見守っていただいた．さまざまな学内の業務にともなう事務処理に関して格段に不器用な私を寛大に受け入れて下さっているおかげでここまでたどり着けたと思っている．

　さらに，大学院時代の指導教授だった半澤孝麿先生はじめ，東京都立大学政治学のスタッフ，西洋法制史がご専門で法律学科教授だった渕倫彦先生，また関口正司氏はじめ多くの先輩後輩のご指導・ご交流も本書のそこここに反映している．とくに半澤先生の講義は私に大きな影響を与えたといって過言ではない．本書の執筆にあたって，私なりに先生の示された大枠を乗り越えるべく，新たな情報を精査し，取捨選択に努めたが，本書が先生のご見識をしのいでいるとは到底思えない．とはいえ本書に書かれていることの全ては私の責めに帰することは言うまでもない．

　最後に私事にわたるが，すでに鬼籍に入ってはいるものの，私を産み育ててくれた両親や，物心ともに援助を惜しまなかった郷里の長兄夫婦，そしてここ札幌の地で，研究生活を常に支えかつ励ましてくれている妻と子どもたちにも感謝の言葉を捧げたい．

　令和六年一月

小林淑憲

豊平の研究室から雪景色を臨みつつ

索引

著者紹介

小 林 淑 憲
（こ ばやし よし のり）

北海学園大学経済学部教授．1963 年群馬県前橋市生まれ．東京都立大学大学院社会科学研究科政治学専攻博士課程退学（1995 年），東京都立大学法学部政治学科助手（1995〜1998 年），博士（政治学），スイス・ジュネーヴ大学文学部客員研究員（2016〜2017 年），を経て現職．

主要業績

「共和国ジュネーヴ　独立と秩序維持のはざまに」，大川四郎・岡村民夫編『国際都市ジュネーヴの歴史』昭和堂，2018 年

事典項目「ルソー」，社会思想史学会編『社会思想史事典』丸善出版，2019 年

学会発表　La mémoire de la guerre civile　reflexion autours de la relation entre Rousseau et Genève, L'Herméneutique des Lumières, Université de Genève, le 14 mars 2017

ラウンドテーブル「ケンブリッジ学派の方法論とルソー政治思想研究」教育哲学会第 62 回大会，広島大学，2019 年 10 月13 日　など

社会思想家はなにを追い求めたか
プラトンからカルヴァンまで　　　　　シリーズ 社会・経済を学ぶ

2024年 3 月21日　第 1 刷発行

著　者　小　林　淑　憲

発行者　柿　﨑　　　均

発行所　株式会社 日 本 経 済 評 論 社

〒101-0062　東京都千代田区神田駿河台1-7-7
電話 03-5577-7286／FAX 03-5577-2803
E-mail：info8188@nikkeihyo.co.jp

装丁＊渡辺美知子　　　　　　　　　精文堂印刷／根本製本

シリーズ社会・経済を学ぶ